AF597884

# HISTORIA DEL RAP

Ricky Lavado

# HISTORIA DEL RAP

Diseño de cubierta: Regina Richling / Daniel Domínguez
Diseño de interior: Marcel Abellanet
Fotografías: Wikimedia Commons / Archivo APG

ISBN: 978-84-18703-19-5
Depósito legal: B-16.549-2021
Impreso por Malpe, Calidad, 34, 28906 Getafe, Madrid
Impreso en España - *Printed in Spain*

*Este libro no existiría sin la sabiduría*
*y el buen corazón de Antonio,*
*la paciencia y el cariño de Camino,*
*y la amistad de Joel y Pepo.*

*Gracias de corazón.*

# ÍNDICE

DEMILITARIZE
the
POLICE
KING

OUR
GENERATION
OUR
CHOICE
BLACK
LIVES
MATTER

# INTRODUCCIÓN

Mayo de 2020. Los Estados Unidos arden. Una oleada de protestas contra la brutalidad policial y el racismo estructural se ha extendido por todo el país, desatada en esta ocasión, a modo de enésima gota que colma el vaso, por el brutal asesinato de George Floyd bajo la rodilla de un agente de la policía local de Mineápolis. El movimiento Black Lives Matter ha tomado las calles con multitudinarias protestas que a menudo vienen acompañadas de disturbios callejeros y enfrentamientos violentos con las fuerzas del orden; los manifestantes sienten que las muertes de ciudadanos negros a manos de la policía son la punta visible de un iceberg gigantesco de discriminación racial que se enraíza en lo más profundo de la estructura social del país. Se recuperan consignas y acciones de protesta que recuerdan a la época de las luchas por los derechos civiles en la década de los sesenta. Las Redes Sociales se inundan de citas de Martin Luther King e imágenes de los Panteras Negras. En pleno siglo XXI la población negra de Estados Unidos siente que su país sigue sin saber, o sin querer, deshacerse de una serie de lastres que se remontan a las épocas más oscuras de esclavitud y segregación racial del siglo XX. Desde la Casa Blanca, el Presidente Donald Trump intenta sacar réditos electorales en medio del polvorín, criminalizando las protestas y los dos grandes grupos que las capitanean (Black Lives Matter y Antifa), y mostrando una controvertida equidistancia entre éstos y un sector de votantes del Partido Republicano que, envueltos en banderas confederadas y retórica supremacista, recuerdan demasiado a los tiempos del Ku Klux Klan.

En medio del clima de tensión que se ha apoderado del país, el colectivo Anonymous lleva a cabo una acción de apoyo a las protestas, acompañada de un mensaje diáfano e inequívoco: «*Si la policía no pue-*

*de contenerse y está disparando a los periodistas, pateando y golpeando a los manifestantes y participando de la violencia, ¿Cómo puede alguien esperar que la gente se contenga?*». La acción de Anonymous consiste en el *hackeo* de las emisoras de radio de la Policía de Chicago para hacer sonar una y otra vez «Fuck Tha Police», una canción publicada treinta años antes por una banda de Rap llamada N.W.A. Paralelamente, en las calles de Nueva York los choques entre manifestantes y policías antidisturbios se suceden con una banda sonora de fondo que también recupera una canción popularizada hace tres décadas por otra banda de Rap. La canción lleva por título «Bring The Noise», la firmaron unos tal Public Enemy, y arranca con la voz de Malcolm X repitiendo «*Too black, too strong*» («*Demasiado negro, demasiado fuerte*»).

Curiosamente, estas mismas canciones sonaron hasta la saciedad en la cobertura mediática que se hizo de los disturbios de Los Ángeles en 1992 como reacción a la absolución de los cuatro policías que apalearon a Rodney King. Las imágenes de la brutal paliza, que dieron la vuelta al mundo, encajaban demasiado bien con aquella banda sonora. Resulta paradigmático y para nada casual que ambas canciones surgieran en su día como reacción a una serie de problemáticas con las que, desgraciadamente, una parte importante de la comunidad afroamericana se puede sentir identificada hoy. De la misma manera que canciones de Rap compuestas en los años ochenta siguen resonando hoy en día, manteniendo su relevancia más allá de las coyunturas específicas de su tiempo, esas mismas canciones fueron construidas sobre la base de una tradición musical que arrancaba muchos años antes. Public Enemy y N.W.A. construyeron un discurso musical enraizado en el Funk de James Brown o Funkadelic, y éstos a su vez eran deudores del Jazz de Miles Davis o Art Blakey, que habían crecido rodeados de góspel y de las melodías de blues de Bessie Smith o Robert Johnson.

En su nivel más elemental, el Hip Hop es un producto de la era de las luchas por los derechos civiles en Estados Unidos: un conjunto de elementos culturales surgidos en los barrios más marginales de Nueva York en los años setenta y protagonizado por una juventud que se enfrentaba a la cara más oscura del sueño americano; aquella que mantenía a la comunidad negra lejos de los sueños de prosperidad de los últimos coletazos de la era Carter. A ritmo de funk y música disco en Block Parties clandestinas y batallas de rimas improvisadas en parques públicos; con las paredes de edificios en ruinas a modo de lienzo, y con las aceras de las calles como pistas de baile, surgen los que suelen ser considerados los cuatro elementos fundacionales de la cultura Hip Hop: MC, DJ, Breakdance y Grafiti. De estos cuatro elementos, la figura del MC (Maestro de Ceremonias) y del DJ (Disc-Jockey) dan forma al vehículo de expresión más popular del Hip Hop: la música Rap.

A finales de los setenta el Hip Hop se convierte en la plataforma cultural que se establecerá como principal marco de referencia popular de la comunidad afroamericana en la América de Reagan, y la música Rap se convertirá no solamente en la nueva ramificación de ese larguísimo árbol genealógico que narra la tradición y evolución de la música negra en Estados Unidos en el siglo XX, sino que supondrá una herramienta de interrogación artística que se abrirá paso desde sus raíces de gueto para acabar ejerciendo una influencia sustancial a nivel global en la música, la literatura, el cine, la filosofía, la televisión, el comercio, la publicidad, los medios de comunicación, el lenguaje, la moda, la pintura o la danza en las últimas cuatro décadas. Hablar de Rap es hablar de música, pero es también hablar de política, negocios, violencia, sentido de la comunidad, drogas, integración, materialismo, defensa de la identidad, delincuencia, espiritualidad y todas las costuras al descubierto de la intersección entre raza, clase, sexo y economía en la América contemporánea, y por extensión en el mundo entero.

Sirvan las siguientes páginas a un doble propósito: como humilde homenaje fruto de la admiración y el respeto más profundos a un estilo musical vivo, rico, complejo, relevante a muchísimos niveles diferentes y en continua evolución; y a modo de guía general sin ánimos enciclopédicos de una de las expresiones artísticas más apasionantes e influyentes en la historia de la música a lo largo del siglo XX y lo que llevamos del XXI.

No están todos los que son, pero definitivamente son todos los que están.

**TURN IT UP, BRING THE NOISE**

The City Officials
WON'T TALK
To Us
SEGREG
UNTIL
MY FA

# 1. LA VIEJA ESCUELA

***«Young, gifted and black.***
***Oh, what a lovely precious dream.***
***To be young, gifted and black...»***

*«Joven, talentoso y negro.*
*Oh, qué sueño tan precioso.*
*Ser joven, talentoso y negro...»*

**Nina Simone**

# OLD SCHOOL

Las palabras eternas de Nina Simone, inmortalizadas en la grabación de «To be young, gifted and black» de 1958, y convertidas después en himno de la contracultura norteamericana y las batallas por los derechos civiles durante la década de los sesenta, adquirían una nueva resonancia urgente e interrogativa para los jóvenes afroamericanos a mediados de los setenta. Bien podían tomárselas como un rayo de esperanza y autoafirmación, o como ironía cercana al sarcasmo. Vista su realidad inmediata, seguramente ambas opciones resultaban igual de válidas. Esos jóvenes habían pasado su infancia viendo imágenes de la Guerra de Vietnam en televisión. Sus abuelos habían conocido la segregación y se las habían ingeniado para salir adelante bajo las leyes Jim Crow. Sus padres habían forjado unos vínculos comunitarios de apoyo mutuo y resistencia que seguían vivos pese a que en las zonas urbanas las comunidades negras se habían convertido en guetos asolados por la alienación, las nulas perspectivas de prosperidad, la delincuencia y las drogas. El urbanismo de las grandes ciudades creaba fronteras insalvables, y en las zonas más arrasadas por la miseria la población negra vivía una realidad turbulenta con índices descomunales de desempleo, encarcelamientos, abandono escolar y muertes violentas.

La época segregacionista había terminado hacía tiempo, eso es cierto; la Ley de Derechos Civiles de 1964 y la de Derecho de Voto de 1965 habían terminado oficialmente con la era Jim Crow; la incorporación de la comunidad afroamericana al mundo laboral y al ejército era una realidad, y la segregación escolar llevaba prohibida desde 1954. Sobre el papel, las gigantescas barreras de los años de segregación habían caído gracias a las luchas por los derechos civiles, pero en la segunda mitad de los setenta una gran mayoría de los jóvenes afroamericanos se encontraba con otras barreras, quizás más sutiles que las de antes, pero igual de firmes. Abuelos, padres y nietos habían vivido mundos completamente diferentes, pero todos esos mundos tenían en común un mismo impulso de protesta que los unía con un hilo invisible de resistencia frente a la opresión y la marginalidad generación tras generación. Un hilo que se remontaba a los campos de algodón en los que habían sido esclavizados sus antepasados no muchos años antes. La idea de desarrollo social y económico que manejaba el proyecto neocon tras los convulsos años sesenta dejaba bien claro que el sueño de prosperidad económica que se vislumbraba en el horizonte apuntaba hacia los grandes suburbios de clase media, mayoritariamente blanca. El ideal de progreso gestado durante los setenta y sublimado con la llegada de Ronald Reagan a la Casa Blanca en 1981 contemplaba una América blanca y conservadora, y excluía de las bondades del nuevo capitalismo a amplios sectores de la población. El desarrollo urbano de las grandes ciudades de Estados Unidos durante las décadas de los sesenta y setenta convirtió en zonas económicamente muertas un montón de barrios que, abandonados de las políticas públicas, poblados mayoritariamente por afroamericanos e hispanos, y sin tejido industrial ni comercial sobre el que sustentarse crecían abocados a la marginalidad y la exclusión.

## LOS CUATRO ELEMENTOS

Como tantos otros, el distrito neoyorquino del Bronx en los setenta era una zona abandonada, empobrecida y asolada por la heroína y las bandas callejeras. Películas como *The Warriors* o *Fort Apache: The Bronx* recreaban una imagen de la vida callejera en Nueva York muy alejada del romanticismo de *West Side Story*; y más tarde Tom Wolfe representaría con precisión en *La hoguera de las vanidades* una de las peores pesa-

Block Party.

dillas que podías sufrir en el Nueva York de los ochenta: perderte en el Bronx. A pesar de ello, o seguramente como consecuencia parcial de ello, las calles del Bronx eran también un hervidero de creatividad y de inquietud artística, y un nuevo tejido cultural iba tomando forma en torno a una serie de vías de expresión alimentadas por el ostracismo, los conflictos raciales, la necesaria autogestión de la comunidad y un carácter tan combativo como vitalista. Una explosión de color a base de pintura de espray inundaba las paredes con grafitis firmados de forma misteriosa por jóvenes artistas urbanos con imaginativos apodos, más conocidos como *Tags*. En las aceras, parques y andenes de metro grupos de hispanos y negros se juntaban cargando piezas de linóleo o cartón y grandes radiocasetes para retarse mutuamente en competitivas batallas de baile. El elemento unificador de todo ese caldo de cultivo artístico y cultural era la música.

Eran los años dorados de la música disco, y la figura del disc-jockey era venerada casi hasta la idolatría. En las calles del Bronx, fuera del circuito comercial de clubs y discotecas, los DJs locales adoptaron la tradición jamaicana del Soundsystem, consistente en un equipo de sonido itinerante (normalmente montado sobre un camión o una furgoneta) que permitía organizar fiestas al aire libre, dando origen al concepto de la *Block Party*. De la noche a la mañana, las plazas, solares y cruces de calles de los barrios se convierten en el terreno improvisado de sesiones de Funk, Soul y Disco; las batallas de baile se suceden bajo la batuta de Disc-Jockeys con nombres artísticos imposibles, y los ritmos infecciosos de James Brown hacen vibrar el asfalto gracias la electricidad tomada ilegalmente de las farolas. A menudo los Disc-Jockeys se acompañaban de un Maestro de Ceremonias, o MC, que amenizaba las fiestas micrófono en mano. De repente, los astros se alinearon para que de esos cuatro elementos básicos (DJ, MC, Breakdance y Grafiti) naciera la cultura Hip Hop, y por extensión la música Rap. Nada sería lo mismo a partir de ese momento.

## DJ

DJ Kool Herc: los inicios.

1973. Clive Campbell, un joven jamaicano criado en el Bronx, observa atentamente las reacciones de los asistentes a una *Block Party*. Sudor, volumen y mucho baile. Campbell está en su barrio, la fiesta la ha organizado él y está pinchando vinilos de James Brown y Kool & The Gang. Aquí todo el mundo le conoce como DJ Kool Herc. Intrigado por los subidones de euforia a los que se entrega el público cada vez que suenan las partes más rítmicas y sin letra de las canciones, los llamados *breaks*, Herc decide coger la aguja del tocadiscos y colocarla manualmente sobre el punto de la canción en el que había empezado el *break*, para extenderlo tantas veces como desee. El resultado es electrizante, y la gente se vuelve loca. Más tarde, se le ocurrió utilizar dos vinilos del mismo disco para reproducirlos uno detrás del otro y conseguir el mismo efecto: extender el break de una canción hasta el infinito. A la invención se le llamó *breakbeat*, hizo que DJ Kool Herc se convirtiera automáticamente en una leyenda, y desde entonces está considerado el padre del Rap. Gracias a él, el resto de DJs se dieron cuenta de las posibilidades creativas que ofrecían los tocadiscos entendidos no como simples reproductores de audio, sino como instrumentos. Con DJ Kool Herc el DJ dejó de ser un amenizador de fiestas para convertirse en artista, y los pioneros de esos años estaban sentando sin saberlo las ba-

Afrika Bambaataa: nación Zulu y electro.

ses de un nuevo lenguaje musical, el *turntablism*. Manipular la rotación y lectura de los vinilos para alterar el sonido y con ello crear música nueva es uno de los conceptos definitorios de la música Rap, y las técnicas que esos DJs ingeniaron en los setenta siguen constituyendo un elemento básico del Hip Hop hoy en día.

Grand Wizard Theodore, Grandmaster Flash y Afrika Bambaataa, los unánimemente considerados padres fundadores del Hip Hop junto a Dj Kool Herc, se encargarán de elevar el turntablism al nivel de arte, perfeccionando los descubrimientos de Herc y desarrollando nuevas técnicas que se convertirán en unidades de medida de la destreza, creatividad y capacidad de improvisación de un DJ. Técnicas como el *scratch*, consistente en la producción de sonidos marcadamente rítmicos mediante el movimiento de un disco de vinilo hacia delante y atrás sobre un tocadiscos, pasarán a ser parte indisociable del sonido Rap. Todas estas innovaciones provocarán que los MCs se encuentren de repente con mucho más espacio y mucha más libertad para improvisar rimas y consignas festivas sobre la música que los DJs están produciendo desde la mesa de mezclas. Ha nacido una nueva forma de hacer música.

## SAMPLE THIS!

Rápidamente los avances tecnológicos permitirán a toda una generación de productores y artistas desarrollar una nueva forma de hacer discos mediante el uso de aparatos analógicos llamados *samplers* (y posteriormente softwares digitales), gracias a los cuales era posible aislar un fragmento o muestra de sonido grabado (*sample*) para reutilizarlo después reproduciéndolo sobre bases creadas con cajas de ritmos o transformándolo mediante efectos. Se pueden rastrear antecedentes de esta técnica, conocida como *sampling*, en los experimentos acústicos de la música concreta de los años treinta o en grabaciones de The Beatles en los sesenta, pero es con el Hip Hop que deja de ser un recurso técnico para convertirse en un lenguaje musical en sí mismo. «Funky Drummer», de James Brown, se considera la canción más *sampleada* de la historia. La idea de tomar grabaciones preexistentes como material básico de composición expandirá los horizontes creativos del Rap (creándose toda una subcultura en torno al *cratedigging*, o la práctica de «excavar» en los cajones de las tiendas de discos en busca de los vinilos más desconocidos o raros de los que extraer nuevos *samples*), y ofrecerá algunos de los momentos más memorables de la historia del género («Good Times» de Chic en «Rapper's Delight» de Sugarhill Gang; «Walk On The Wild Side» de Lou Reed en «Can I Kick It?» de A Tribe Called Quest; «Howlin' For Judy» de Jeremy Steig en «Sure Shot» de Beastie Boys; «Mind Rain» de Joe Chambers en «NY State Of Mind» de Nas; la banda sonora de *Annie* en «Hard Knock Life (Guetto Anthem)» de Jay-Z; «Boadicea» de Enya en «Ready Or Not» de Fugees; «Move On Up» de Curtis Mayfield en «Touch The Sky» de Kanye West...), de igual forma que abrirá un controvertido debate sobre el concepto de la propiedad intelectual que se materializaría en la denuncia que The Turtles interpusieron en 1989 contra De La Soul por el *sampleo* de su canción «You Showed Me» en «Transmitting Live From Mars», un tema del disco debut de De La Soul *3 Feet High And Rising*. La sentencia, favorable a The Turtles, supuso la obligación de reformular el planteamiento creativo de muchos artistas y productores, así como el planteamiento legal y económico de la industria musical del Rap, ya que a partir de ese momento había que pagar derechos de autor por el uso de *samples*, y el dueño de esos derechos podía negarse a ceder esos fragmentos de su música por el motivo que estimase pertinente.

## MC

Podemos encontrar en Gil Scott-Heron o The Last Poets los antecedentes inmediatos de la figura del MC como la entendemos hoy en día. El característico fraseo arrastrado, profundo y politizado de Gil Scott-Heron en *Small Talk At 125th And Lenox* (RCA, 1970), o la mezcla de spoken word sobre acompañamientos musicales afrocentricos y el contenido socialmente comprometido de las rimas de The Last Poets en discos como *This Is Madness* (Sunspots, 1971) ejercerán una influencia capital en el desarrollo del Rap y marcarán el carácter de generaciones de raperos a lo largo del tiempo, si bien en sus orígenes el MC nace de una forma mucho menos sofisticada. De los iniciales y viscerales gritos de ánimo y frases ingeniosas lanzadas sobre las partes instrumentales de lo que estuviera pinchando el DJ o en los espacios entre canciones, poco a poco se va desarrollando un discurso festivo, imaginativo, chulesco y competitivo, plagado de rimas pegadizas y de agudeza verbal. Cada MC se esfuerza en desarrollar y perfeccionar diferentes técnicas de recitado para conseguir un estilo personal (el *flow*, ese intangible a medio camino entre el control de la técnica y el talento natural, que nos hace adorar o detestar el estilo y personalidad de un MC), con el que rivalizar en batallas de destreza e ingenio con otros MCs. Ese carácter competitivo, festivo, confrontacional y hedonista es un rasgo fundamental del Hip Hop, y marca una actitud en común entre el Rap, el Breakdance y el Grafiti.

Gil Scott-Heron: rimas y revolución.

Kurtis Blow: la primera estrella del Rap.

En el momento de mayor apogeo de la música Disco, de repente las discotecas y los primeros puestos en las listas de los principales programas de radio se vieron invadidos por las obras primigenias de un estilo recién nacido. Mientras Ronald Reagan estrenaba despacho en la Casa Blanca, nombres como The Sugarhill Gang, Kurtis Blow, The Sequence (primera banda de Hip Hop formada íntegramente por mujeres), Grandmaster Flash, Roxanne Shanté o Afrika Bambaataa asaltaron el mercado discográfico y el mundo de la música en general, sentando las bases de lo que a partir de 1985 se convertiría en el siguiente capítulo evolutivo de la historia del Hip Hop, el periodo que hoy llamamos Golden Age: la Era Dorada del Rap.

## CULTURA E INDUSTRIA

El fichaje de Kurtis Blow por Mercury Records en 1980, la primera vez que un artista de Rap pasaba a engrosar las filas de una multinacional, es un

The Sugarhill Gang: el deleite de la vieja escuela.

hecho histórico no sólo por el éxito rotundo del single «The Breaks» y por afianzar a Blow como una estrella, sino porque representa un momento fundamental en la historia de la música: el momento en el que la industria descubre que el Hip Hop ha dejado de ser un movimiento *underground* para convertirse en toda una cultura por derecho propio; una cultura con un potencial artístico y comercial para el que todavía no se había creado una estructura industrial y empresarial de peso. La publicación de los primeros discos de Rap, en formato 7" y ep de 12", abre la puerta a un mercado hasta entonces inexistente, y fue Sugarhill Records con la publicación de *Rapper's Delight* en 1979 quien se encargó de inaugurar dicho mercado. Sugarhill Records, con Sylvia Robinson al frente, se convierte en el primer sello discográfico dedicado al Hip Hop, y en su breve pero intensa y exitosa trayectoria lanzará las carreras de Treacherous Three, The Sugarhill Gang, The Sequence, Grandmaster Flash o Funky 4+1. Hablar de Sugarhill Records es hablar de leyenda, y de un precedente para la cultura Hip Hop de una importancia capital.

Siguiendo los pasos de Sugarhill Records, en esos años nacerán una serie de sellos que irán poco a poco dando forma a una industria nueva dentro de la música, y que se consagrarán a lo largo de la Era Dorada del Rap, copando el mercado de obras y artistas fundamentales para el desarrollo del género. Con pocos años de diferencia se fundan Jive Records (hogar de Whodini, primero, y de A Tribe Called Quest, Schoolly D o Souls Of Mischief después), Tommy Boy (Afrika Bambaataa primero y

Queen Latifah, Stetsasonic, De La Soul o House Of Pain después), o Def Jam (de LL Cool J o Slick Rick a Foxy Brown o Kanye West, pasando por Beastie Boys o Public Enemy). Las cada vez más abarrotadas veladas de batallas de MCs en el mítico Lyricist Lounge, la popularidad de programas de radio dedicados exclusivamente al Rap (locutores como Kool DJ Red Alert o Mr. Magic son piezas fundamentales en la expansión del Rap fuera de los límites del gueto), el interés progresivo de las grandes marcas en el patrocinio de artistas de Rap (empezando por el fichaje de Run-D.M.C. por Adidas) o el nacimiento en 1988 de la revista *The Source* (para muchos, el medio de comunicación oficial del Hip Hop), ayudarán al crecimiento de todos estos sellos y al despegue de generaciones enteras de nuevos artistas, estableciendo un mercado cada vez más enorme ligado a la cultura Hip Hop. El carácter *underground* inicial del Rap pasará a convertirse en un estilo sólido, comercialmente hablando, a lo largo de los ochenta, centrado alrededor de Nueva York principalmente hasta que a principios de los noventa la Costa Oeste rompa la baraja y Death Row Records se convierta en un imperio, colocando a Snoop Doog o Dr. Dre en la cima más absoluta del *mainstream*. A partir de ese momento, hablar de Rap supone en muchos casos hablar de cifras millonarias de ventas y niveles gigantescos de fama, y el peso del Hip Hop dentro de la industria musical pasará a ser equivalente al de las grandes estrellas de Pop.

## LOS DIOSES Y LAS TIERRAS

Las calles de Harlem vieron el nacimiento, en 1964, de un movimiento cultural y espiritual llamado La Nación del 5% (también conocida como Nación de los Dioses y las Tierras), fundada por un miembro de la Nación del Islam y seguidor de Malcolm X llamado Clarence Edward Smith, conocido también como Clarence 13X y posteriormente Allah The Father. La Nación del 5% proponía una ramificación del Islam basada en la idea de la superioridad natural de la raza negra como habitantes primigenios de la tierra. Según la Nación de los Dioses y las Tierras, el 5% de los habitantes del mundo (los *five-percenters*) conoce la verdad sobre la creación del universo y lucha para transmitirla a un 85% de la población, que vive sumida en la ignorancia, sometida a los designios del 10% restante; una élite de poder también conocedora de esa verdad y que se encarga de mantenerla oculta. A través de códigos de interpretación de textos is-

Big Daddy Kane: Rap y five-percenters.

lámicos (el *Alfabeto Supremo*, según el cual la letra A sirve para designar a Alá, o la M para referirse a un maestro, y así sucesivamente) y de sistemas de numerología que confieren valores cualitativos a las representaciones numéricas (la *Matemática Suprema*, en la que el número 1 corresponde al conocimiento, y el 7 simboliza a Dios, por ejemplo), la Nación del 5% promulgaba sus enseñanzas mediante un sistema de grados de conocimiento (las *120 lecciones*) estructurado en torno a doce axiomas, llamados las *12 Joyas*: conocimiento, sabiduría, entendimiento, libertad/cultura, justicia/poder, igualdad, comida, vestimenta, abrigo, amor, paz y felicidad. El FBI calificó de "banda peligrosa" a la Nación del 5% en 1965 debido a su progresiva radicalización, y su fundador Clarence 13X fue asesinado en circunstancias sospechosas en 1969, justo un año después del asesinato de Martin Luther King y cuatro del de Malcolm X.

A lo largo de los años, numerosos artistas de Hip Hop se han relacionado en mayor o menor medida con la Nación del 5%, y sus preceptos e iconografía se pueden rastrear en figuras como Rakim, Big Daddy Kane, Guru, Digable Planets, Wu-Tang Clan o Erykah Badu, entre muchos otros. Esa dimensión social, política y cultural del Hip Hop más allá de lo estrictamente musical, como elemento de empoderamiento de la comunidad; pero mucho más asentada en lo terrenal y exenta en un principio del componente religioso, es la base sobre la que un joven llamado Afrika Bambaataa hizo real una visión que cambiaría el curso de la historia del Hip Hop: una visión a la que llamó The Universal Zulu Nation.

## THE UNIVERSAL ZULU NATION

Kevin Donovan, o Afrika Bambaataa, era miembro de la banda callejera Black Spades (una de las más numerosas en el Nueva York de principios de los setenta). Criado entre la ecléctica colección de discos de su madre, e influido a su vez por su activismo, Afrika Bambaataa (Donovan adoptó como apodo el nombre un líder zulú del siglo XIX después de ver una película) veía con creciente preocupación el problema de violencia de las bandas callejeras (*gangs*) que asolaban Nueva York y su terrible repercusión en las comunidades de los guetos. Bambaataa, que junto a DJ Kool Herc y Grandmaster Flash era uno de los motores de la naciente comunidad Hip Hop, vio en la suma de los cuatro elementos que daban forma a dicha comunidad una forma de alejar a los chavales de las bandas callejeras.

La mezcla mágica de DJs, Grafitis, MCs y Breakdance que ocurría en las *block parties* que organizaba Afrika Bambaataa le sirvió de inspiración para fundar The Universal Zulu Nation; un movimiento pacifista de concienciación que promovía la unión y el respeto dentro de la comunidad negra mediante los 4 elementos de la cultura Hip Hop. Según los preceptos de Zulu Nation, el Hip Hop era un vehículo de transformación social que debía comprometerse con las comunidades que lo habían visto nacer, ofreciendo una alternativa pacifista, concienciada y autogestionada al clima de violencia que las bandas callejeras habían impuesto en la mayoría de barrios desfavorecidos de Nueva York. Las actividades de Zulu Nation (organización de *block parties* y veladas culturales, acciones de voluntariado social y de apoyo al comercio local, promoción del talento y las carreras de los jóvenes del gueto...) ofrecían un entorno seguro basado en el respeto por unos códigos morales que formaban parte de la filosofía de la cultura Hip Hop, y sus ideales pacifistas y estética afrocéntrica ejercerían una influencia capital en multitud de artistas de Rap comprometido posteriores, de forma especialmente notable en el colectivo Native Tongues.

The Universal Zulu Nation. Filosofía y cultura Hip Hop.

Zulu Nation fue creciendo con los años hasta convertirse en una organización mundial formada por decenas de delegaciones independientes establecidas por todo el planeta, adaptando sus actividades a las prioridades y necesidades locales, y sumando en muchos casos elementos espirituales a su filosofía original, si bien nunca abandonando el Hip Hop como la base fundamental sobre la que se sustenta el movimiento de la Nación Zulu.

## 10 grabaciones fundamentales del Old School Rap

**The Sugarhill Gang** - ***Rapper's delight***
(Sugarhill Records, 1979)
El inicio de todo. El primer disco de Hip Hop de la historia; un éxito arrollador que traspasó las fronteras del gueto para hacer bailar al mundo entero con un inolvidable *sample* de Chic y una forma de rapear tan inédita como irresistible. La popularidad de Sugarhill Gang y del sello Sugar Hill Records aumentó como la espuma desde el momento de su publicación.

**Kurtis Blow** - ***The Breaks***
(Mercury, 1980)
Primer single de Hip Hop en alcanzar el oro, y posiblemente el mayor éxito de Kurtis Blow, el primer artista de Hip Hop en firmar con una multinacional (y en convertirse en una estrella). Uno de los primeros singles de Rap en alcanzar verdadera repercusión en el *mainstream*.

**Treacherous Three** - ***The Body Rock***
(Sugarhill Records, 1980)
Presentes junto a DJ Kool Herc y Grand Wizard Theodore en los primeros años del Hip Hop, la banda del Bronx liderada por Kool Moe Dee anticiparon con este tremendo éxito de 1980 (la primera canción de Hip Hop en usar guitarras de Rock), la fusión de Rap y Rock con la que Run-D.M.C. sacudirían al mundo unos pocos años después.

**Funky Four Plus One** - ***That's The Joint***
(Sugarhill Records, 1980)
Otro hit absoluto publicado en 1980 por la primera banda de Hip Hop liderada por una mujer, que a su vez también fue la primera banda en firmar un contrato discográfico. Esta canción supuso un punto de inflexión en la creciente e imparable popularidad del Hip Hop al convertirse en la primera aparición de una banda de Rap en la televisión nacional de Estados Unidos, nada más y nada menos que en *Saturday Night Live*.

**Afrika Bambaataa** - ***Planet Rock***
(Tommy Boy, 1982)
Otra grabación fundamental en la historia del género, publicada en 1982 por Tommy Boy Records, y que ostenta el récord como disco de Hip Hop más *sampleado* de la historia. Con esta canción inmortal Afrika Bambaataa daba nacimiento al sub género del electro-funk y se convertía en leyenda gracias a su histórico *sample* del «Trans-Europe Express» de Kraftwerk.

**Grandmaster Flash - *The Message***
(Sugarhill Records, 1982)
Una de las canciones más importantes e influyentes de la historia del Rap, y seguramente el primer ejemplo de Rap crítico y profundo, con poso político incluso. Hasta ese momento en el Hip Hop se hablaba de fiestas, sexo y diversión; y el análisis social y la puntería lírica de esta canción dota por primera vez de contenido a un género que a partir de ese momento se convertirá en algo serio.

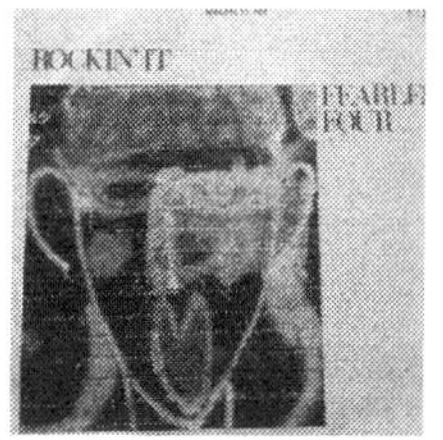

**The Fearless Four - *Rockin' it***
(Enjoy, 1982)
Famosos tras su aparición en el mítico documental sobre los orígenes del Hip Hop *Wild Style*, dirigido en 1982 por Charlie Ahearn, The Fearless Four siguieron los pasos de Kurtis Blow al ser la primera banda de Hip Hop en firmar por una multinacional (el propio Blow se encargaría de producir algunos de sus mayores singles) y alcanzarían su mayor éxito con este clásico del Old School construido sobre un *sample* de Kraftwerk.

**Whodini - *Magic's Wand***
(Jive Records, 1983)
Whodini ganaron gran popularidad en la primera mitad de los ochenta gracias a su pionera fusión de Hip Hop con R&B y Soul, y por el espectacular batallón de breakdancers que les acompañaban en sus actuaciones. Este es uno de sus temas más celebrados, y es la primera canción de Hip Hop en acompañarse de un videoclip.

**Cold Crush Brothers - *Fresh, Fly, Wild & Bold***
(Tuff City, 1984)
Como The Fearless Four, Cold Crush Brothers también vieron como su popularidad crecía bruscamente tras participar en el documental *Wild Style*, y su peculiar manera de rapear de forma armónica les reportó varios hits, entre los que destaca éste de 1984.

**Roxanne Shanté - *Roxanne's Revenge***
(Pop Art Records, 1984)
Un éxito masivo que coronó a Roxanne Shanté como la primera mujer MC en hacerse hueco, a base de actitud desafiante, ingenio y mala leche, en una escena cargada de testosterona, abriendo camino para la siguiente generación de mujeres que destacarán en la era dorada del Rap: de MC Lyte a Queen Latifah, pasando por Salt-n-Pepa o Monie Love.

# 2. LA ERA DORADA

***«I think a number of the leaders are, whether you like it or not, in the Hip Hop generation. And when they understand enough, they'll do wonders. I count on them.»***

*«Creo que algunos de los líderes están, te guste o no, en la generación del Hip Hop. Y cuando comprendan lo suficiente, harán maravillas. Cuento con ellos.»*

**Maya Angelou**

## GOLDEN AGE

Conocemos como *Golden Age*, o Era Dorada del Rap, al periodo comprendido entre los años 1985 y 1995, aproximadamente, y que constituye una de las etapas más creativas y brillantes de la historia del Hip Hop. Si en la primera mitad de los años ochenta se habían sentado las bases estéticas y el sonido primigenio del Rap, es en la Era Dorada cuando el género se dotará de contenido; asentará firmemente su peso e importancia cultural, artística y comercial; expandirá sus horizontes musicales ganando una profundidad y calidad inéditas hasta la fecha; se apoderará de las listas de ventas y ofrecerá algunas de las obras más relevantes e influyentes de su historia.

Es un periodo en el que el Hip Hop experimenta una gigantesca expansión artística y geográfica, estableciéndose como una de las principales y más exitosas corrientes musicales en medio mundo y convirtiéndose en la expresión cultural más importante y masiva de esos años, junto con el Grunge. El origen callejero y la vocación *underground* de la época Old School se mantenían vivos, y la corriente que entendía el Hip Hop como un arte socialmente comprometido, alternativo e imbuido de actitud crítica y desafiante adquiere durante la Era Dorada una relevancia capital; pero es también en estos años que el Rap se incorpora rápidamente al *mainstream* y su estética y sonido se asimilan en el mundo de la publicidad, la moda, los medios de comunicación o la industria del entretenimiento.

Rap y cine: del gueto a las pantallas.

Los documentales *Wild Style* (1982) y *Style Wars* (1983) habían mostrado en las pantallas de cine el nacimiento de la cultura Hip Hop, adquiriendo automáticamente un estatus de películas de culto que siguen manteniendo hoy en día, y en 1989 un joven Spike Lee sorprendería al mundo entero con el estreno de su brillante y polémica *Do The Right Thing*, un éxito apabullante de cine independiente que mostraba la realidad de Brooklyn al ritmo de Public Enemy y su ya legendario «Fight The Power». A partir de ese momento, la industria del cine saturará el mercado con una avalancha de películas de temática urbana (y criminal normalmente) protagonizadas por jóvenes de estética pandillera y banda sonora a base de Rap. Hollywood establecerá el gueto como nueva fuente de inspiración, y las problemáticas sociales de los barrios desfavorecidos cubiertos de grafitis se convertirán en un filón comercial. *New Jack City* (1991), *Boyz n The Hood* (1991), *South Central* (1992), *Juice* (1992) o *Menace II Society* (1993) se convierten en taquillazos, y el gran público se acostumbra a ver a Ice T, Queen Latifah, Tupac Shakur o Ice Cube compartiendo plano con Wesley Snipes, Samuel L. Jackson, John Turturro o Laurence Fishburn. En la televisión, un joven Will Smith revienta los índices de audiencia como *Príncipe de Bel-Air*, y en las emisoras de radio más comerciales suenan hasta la saciedad *one-hit wonders* de Rap para todos los públicos, tan inocuos como masivos, como «Ice Ice Baby» de Vanilla Ice, «U Can't Touch This» de MC Hammer, o «Jump!» de Kris Kross. De repente, el Rap está en todas partes. Desgraciadamente, el Hip Hop pasa también a generar toneladas de titulares en los medios de comunicación por la creciente violencia del movimiento y las escandalosas y excesivas

Spike Lee: Haz lo que debas.

vidas de sus estrellas, algunas de ellas convertidas en celebridades tan próximas a la excelencia artística como al crimen organizado. Lo mejor y lo peor de la cultura Hip Hop se lleva al extremo durante la Era Dorada: una época tan brillante como desgraciada, que produjo dioses y obras de arte atemporales, pero también demasiados mártires.

## BATTLE ROYAL

Nelson George, el prestigioso periodista y escritor de Brooklyn, autor de, entre muchas otras cosas, numerosos libros y ensayos sobre la tradición musical y cultural afroamericana, arrancaba su libro *Hip Hop America* (2005) recordando una tradición del sur rural de Estados Unidos en los años treinta, habitual como preludio de entretenimiento en las veladas de boxeo, llamada *Battle Royal*. En una *Battle Royal*, unos cuantos jóvenes negros entraban en el ring con los ojos vendados, y libraban un combate a ciegas en el que sólo podía quedar uno en pie. Las armas no estaban permitidas, y los jóvenes se enzarzaban en un brutal combate de extrema violencia para regocijo de un público mayoritariamente blanco. George compara la actitud de aquellos jóvenes de los años treinta, abriéndose paso a ciegas, a puñetazos contra todo y contra todos, con la de los jóvenes que tomaron las riendas del Hip Hop a partir de la segunda mitad de los ochenta.

La actitud desafiante, la rudeza callejera y el sentido de la competitividad son elementos básicos del Rap: desde sus primeros días, los códigos del Hip Hop han funcionado a base de batallas de Breakdance y Grafiti, rivalidad de técnica y creatividad entre DJ's, y enfrentamientos verbales (*Beefs*) entre MC's. El relato de supervivencia, lucha, autoafirmación y orgullo que vertebra gran parte del imaginario del Hip Hop se vehicula desde sus orígenes a través de una dialéctica que se nutre de un posicionamiento de confrontación y combativo, en el que muchas veces las rimas se lanzan como se lanzan puñetazos en una pelea. El vacile y la chulería son consustanciales al Rap (no así la violencia), y esa actitud competitiva ha propiciado algunos de los momentos creativos más brillantes de su historia, pero con el inicio de la Era Dorada esa idea de competitividad pasó a ser cada vez menos sana.

## BEEFS

Muchos son los *beefs* que han pasado a la historia del Rap si nos remontamos a sus orígenes. Los enfrentamientos entre raperos en forma de batallas verbales, vía intercambios de canciones con afilados e ingeniosos ataques mutuos por los más diversos motivos (envidia, lealtades territoriales, traiciones, relaciones profesionales fallidas, jaleos sentimentales o simple y pura diversión y ganas de fiesta), son uno de los rasgos distintivos del nacimiento del Hip Hop, y encontramos sonados ejemplos en la época Old School: ya en 1981 el enfrentamiento público entre Kool Moe Dee y Busy Bee se convirtió en el tema de conversación de moda; luego llegaron las famosas Roxanne Wars, desatadas a raíz de la publicación del single «Roxanne, Roxanne» de U.T.F.O, en el que criticaban a una mujer ficticia llamada Roxanne y que provocó una escalada de canciones de respuesta (casi cien canciones formaron parte de las *Roxanne Wars*), de las que saldría vencedora Roxanne Shanté con su mítico «Roxanne's Revenge»; y la disputa entre Queensbridge y El Bronx como lugar de nacimiento del Hip Hop desencadenó las llamadas *Bridge Wars*, encabezadas por Juice Crew (con MC Shan al frente) y Boogie Down Productions (capitaneados por KRS-One).

Todas estas batallas, limitadas en la mayoría de casos al terreno musical, serán replicadas a lo largo de los años por algunas de las figuras más importantes del Rap (Nas vs. Jay-Z, Mobb Deep vs. 2Pac, Kanye West vs. 50 Cent, Foxy Brown vs. Lil' Kim, Ice Cube vs. Common, MC Eiht vs. DJ Quick...). En sus inicios, los *beefs* en el Rap gravitaban en torno a cuestiones locales y en muchos casos interurbanas; eran cosa de Nueva York y algunas otras ciudades de la Costa Este, hasta que en la segunda mitad de los ochenta una nueva generación de artistas de la costa opuesta provocaron que Los Ángeles emergiera como firme competidora por el trono de capital mundial del Hip Hop, dando paso al principal eje vertebrador de la Era Dorada del Rap: la rivalidad entre la Costa Este y la Costa Oeste de Estados Unidos. De repente el Hip Hop se divide en dos grandes escuelas, y la competición entre ambas traspasa los ámbitos estilísticos o estéticos para alcanzar un tono más cercano a las guerras entre clanes mafiosos que a las rivalidades deportivas entre grandes equipos y sus hinchas. Los *beefs* entre los artistas principales de cada bando son cada vez más frecuentes y agresivos, los videoclips adquieren un imaginario cada vez más violento, y las armas se normalizan hasta ser un accesorio estético básico del Rap. La adhesión al *East Coast Rap* o al *West Coast Rap* pasa a ser un estilo de vida que cambiará el rumbo del Hip Hop para siempre, y dejará un triste reguero de cadáveres y vidas destrozadas en el proceso.

Biggie Smalls & Tupac Shakur: El Beef.

## GUERRA ENTRE COSTAS

Pese a existir precedentes de peso (como la canción de Tim Dog «Fuck Compton» de 1991, que atacaba y ridiculizaba a las grandes figuras de la Costa Oeste que en ese momento acaparaban el centro de atención mediático y comercial; recibiendo sonadas respuestas por parte de Snoop Dogg y Compton's Most Wanted, entre otros), el epítome absoluto del *beef* entre costas que atraviesa y permea el mundo del Hip Hop durante la Era Dorada es la trágica rivalidad entre dos pesos pesados del Rap convertidos en auténticos mitos: The Notorious B.I.G. (o Biggie Smalls) y Tupac Shakur (o 2Pac). El enfrentamiento entre los dos antiguos amigos, convertidos cada uno en paradigma aspiracional del delincuente que a base de talento y pocos escrúpulos se gana primero el respeto en las calles para acabar envuelto en lujo y fama, se convierte en el relato oficial y oficioso de la Era Dorada, alimentado y promovido tanto por los medios de comunicación como por la industria musical (no olvidemos que cuando hablamos de figuras como Dr. Dre, The Notorious B.I.G., 2Pac o Snoop Dogg, estamos hablando de cifras estratosféricas de ventas, niveles inmensos de fama y beneficios millonarios). A modo de guerra territorial entre bandas, o de batalla dinástica por la sucesión a un trono, Tupac Shakur pasa a representar un nuevo orden en el que el *West Coast Rap* se ha apoderado del mercado. Frente a él, Biggie Smalls defiende la hasta ese momento hegemónica superioridad del *East Coast Rap*. Compton contra Brooklyn, pandilleros neoyorquinos contra gánsteres californianos; y una rivalidad expresada en un principio desde los estudios de grabación que pasa a manifestarse de forma cada vez más virulenta en una escalada de ataques y agresiones, acusaciones mutuas de todo tipo, robos, tiroteos, prácticas mafiosas entre sellos discográficos, intentos de asesinato no resueltos y ríos de tinta y horas de pantalla en la prensa sensacionalista y los informativos en televisión.

Y discos enormes, claro: toda esta escalada de violencia (reflejada en unos índices de criminalidad en las calles y muertes violentas sin precedentes en la comunidad negra) coincide con un periodo de excelencia artística y de expansión creativa irrepetibles. La muerte de 2Pac y, con pocos meses de diferencia, la de The Notorious B.I.G., ambos asesinados en circunstancias sospechosas, marcan de alguna manera el fin de una era que, pese al lastre de la violencia, representa un salto cualitativo sin precedentes en el Rap. En la Era Dorada se afianzan estilos que se convierten en auténticas escuelas, se definen sonidos y formas de entender la composición y la producción que siguen funcionando como pautas básicas hoy en día, el contenido lírico adquiere un poso de profundidad y seriedad inéditos, y se ensanchan los horizontes creativos dando como resultado algunos de los discos y artistas más importantes del género. Términos como *Boom Bap*, *Gangsta Rap*, *G-Funk* o *Jazz Rap* pasan a formar parte del vocabulario básico de la cultura Hip Hop, y lo que en su día nació de las calles y plazas de los peores guetos urbanos se convierte en un movimiento de alcance global.

Run-D.M.C: la leyenda.

## EL ESTE

El 4 de julio de 1986, un terremoto de magnitudes desconocidas hasta la fecha hizo temblar al planeta provocando unas reverberaciones que se pueden seguir percibiendo hoy en día. Con epicentro en la ciudad de Nueva York, su ola expansiva se extendió por todo Estados Unidos primero, para alcanzar poco a poco al resto del mundo. El terremoto llevaba por título «Walk This Way», y venía firmado por Run-D.M.C. y Aerosmith. El éxito masivo de la canción, una relectura del single de 1975 de los propios Aerosmith, sirvió para relanzar la carrera de Steven Tyler y compañía, y coronó a Run-D.M.C. como estrellas incontestables, no sólo dentro del Hip Hop. La mezcla de Rap vacilón y riffs de Hard Rock clásico de «Walk This Way» traspasó con creces las fronteras del género y reventó las listas de éxito más *mainstream*, conquistando a un público blanco que hasta ese momento nunca se había acercado al Rap, en su gran mayoría. El cerebro detrás de ese sonido y responsable de la producción del tema era un tal Rick Rubin, figura monumental en la historia de la música por muchísimos motivos, y fundador junto a Russell Simmons del sello discográfico convertido en imperio Def Jam Recordings. Cuatro meses después, con el mundo todavía en estado de shock por el impacto de «Walk This Way», Rubin repetía la fórmula y, con idéntico resultado, unos jovencísimos Beastie Boys asaltaban las listas de éxito con «(You Gotta) Fight For Your Right (To Party)»; una juerga de humor grueso, Rap festivo, Rock clásico e idiotez adolescente y desenfadada que catapultó a la fama al trío de Brooklyn. Tanto Run-D.M.C. como Beastie Boys tomaban el testigo del Rap hedonista y socarrón de los clásicos del Old School, siguiendo la fórmula de canción pegadiza y explosiva con rimas ingeniosas y letras cercanas a lo insustancial, tan característica de los grandes éxitos de la vieja escuela. Ese mismo año, aparte de la consagración de Run-D.M.C. y del descubrimiento al gran público de Beastie Boys, también será recordado para siempre en la historia del Hip Hop por otro hecho fundamental: la publicación de «Eric B. Is President», el primer single de Eric B. & Rakim, y el primer aviso de un MC que se convertiría en leyenda.

Eric B. & Rakim: ADN Hip Hop.

## EL MENSAJE

La vida de William Griffin, más conocido como Rakim, dio un giro inesperado en 1982; ese año Grandmaster Flash & The Furious Five estrenaron una canción llamada escuetamente «The Message», y con ella nacía uno de los rasgos de carácter más definitorios de la cultura Hip Hop, y por consiguiente de la música Rap; el papel de análisis crítico y vehículo de denuncia social de un estilo musical nacido en las calles como altavoz de una comunidad atravesada por el racismo, la delincuencia y la pobreza. Aquella canción no hablaba de fiesta, no era divertida, no contenía rimas fáciles ni chistes sexuales, y ofrecía una crudeza de contenido y una

Public Enemy: la voz de la conciencia.

profundidad lírica que la hacían única. El verso con el que el MC Melle Mel arrancaba la canción (el ya mítico «*It's like a jungle sometimes...*»; «*Es como una jungla a veces...*») quedó marcado a fuego en el imaginario de la cultura Hip Hop; «The Message» narraba sin romanticismo ni eufemismos una realidad, la del gueto, marcada por la pobreza, las drogas, la violencia y el nihilismo. No era una canción amable, era Rap duro, callejero y profundo: era Rap Hardcore antes de que ese concepto se convirtiera en un estilo en sí mismo. Rakim, un MC superdotado, continuó el camino iniciado con «The Message», convirtiéndose en una figura de una influencia capital para el desarrollo del Rap de la Costa Este a lo largo de la Era Dorada, y encarnando una tradición de MC's comprometidos con la realidad de sus comunidades que entiendían el Rap como arma de denuncia, herramienta de análisis y foco de activismo; una tradición enraizada en el ADN del Hip Hop que llega hasta nuestros días.

Cuando Chuck D proclamaba «*Most of my heroes don't appear on no stamps*» («*La mayoría de mis héroes no aparecen en ningún sello*») al frente de Public Enemy, aunaba en una sola frase los anhelos y luchas de todo un pueblo, erigiéndose como portavoz y amplificador de las realidades de la comunidad afroamericana de igual forma que James Brown había hecho veinte años antes al grito de «*Say it loud: I'm black and I'm proud*» («*Dilo en alto: soy negro y estoy orgulloso*»). La toma de autoconciencia de la comunidad Hip Hop durante la Era Dorada, y su afianzamiento como principal expresión cultural afroamericana a partir de la segunda mitad de los ochenta, supondrá un salto de seriedad y profundidad en el contenido lírico y en la actitud e intenciones de una nueva generación de artistas poco interesados en los clichés festivos y superficiales de los hits de la época Old School. De «*La Di Da Di, we like to party*» («*La Di Da Di, nos gusta la fiesta*») de Slick Rick, o «*Throw your hands up in the sky and wave'em 'round from side to side*» («*Levanta tus manos al cielo y muevelas de un lado a otro*») de Kurtis Blow, en pocos años el Rap pasa a lanzar interrogantes y crónicas afiladas que toman el pulso de la calle y de su tiempo.

Ice Cube planteando «*Why more niggas in the pen than in college?*» («*¿Por qué hay más negratas en la cárcel que en la universidad?*»); Queen Latifah dirigiéndose a la comunidad con su «*This is my notice to the door, I'm not taking it no more, I'm not your personal whore, that's not what I'm here for (...) Who you calling a bitch?*» («*Este es mi aviso, ya no lo aguanto más, no soy tu puta personal (...) ¿A quién estás llamando zorra?*»); Tupac Shakur y su «*Some say the blacker the berry, the sweeter the juice; I say the darker the flesh, then the deeper the roots...*» («*Algunos dicen que cuanto más negra es la baya, más dulce es el zumo; yo digo que cuanto más oscura es la piel, más profundas son las raíces*»); o Kool Moe Dee alzando la voz ante la violencia entre negros dentro de los guetos con su célebre «*I never ever ran from the Ku Klux Klan and I shouldn't have to run from a black man*» («*Nunca huí del Ku Klux Klan y no debería tener que huir de un hombre negro*»); sirven como ejemplos paradigmáticos de una época en la que el Rap se empieza a tomar en serio a sí mismo por primera vez.

## BOOM BAP & JAZZ RAP

Si bien el Hip Hop de la costa este no tiene un sonido uniforme ni un estilo estándar, hay algunos elementos unificadores en gran parte del Rap producido desde finales de los ochenta en Nueva York y alrededores que marcan una actitud y una manera de hacer y entender la música que se convertirán en un canon dentro del género: Rap Hardcore duro y directo, dotado de seriedad y profundidad de contenido, cargado de destreza lírica y realismo sucio, y tan honesto y callejero como elevado artísticamente. Public Enemy, EPMD o KRS-One (primero al frente de los legendarios

Digable Planets: Cool like that.

Boogie Down Productions y después en solitario tras el asesinato en 1987 de DJ Scott La Rock, miembro fundador de BDP), pasan a capitanear una nueva escuela de MC's enfadados, con discurso crítico y urgencia por hacerse oír, y en absoluto interesados en edulcorar la realidad ni suavizar las formas para resultar comerciales. Siguiendo la estela de Eric B & Rakim, esos jóvenes y revolucionarios MC's se acompañaban de una también nueva generación de productores y DJ's con unos niveles de creatividad y unas inquietudes artísticas que provocaron un salto evolutivo colosal en el Hip Hop. Con ellos nació el Boom Bap, una técnica de grabación que se convertiría en un lenguaje básico del Rap de la Costa Este. Boom Bap es una onomatopeya que hace referencia al sonido básico de un bombo y una caja, reproducido en bucle partiendo de un *sample* rítmico simple y directo. Sobre esa base austera y contundente, la narración del MC sostiene el peso de la canción apoyada por certeros y puntuales *samples*; Jeru The Damaja, Mobb Deep, Redman o Wu-Tang Clan se encargarán de elevar el Boom Bap a categoría de arte. El equilibrio perfecto entre crudeza y elegancia del Boom Bap será una de las bases sobre las que se edificará el East Coast Rap, que reinará de manera indiscutible en la primera mitad de la Era Dorada.

La otra gran base estilística del Rap de la Costa Este tenía mucho más que ver con la tradición del Jazz y la mística *cool* de los clásicos de Blue Note o Verve, y estaba protagonizada por una escena de creadores que, desmarcándose de los elementos más agresivos y combativos del Hardcore Rap, bajaban revoluciones a base de Rap relajado y ambientes y *samples* de Jazz, ofreciendo un enfoque profundo e intelectualizado del Hip Hop. Digable Planets, Guru, Stetsasonic, Brand Nubian, A Tribe Called Quest o Gang Starr convertirán al Jazz Rap en el segundo eje vertebrador del Hip Hop de la Costa Este en unos años en los que se publicarán algunos de los discos más recordados e influyentes de la historia del Rap, fruto de una generación irrepetible de artistas que fueron a coincidir con unos productores visionarios, artistas también, que cambiarían el rumbo de la música: hablar de Public Enemy es hablar de The Bomb Squad de la misma forma que hablar de Wu-Tang Clan es hacerlo de RZA; de igual manera que sin DJ Premier o Q-Tip no podríamos hablar de Nas, The Notorious B.I.G., Jungle Brothers o A Tribe Called Quest; no se puede entender el sonido de Run-D.M.C., LL Cool J o los Beastie Boys primerizos sin la producción de Rick Rubin.

## NATIVE TONGUES

Uno de los capítulos más luminosos e influyentes de la historia del Hip Hop se da en torno al colectivo Native Tongues; una improbable unión de personalidades brillantes capitaneada por De La Soul, Jungle Brothers, A Tribe Called Quest, Queen Latifah, Black Sheep y Monie Love; que a finales de los ochenta estableció una alternativa a la dureza del Boom Bap que triunfaba en la Costa Este en ese momento y al incipiente y violento universo del Gangsta Rap que empezaba a despuntar desde la Costa Oeste. La influencia del colectivo, tanto a nivel artístico como filosófico y estético, se extiende hasta nuestros días, y es del todo imposible explicar la evolución de la música Rap en las últimas décadas sin entender la revolución que supuso la explosión de creatividad, conciencia, diversión y buenas intenciones con la que Native Tongues cambiaron la historia del género para siempre.

Amigos desde la infancia, y poseedores todos de un talento descomunal, la familia Native Tongues rompía con prácticamente todos los estereotipos imperantes en el mundo del Rap en la segunda mitad de la década de los ochenta: no se mostraban agresivos ni querían parecer peligrosos, no iban armados, no traficaban con drogas ni vestían como gánsteres, no idolatraban el lujo y no mostraban el más mínimo interés por glorificar la violencia ni la vida callejera. Discípulos confesos de la Universal Zulu Nation de Afrika Bambaataa, los miembros de Native Tongues recogían el espíritu socialmente comprometido y politizado de Zulu Nation, así como su afrocentrismo y su rechazo de la violencia, y lo dotaban de una sofisticación y un poso intelectual inéditos hasta la fecha, así como de un irresistible sentido de la diversión y el buen humor. Con Native Tongues nacía una nueva forma de entender el Hip Hop. Sus producciones eran elaboradas, elegantes y profundas; los tempos bajaban en comparación con los del Hardcore Rap; su manera de rapear era

Native Tongues: creatividad y buenas vibraciones.

relajada y festiva; el uso del *sampleo* se llevaba a niveles de creatividad nunca vistos y los referentes musicales sobre los que construían su música estaban más enfocados al Jazz clásico que al Funk.

*Straight Out The Jungle* (Warlock, 1988), el debut de Jungle Brothers, cimentaría los rasgos diferenciales del sonido Native Tongues, y a partir de ese momento cada miembro del colectivo se encargará de sumar discos imprescindibles en una espiral de creatividad que le otorgará a Native Tongues un respeto, una credibilidad y una popularidad gigantescas. De La Soul con *3 Feet High & Rising* (Tommy Boy, 1989); Queen Latifah con *All Hail The Queen* (Tommy Boy, 1989), que incluía el himno feminista «Ladies First», con la colaboración de la también componente de Native Tongues Monie Love; o Black Sheep con A Wolf In Sheep's Clothing (Mercury, 1991) se encargaron de que el Rap desenfadado y luminoso, imbuido de Jazz y cargado de buenas intenciones marca de la casa del colectivo traspasara los límites del *underground* para convertirse en una de las más influyentes corrientes dentro de la cultura Hip Hop al arrancar los noventa. De todos ellos, A Tribe Called Quest son los que sublimaron el estilo y lo llevaron a sus cotas más altas de elegancia y trascendencia, firmando dos discos consecutivos que hoy en día siguen siendo considerados obras de arte de una calidad y relevancia superiores, trascendiendo estilos y épocas: *People's Instinctive Travels And The Paths Of Rhythm* (Jive, 1990) y, sobretodo, *The Low End Theory* (Jive, 1991).

Native Tongues eran divertidos y socarrones, abogaban por el pacifismo y el buen humor, defendían firmemente el compromiso de la cultura Hip Hop con las clases populares y la comunidad negra, y abordaban en sus letras temas como el machismo, la educación, la pobreza y el materialismo. Su estética afrocentrista y colorida y su actitud vitalista, siempre en perfecto equilibrio entre la diversión y la reflexión, así como su voluntad de hacer evolucionar a la música Rap como expresión artística relevante, resultarían enormemente influyentes no sólo para compañeros generacionales como Gang Starr, Leaders of the Underground (con Busta Rhymes en sus filas), Digable Planets, Souls of Mischief (y por extensión, el colectivo californiano Hieroglyphics), The Pharcyde y mil más; sino para toda una nueva hornada de artistas que se convertirían en figuras fundamentales del Rap en los años siguientes: de Mos Def a Common, pasando por The Roots, Talib Kweli, Erykah Badu o Fugees.

## EL OESTE

En 1990, un estudio realizado por la fundación sin ánimo de lucro The Sentencing Project hacía pública una estadística escalofriante: uno de cada cuatro afroamericanos entre los 20 y los 29 años estaba encarcelado o en régimen de libertad condicional. En ese momento, esa estadística se traducía en aproximadamente 610.000 hombres, la inmensa mayoría de los cuales había acabado en prisión por delitos relacionados con el tráfico de drogas. Se estimaba que solamente en la ciudad de Nueva York unas 150.000 personas se dedicaban al menudeo de drogas en mayor o menor medida, y los datos respecto a muertes violentas o por sobredosis entre la juventud afroamericana se habían disparado de forma inédita en los últimos años. En los sesenta la marihuana y el LSD habían sido las drogas más extendidas en Estados Unidos, sustituidas a lo largo de los setenta por la heroína y recién estrenados los ochenta por la cocaína; pero es a mediados de los ochenta cuando un nuevo producto, extremadamente adictivo y rentable, apareció en las calles para convertirse automáticamente en una epidemia nacional: el crack. Rápidamente, una nueva economía sumergida y un mercado gigantesco se crean en torno a la venta y consumo de crack, que tendrá como principal consecuencia, aparte de las ya mencionadas, el nacimiento de un nuevo tipo de gánster: el crack ofrecía unos niveles altísimos de plusvalía, y de repente las bandas

Armas y rimas: Gangsta Rap.

callejeras pasaron a manejar cifras y adoptar actitudes de auténticos carteles del narcotráfico. Las armas, los coches de lujo y las joyas pasan a ser nuevos símbolos de estatus social en una generación de adolescentes que encuentran en el materialismo y la violencia las únicas vías factibles para sobrevivir y prosperar en unos guetos condenados a la marginalidad: Tony Montana y Pablo Escobar como modelos a imitar (como resumió el malogrado Biggie Smalls desde su Brooklyn natal: «*If I wasn't in the Rap game I'd probably have a key knee-deep in the crack game, because the streets is a short stop: either you're slinging crack rock or you got a wicked jump shot*»; «*Si no estuviera en el juego del Rap seguramente estaría hundido hasta las rodillas en el juego del crack, porque las calles son una parada corta: o estás repartiendo piedras de crack o recibiendo un tiro*»). Si bien la relación entre Hip Hop y delincuencia existía desde los primeros días del movimiento, a finales de los ochenta el Rap se convierte en la banda sonora oficial de un estilo de vida atravesado por la violencia, el mercadeo del crack y las bandas callejeras, que en la Costa Oeste se bautizó como Gangsta.

Así como en un principio se podría definir al Gangsta Rap como la versión californiana del Rap Hardcore que pocos años antes había estallado en Nueva York, rápidamente las idiosincrasias propias de la Costa Oeste y el nacimiento del sonido G-Funk lo convertirán en algo más que una tendencia dentro del Hip Hop para pasar a ser directamente un estilo de vida, con una cultura y una estética propias asociadas. Con el Gangsta Rap y el G-Funk no solamente nace una forma nueva de Rap, sino que se crea un discurso y un imaginario que hará del Hip Hop de la Costa Oeste un género en sí mismo durante la Era Dorada. De repente, en un momento en el que hablar de Rap significaba casi siempre hablar de Nueva York, una nueva generación de raperos californianos asaltaron el mercado discográfico, acaparando la atención de los medios de comunicación y de un público masivo con un Rap tan hedonista como violento, que celebraba con una mezcla morbosa de nihilismo, materialismo, sexualidad y fiesta los aspectos más extremos de una vida criminal con el crack como elemento central de su universo económico.

## GANGSTA RAP

Schoolly D: orígenes Gangsta.

Suele haber un consenso general a la hora de atribuir a Schoolly D el nacimiento del Gangsta Rap con la publicación de su debut homónimo en 1985. El MC de Filadelfia sorprendió a propios y extraños con su Rap Hardcore plagado de imágenes violentas, orgullo territorial pandillero, machismo, jerga de camello, fanfarronería sexual y chulería; pero sería en la otra punta del país, en la soleada California, donde ese disco causaría un impacto trascendental. En ese momento el Hip Hop en la Costa Oeste gravitaba en torno a la música Disco, el Electro Funk y el circuito de clubs de baile. La fórmula de Funk electrónico de World Class Wrekin' Cru (con unos jovencísimos Dr. Dre y DJ Yella en sus filas) era la tendencia de moda cuando un MC conocido como Ice T escuchó la canción «P.S.K. What Does It Mean?» de Schoolly D. Ice T quedó fascinado por la crudeza y contundencia de aquella canción, y decidió replicarla pasándola por el filtro de su vida callejera como pandillero en Los Angeles: el resultado fue «6 In The Morning», y pasó a ser la canción que inauguraba de forma oficiosa la era Gangsta en el Hip Hop. Con versos míticos como «*I am a nightmare walking, psychopath talking. King of my jungle, just a gangster stalking*» («*Soy una pesadilla andante, un psicópata hablando. Rey de mi jungla, tan sólo un gangster acechando*») o «*With cocaine, my success came speedy. Got me twisted, jammed into a paradox: every dollar I get, another brother drops*» («*Con la cocaína mi éxito llegó rápido. Me tiene del revés, atascado en una paradoja: cada dólar que gano, otro hermano que cae*»); Ice T sentaba las bases estéticas de la cultura Gangsta californiana, abriendo una caja de Pandora cuyos tentáculos a base de Rap callejero y peleón, machismo, delincuencia y supervivencia llegan hasta la actualidad.

A partir de ese momento, el Rap Hardcore con contenido explícito sobre sexo, drogas, fiesta y crimen se extiende como la pólvora por toda la Costa Oeste, y nombres como N.W.A, Compton's Most Wanted, Da Lench Mob, Warren G o Above The Law pasan a la primera línea del Hip

Hop. En paralelo, la cultura chicana de Los Ángeles crea su propia escuela de Rap Gangsta y hedonista con estética *Lowrider*, sentido del humor, orgullo latino y gusto por la marihuana; y nombres como Cypress Hill, Kid Frost, Delinquent Habits, A Lighter Shade Of Brown o Tha Mexakinz se harán enormemente populares a lo largo de la Era Dorada. Pero no será hasta 1992 que la Costa Oeste pase a liderar definitivamente el universo del Hip Hop, apoderándose de las riendas de la industria gracias al talento visionario de Dr. Dre y a una feliz invención que pasó a conocerse como G-Funk.

## G-FUNK

La querencia de Dr. Dre por el P-Funk de George Clinton en Parliament/ Funkadelic, su experiencia en el mundo del electro gracias a sus años en World Class Wrekin' Cru, y el bagaje Gangsta adquirido como fundador de N.W.A. constituían un caldo de cultivo explosivo que el de Compton condensó a principios de los noventa en un sonido inédito hasta ese momento, convirtiéndose en uno de los productores más influyentes y legendarios en la historia del Hip Hop (y en un titán de la industria musical). La inventiva de Dr. Dre como productor visionario cristalizó en la Era Dorada en una forma personal e inequívocamente californiana de entender el Hip Hop en su vertiente Gangsta, y le otorgó al género una estética y unas características estilísticas que hicieron de cimientos sobre los que se desarrollaría gran parte del Rap producido en la Costa Oeste a lo largo de la década; de igual forma que su influencia acabaría impregnando al universo del Hip Hop en general, extendiéndose hasta nuestros días.

La visión de Dr. Dre consistía en crear un sonido nuevo que representara a la Costa Oeste frente al Hardcore Rap a base de Boom Bap que desde Nueva York constituía la escuela hegemónica del Hip Hop del momento. Construido sobre grooves suaves y relajados, capas y capas de sintetizadores, líneas de bajo hipnóticas y densas, acordes de piano y teclados extremadamente agudos, y ambientes melódicos con coros femeninos de textura R&B; a ese sonido le llamó G-Funk, y se convirtió automáticamente en la tendencia principal en el Rap en ese momento. *The Chronic* (Death Row, 1992), el disco con el que Dr. Dre daba a conocer al mundo el universo G-Funk, sigue siendo uno de los discos de Rap más vendidos de la historia. La influencia de *The Chronic* (y la mano experta de Dr. Dre a las labores de producción) encumbrará a Snoop Dogg o a 2Pac como colosos del Hip Hop de la Era Dorada, y se extenderá hasta permear incluso en Biggie Smalls, rey del Rap de Nueva York. Frente a la urgencia y la dureza del Boom Bap neoyorquino y sus MC's furiosos; el G-Funk ofrecía una coctelera de Funk sinuoso y vacilón, réplicas de *samples* grabadas con instrumentos reales (una de las señas características del estilo de Dr. Dre), una forma de rapear con cadencia relajada a base de fraseos lentos y arrastrados, y un contenido lírico hedonista y macarra con el que Dr. Dre y su recién creado Death Row Records se hicieron dueños del mercado en la segunda mitad de la Era Dorada.

## LA BAHÍA

Hieroglyphics: la alternativa californiana.

Si bien es indiscutible considerar a Los Ángeles como el gran motor del Hip Hop de la Costa Oeste, y al Gangsta Rap y G-Funk como los estilos hegemónicos en esa costa durante la Era Dorada, es de justicia nombrar a la zona de la Bahía de San Francisco (*Bay Area*) como un hervidero artístico y cultural de una importancia crucial en esos mismos años. Si bien desde Los Ángeles existieron desde un principio corrientes alternativas al Gangsta; siendo The Pharcyde quizás el ejemplo más notable con su mezcla explosiva de Rap, Funk y Psicodelia colorista; es en San Francisco y su bahía donde ese Hip Hop alternativo cobrará mayor fuerza y consistencia, especialmente en la ciudad de Oakland. Digital Underground (en los que militaría un joven 2Pac) ya se habían desmarcado del estilo Gangsta siguiendo una senda mucho más festiva con el carismático Shock-G al frente, cuando de repente desde su misma ciudad, Oakland, apareció un colectivo de estética afrocentrista y filosofía mucho más cercana a Native Tongues que a N.W.A. o Ice T; se hacían llamar Hieroglyphics, y entre sus miembros se encontraban figuras de la talla de Souls Of Mischief o Del The Funky Homosapien. El universo Hieroglyphics ofrecía una versión californiana del Jazz Rap característico de la Costa Este, y su actitud y filosofía, heredera de Zulu Nation, se parecía mucho más a una versión Hip Hop de la escena Hippy de Laurel Canyon en los sesenta que al imaginario de drogas y violencia del Gangsta Rap.

Paris, militancia desde la Bahía.

También en estos años nacerá alrededor de la *Bay Area* una corriente *underground* de Rap politizado y activista, capitaneada desde San Francisco por el Rap militante y afrocéntrico del MC musulmán Paris y sus proclamas sociopolíticas revolucionarias («*So I strive to survive in a place where your worth is determined by your race*»; «*Así que intento sobrevivir en un lugar en el que tu valor está determinado por tu raza*»); The Disposable Heroes Of Hiphoprisy (que versionaron a Dead Kennedys, a modo de declaración de intenciones, en su excelente disco debut *Hipocrisy Is The Greatest Luxury* (4th & Broadway, 1992); o el colectivo marxista The Coup, que se vería envuelto en 2001 en una desafortunada polémica debido a la que iba a ser la portada de su disco *Party Music* (75 Ark, 2001), que mostraba a los miembros de la banda posando con detonadores en las manos frente a las Torres Gemelas explotando. A pesar de que la portada se cambió debido a los atentados al World Trade Center a los pocos meses (la portada se realizó en junio, pero el disco se publicó después de los atentados), su filtración a Internet les costó numerosos problemas legales.

## 15 artistas fundamentales de la Era Dorada

### Run-D.M.C.
*Del gueto a las estrellas*

No es fácil entender hoy en día en toda su profundidad el peso de Run-D.M.C. como tótems de la cultura Hip Hop y su lugar como figuras icónicas dentro del universo de la música negra norteamericana en el siglo XX. Es tan grande su influencia, y se extiende a niveles tan diferentes, que lo que a finales de los ochenta representó una auténtica revolución hoy en día puede ser visto como un lugar común en cuanto a forma y contenido de un género para el que en gran parte Run-D.M.C. sentaron las bases y marcaron el rumbo a seguir.

Run-D.M.C. fueron pioneros en muchas cosas, principalmente en romper las barreras que hasta ese momento mantenían al Hip Hop relegado a un nicho subterráneo y casi marginal para tomar por sorpresa la cima de las listas de ventas, alcanzando un éxito comercial inédito hasta la fecha para los artistas de Rap. Con Run-D.M.C. el Rap salió del gueto para afianzarse como una nueva corriente masiva dentro del *mainstream*. Pioneros también en la fusión de Rap con Rock, bajo la tutela del visionario Rick Rubin a los mandos de la producción, los cánones establecidos con sus tres primeros discos (bases gruesas de Funk, descaro y diversión, *scratches* infecciosos y fraseos contundentes e incluso agresivos sobre riffs de Heavy Metal o Rock clásico) no sólo configuraron una manera de hacer y entender el Rap cuya sombra llega hasta nuestros días, sino que sirvieron como libro de estilo para titanes como Public Enemy, N.W.A. o Beastie Boys.

Originarios de un barrio de clase media de Queens, los inicios como banda de Run-D.M.C. se remontan a 1982, cuando Joseph Simmons (a partir de ese momento más conocido como Run) y Darryl McDaniels (D.M.C.) unen fuerzas con Jason Mizell (Jam Master Jay) para dar forma al primer súper grupo de la historia del Rap. Desde la publicación en 1983 de su primer single, Run-D.M.C. iniciaron un camino meteórico de éxito y reconocimiento de público que se convirtió en auténtica devoción con el imprescindible *King of Rock* (Profile, 1985); un disco revolucionario entendido por primera vez dentro del Rap como un todo cohesivo y no como una colección de singles con material de relleno. A partir de ese momento, todo el mundo quería vestir y sonar como Run-D.M.C.; pero fue al año siguiente, con la publicación de *Raising Hell* (Profile, 1986), cuando el planeta enloqueció. Millones de copias vendidas, singles copando los primeros puestos de las listas, la primera aparición de una banda de Rap en la MTV, giras incesantes y dos canciones convertidas en hitos: «My Adidas», que les supuso un lucrativo patrocinio por parte de la marca deportiva y, sobretodo, «Walk this way», la colaboración con los gigantes Aerosmith; el ejemplo más redondo y efectivo del *crossover* entre Rap y Rock del que Run-D.M.C. se convertirían en abanderados.

*Tougher than leather* (Profile, 1988), cuyo lanzamiento vino acompañado de una película del mismo título con una no muy entusiasta recepción, y *Back from hell* (Profile, 1990), pese a ser dos discos notables, se quedaron muy lejos de alcanzar la magnitud de *Raising Hell*, y en un momento en que el Rap estaba cambiando y el público centraba su atención en las nuevas voces que irrumpían con fuerza en el panorama, Run-D.M.C. poco a poco se convirtieron en figuras tan respetadas y queridas como, muy a su pesar, poco relevantes.

Tras unos años turbulentos marcados por el alcoholismo de D.M.C. y los problemas con la justicia de Run (acusado de violación), y la posterior conversión al cristianismo de ambos, Run-D.M.C. volvieron en 1993 con *Down with the king* (Profile, 1993), un disco plagado de colaboraciones con los principales artistas del momento, todos alumnos aventajados del trío de Queens: Public Enemy, Pete Rock, KRS-One, Neneh Cherry o A tribe called Quest, entre muchos otros, acompañaron a Run-D.M.C. en un breve y merecidísimo momento de revitalización antes de caer en un prolongado silencio discográfico que no se rompió hasta la publicación de *Crown Royal* (Arista, 1999). En 2002, tras una gira mundial con Aerosmith y la publicación de dos discos recopilatorios destinados a recuperar el legado de la banda, Jam Master Jay fue asesinado en su Queens natal, y con su muerte se cerró para siempre uno de los capítulos más revolucionarios de la historia de la música negra. A partir de ahí, hablar de Run-D.M.C. es hablar de leyenda.

## Eric B. & Rakim

***«It ain't where you're from, it's where you're at»***

*«No se trata de dónde vienes, sino dónde estás»*

Si hay alguien que, junto a Run-D.M.C., representa el puente entre el Rap de la vieja escuela y el de la nueva en los años que marcan el cambio de década entre los ochenta y los noventa, esos son Eric B. & Rakim. El dúo de Queens encarnaba a la perfección el arquetipo de MC/DJ, tan icónico en el Hip Hop, y lo hacía sublimando una fórmula en la que la suma de talentos de cada uno en su terreno daba como resultado una unión con un nivel y una personalidad inéditas hasta ese momento. Con ellos el Rap evoluciona en lo musical, y muchas de las pautas marcadas por Eric B. & Rakim siguen vigentes en la actualidad, tanto en la actitud como en lo creativo y lo estético. Si hasta ese momento el Rap se había caracterizado más por la intención de baile y diversión que por la profundidad de contenido, con una vocación comercial cercana a la de la música Disco, la irrupción de Eric B. & Rakim supone de alguna manera una toma de autoconciencia del género. A partir de ellos, el Rap se empieza a tomar en serio a sí mismo. Eric B. & Rakim nunca tuvieron un hit comercial, y se quedaron muy lejos del éxito masivo de Run-D.M.C., pero construyeron un legado tan influyente e imprescindible como el de estos.

El nivel de creatividad y control técnico de Eric B. a los platos sentó un nuevo listón a superar en el incipiente mundo de los DJ's, convirtiéndole automáticamente en una leyenda; y la forma de rapear de Rakim, menos festiva que la de sus predecesores, mucho más calmada, elaborada y llena de matices, sumada al uso casi poético y plagado de metáforas e ingenio verbal de sus letras, los convirtieron en la quinta esencia de lo cool y lo sofisticado desde que su primer single «Eric B. is president» sacudió las calles de Harlem en el verano de 1986. Eric B. & Rakim sonaban frescos, elegantes, seguros de sí mismos y, además, eran un par de chavales de la calle cabreados, con energía de sobra y muchas cosas que escupirle al mundo. Su clásico debut *Paid in full* (4th & Broadway, 1987), no hizo más que coronarlos dentro del universo del Rap, y su mezcla de *beats* y rimas infecciosas con actitud combativa y mensaje crítico y concienciado se convirtió en un canon dentro de la cultura Hip Hop: no se puede entender el fenómeno Public Enemy sin Eric B. & Rakim, por ejemplo.

La continuación de *Paid in full*, el también excelente *Follow the leader* (UNI Records, 1988), continuó al pie de la letra los parámetros que caracterizaban a su predecesor, agrandando si cabe el respeto y admiración de la comunidad Hip Hop hacia la banda; pero a partir de ese momento su capacidad de impacto se vería superada rápidamente por toda una nueva hornada de artistas que, siendo discípulos confesos, llevarían la propuesta de Eric B. & Rakim a otros lugares, quedando éstos anclados a un momento y coyuntura muy específicos; un encasillamiento del que ya no salieron. Vendrían dos discos más antes de la disolución del grupo en 1992: el no muy inspirado *Let the rhythm hit 'em* (MCA, 1990), y *Don't sweat the technique* (MCA, 1992); el canto de cisne de una carrera tan respetada e influyente como breve.

Tras la separación, una larga etapa marcada por problemas legales provocó un silencio discográfico que se rompió a finales de los noventa con los intentos de iniciar carreras en solitario tanto de Eric B. como de Rakim, entregando cada uno una serie de trabajos que, si bien nunca cayeron en la intrascendencia y siempre mantuvieron pinceladas de genio, no sobrevivieron a la pesada y alargada sombra de su propio legado como uno de los nombres imprescindibles para entender qué es y de dónde viene esto que llamamos Rap.

## Ice T
### *El gánster original*

A pesar de haber nacido en Nueva Jersey, Ice T es una de las piezas fundamentales sobre las que se edifica el Rap en California en la segunda mitad de los ochenta. Relacionado con la escena Rap de Los Ángeles desde los 12 años, Ice T es en gran parte responsable de la creación de la figura del rapero gánster y del imaginario estético y filosófico que conformará el Gangsta Rap; estilo que ejercerá una hegemonía casi absoluta en la cultura Hip Hop de la Costa Oeste durante años, y que se apoderará de los puestos más altos del *mainstream* en el cambio de década.

Lo que rápidamente se asimiló como rasgos comunes definitorios de todo un estilo eran en un principio las señas de identidad distintivas de Ice T cuando debutó con el sorprendente y fresco *Rhyme Pays* (Sire, 1987); un disco crudo e incendiario que narraba con rabia las miserias de la vida en los guetos urbanos californianos del momento y que mostraba a un joven MC con un talento y carisma enormes, capaz de plantar cara en el terreno del Hardcore Rap a los hasta entonces imbatibles maestros de la Costa Este. *Rhyme Pays* ofrecía un discurso polémico y confrontacional, plagado de hedonismo, agresividad, sexismo y crítica social, y su continuación, el también excelente *Power* (Sire, 1998), coronó a Ice T como rey indiscutible del Gangsta Rap, con excepción quizás de N.W.A., que ese mismo año harían historia con *Straight Outta Compton. The Iceberg... Freedom of speech: just watch what you say* (Sire, 1989) y, sobre todo, *Original Gangster* (Sire, 1991) fueron discos de un éxito enorme tanto de crítica como a nivel de ventas, y la popularidad de Ice T le llevó a convertirse en una autentica celebridad dentro del *star system* estadounidense, situación ayudada por su cada vez más prolífica y exitosa carrera en el mundo del cine.

En 1992 Ice T decidió ampliar y diversificar sus horizontes musicales (y su ya considerable público) liderando la banda de Rap Metal Body Count, que generó una polémica y un éxito gigantescos con su incendiario y explícito hit «Cop Killer» (resulta irónico que unos cuantos años después Ice T destacara en la serie de NBC Ley & Orden, interpretando precisamente a un policía). La controversia generada por «Cop Killer» y los continuos problemas de censura por el contenido explícito de sus letras cimentaron aún más el estatus de estrella díscola y exitoso empresario de Ice T; hasta que su relevancia musical fue decayendo a lo largo de los noventa, entregando una serie de discos que, siendo siempre correctos e incluyendo en casi todos momentos brillantes, serán inevitablemente superados tanto a nivel artístico como de repercusión mediática por una nueva generación de gigantes que se convertirán en los nuevos reyes del Rap en la Costa Oeste, como Snoop Doog o 2Pac.

*Home Invasion* (Rhyme Syndicate, 1993), el disco que sucedía a *Original Gangster* y al debut de Body Count, quedaba muy lejos de la profundidad y seriedad del primero y de la capacidad de polemizar del segundo; y los posteriores *VI: Return of the Real* (Rhyme Syndicate, 1996), *7th Deadly Sin* (Atomic Pop, 1999) y *Gangsta Rap* (Melee Records, 2006) resultarán obras menores con las que Ice T, pese a defender dignamente su papel de veterano al que se le deben muchas cosas dentro del Rap, terminará por convertirse en un cliché, a veces autoparódico incluso.

**Public Enemy**
***La CNN del pueblo negro***

Hablar de Public Enemy no es solamente hablar de uno de los nombres más importantes e influyentes de la historia del Rap, sino de uno de los capítulos más apasionantes y relevantes de la música negra en Estados Unidos a lo largo del siglo XX. Pocas bandas pueden jactarse de haber revolucionado un estilo musical, dinamitando las fronteras naturales del género para convertirlo en un vehículo de transformación social y cultural, como lo hicieron Public Enemy con sus cuatro primeros discos; y pocas bandas han conseguido mantener en activo una carrera durante casi cuatro décadas sin perder un ápice de autenticidad, respeto y relevancia como ellos. Con Public Enemy el Rap alcanzó la mayoría de edad, se dotó de contenido crítico y de aspiraciones políticas y, de la noche a la mañana, pasó a ser un género tan serio como, para muchos, peligroso.

Los orígenes de Public Enemy se remontan a 1985. Chuck D (Carlton Ridenhour) y Flavor Flav (William Drayton) ya habían trabajado juntos en varias producciones bajo el nombre de Chuck D and the Spectrum City cuando unieron fuerzas con el DJ Terminator X y el explosivo equipo de productores The Bomb Squad para crear una banda que funcionara como un artilugio de agitación política. Public Enemy se convirtió en realidad como una suma imposible de factores que los convertían en una propuesta tan inédita como irresistible; las producciones densas y martilleantes a base de Funk salvaje de The Bomb Squad, un grupo de bailarines con estética paramilitar que convertían los conciertos en auténticos mítines políticos, un mensaje revolucionario a base de Black Power y críticas incendiarias a los medios de comunicación estadounidenses y, sobretodo, la química entre dos MC's que funcionaban como complemento perfecto el uno del otro: la férrea e inflexible retórica de Chuck D como ideólogo agitador y el contrapunto festivo de Flavor Flav, con sus icónicos collares de relojes gigantes. *Yo! Bum Rush the Show* (Def Jam, 1987), el debut de Public Enemy, supuso un impacto dentro de la escena Hip Hop que se convirtió en una auténtica revolución con los indispensables *It takes a nation of millions to hold us back* (Def Jam, 1988), *Fear of a Black Planet* (Def Jam, 1990) y *Apocalypse 91...The enemy strikes back* (Def Jam, 1991); discos con los que Chuck D convertía al Rap en «*La CNN negra*» y que encumbraron a Public Enemy como la banda más importante e influyente del momento.

Chuck D y compañía abogaban por una comunidad negra unida y politizada, autoconsciente y culta, y cada nuevo éxito comercial venía acompañado de una considerable polémica que iba mucho más allá de lo musical. Sus colaboraciones con el cineasta Spike Lee y sus incursiones en el Rap Metal (colaborando con artistas tan diversos como Living Colour, Sonic Youth o Anthrax) no hicieron más que afianzar su estatus de banda legendaria (estatus reforzado por su introducción en 2013 en el Rock 'n Roll Hall of Fame), y durante la década de los dos mil entregaron una serie de discos notables, fuera ya de Def Jam, entre los que destacan la doble publicación en 2012 de *Most of my heroes still don't appear on no stamp*, y *The evil empire of everything*, ambos editados por Enemy Records.

Tras publicar su autobiografía y unirse en 2016 a la superbanda Prophets of Rage (con tres cuartas partes de Rage Against the Machine y B-Real, de Cypress Hill), Chuck D ha seguido ejerciendo como voz crítica y comprometida en todo tipo de causas sociales y políticas; así como de incombustible MC, venerado y respetado como pocas figuras dentro del Rap; y en 2020 volvió a Def Jam para, junto a su eterno escudero Flavor

Flav, entregar el de momento último lanzamiento (y uno de los mejores discos de su discografía, además) de Public Enemy: *What you gonna do when the grid goes down?* (Def Jam, 2020); un excelente trabajo que recuperaba el puso incendiario y politizado de sus primeros discos y para el que contaron con una lista de colaboraciones apabullante: Ad-Rock y Mike D (Beastie Boys), Questlove y Black Thought (The Roots), Run-DMC, Nas, Cypress Hill, Ice T o el mismísimo George Clinton; demostrando que aún queda mecha para largo en esa maravillosa anomalía de agitación política que son Public Enemy: un nombre que ha quedado grabado para siempre en la historia de la música como ejemplo del poder transformador del arte cuando éste es entendido como trinchera.

**N.W.A**
***Que se joda la policía***

Empezando por su nombre, acrónimo de Niggas With Attitude, hablar de N.W.A es sinónimo de controversia; incorrectos, salvajes, obscenos, violentos, ofensivos, vulgares, y tan brillantes como revolucionarios, N.W.A fueron uno de los principales artífices y responsables de lo que vendría a denominarse Gangsta Rap a finales de los ochenta, y con ello se encargaron de poner a Los Ángeles y a la Costa Oeste en el mapa en un momento en el que Nueva York ejercía una hegemonía absoluta en el universo del Rap. La carrera de N.W.A fue tan breve como esencial en el desarrollo de un estilo que se apoderaría por completo de la Costa Oeste durante décadas, y la explosión que supuso su polémico éxito sacudió los cimientos de la América bienpensante y conservadora del momento.

El amenazador combo liderado por Eazy-E (fundador de Ruthless Records), Ice Cube y Dr. Dre (complementado por Dj Yella y MC Ren), había publicado un primer disco, *N.W.A And The Possee* (Priority Records, 1987), orientado a la fiesta y al baile a base de *sampleos* de Parliament/ Funkadelic y rimas socarronas, que les había reportado un cierto reconocimiento a nivel callejero cuando, en 1988, rompieron la baraja con el que se convertiría en uno de los discos de Rap más influyentes y polémicos de la historia: el incendiario *Straight Outta Compton* (Priority Records, 1988). N.W.A supieron canalizar con *Straight Outta Compton* el descontento y la brutalidad de la vida en el gueto, erigiéndose en la voz oficial de una juventud con pocas o ninguna perspectiva de un futuro prometedor o directamente de una vida digna; una juventud atrapada en una realidad de miseria, brutalidad policial y racismo estructural; pero al contrario del mensaje politizado y activista de Public Enemy, que en ese mismo momento sentaban desde Nueva York las bases de su Rap inteligente y socialmente comprometido, N.W.A se volcaron en la glorificación de la vida criminal, la violencia, el materialismo, las drogas, el machismo y un hedonismo grosero y de confrontación que suponía exactamente el reverso perfecto de todo lo que Public Enemy representaban desde la costa opuesta.

N.W.A se abrieron paso en la industria musical como se movían por la vida; a puñetazos en el mejor de los casos, cuando no directamente a disparos, y el éxito inmediato que supuso *Straight Outta Compton* los convirtió por un momento en la banda más peligrosa de América, copando titulares y acumulando polémicas por sus escarceos con la ley (llegando a ser investigados por el F.B.I debido a su hit «Fuck Tha Police»), su acelerada vida callejera y criminal, y lo incendiario de un mensaje y una imagen que daban forma a la peor pesadilla de la América blanca. Pese a establecer un estilo cuya popularidad se extendió como un virus (Rap Hardcore de bases trogloditas adornadas con Funk y Soul de los sesenta, estética de pandilleros, rapeos duros y violentos plagados de obscenidades, y estampas realistas de una vida callejera frenética y peligrosa), la partida de Ice Cube en 1989 para arrancar una no menos exitosa carrera en solitario marcó el inicio de la decadencia de N.W.A, ejemplificada en *Niggaz4life* (Priority Records, 1991), el intento sin éxito de repetir la fórmula que tan bien había funcionado en *Straight Outta Compton*.

En 1992 es Dr. Dre el que abandona la banda para fundar Death Row Records y acabar convirtiéndose en uno de los productores más importantes de la década, y los siguientes años verán como Ice Cube y Dr. Dre crecen hasta convertirse en gigantes de la industria musical, mientras que Eazy-E entrega una serie de trabajos menores que rozan lo autoparódico y le sumergen en la irrelevancia. El que fuera el núcleo duro de N.W.A, y sus respectivos sellos Ruthless y Death Row, iniciarán desde la disolución de la banda una sonada guerra de críticas, reproches, amenazas y juicios entre ex compañeros que se alargará hasta poco antes de la muerte debido al SIDA de Eazy-E en 1995.

El aclamado y multipremiado biopic sobre la historia de N.W.A; *Straight Outta Compton*, estrenado en 2015; supuso un éxito arrollador y se llevó una nominación a los Oscar, revitalizando para el gran público el legado de una banda tan contradictoria como fundamental en la historia del Rap: un merecido homenaje que culminaría con la inclusión de N.W.A en el Rock 'N Roll Hall of Fame en 2016.

## De La Soul
### *Flores y buenas intenciones*

La publicación de *3 Feet High And Rising* (Tommy Boy, 1989), el debut discográfico de De La Soul, supuso una bocanada de aire fresco para el mundo del Rap, y abrió una nueva vía de expresión para el género alejada tanto del combatismo militante de Public Enemy como de la agresividad del Gangsta Rap. Esa «tercera vía» dentro del Rap, capitaneada por De La Soul y el resto de integrantes del colectivo Native Tongues, proponía un Rap comprometido, intelectualizado, cargado de positivismo y con un eclecticismo musical por bandera que ampliaba la paleta de influencias y sonidos más allá del Funk, las bases salvajes y el tono cargado de testosterona de sus compañeros generacionales para sumar Jazz, pop, reggae, psicodelia y Soul a un mensaje cargado de buenas intenciones. De La Soul eran divertidos, sonaban frescos, y su disco debut era un cóctel luminoso y arrebatador cargado de humor y mensajes positivos.

El trío de Long Island, formado por Posdnuos, Trugoy the Dove y Pasemaster Mase, llevaban funcionando desde mediados de los ochenta hasta que unieron fuerzas con Prince Paul (miembro y productor de los también neoyorquinos Stetsasonic) para dar forma a *3 Feet High And Rising* y sentar las bases de una actitud (Neo-Hippies se les llamaba en la época) y un enfoque de la composición que crearían escuela. De La Soul no querían mostrarse amenazadores ni violentos, no les interesaba el submundo del crimen y abogaban por un Rap concienciado, pacifista, festivo y cargado de humor, y su debut estaba construido con la suma de cientos de *samples* a modo de caleidoscopio musical colorido y desenfadado. Su single «Me, Myself and I» se convirtió en un Hit absoluto y el disco alcanzó el Oro en ventas ese mismo año, convirtiendo a De La Soul en una de las bandas más populares del momento. La demanda que recibieron por parte de The Turtles (y el posterior juicio, que De La Soul perdieron) por el uso indebido de su canción «You showed me», abrió un debate que cambiaría para siempre el uso de los *samples* en el mundo del Rap, pasando a ser obligatorio el permiso de los dueños de los derechos de las canciones para ser *sampleadas*. Esta nueva situación no sólo obligaba a los artistas de Rap a replantearse la manera de componer y producir, sino que supuso el retraso en el lanzamiento de muchos discos debido a cuestiones legales y burocráticas, como les sucedería a los mismos De La Soul con su segundo trabajo *De La Soul is Dead* (Tommy Boy, 1991); un disco más introspectivo que su predecesor, y que no logró alcanzar el éxito de éste. En *De La Soul is Dead* los de Long Island mostraban un intento consciente de alejarse de la explosión de luz que había supuesto su debut para entrar en terrenos más oscuros y reflexivos, con canciones que narraban historias reales sobre abusos sexuales o problemas de adicciones.

*Buhloone Mindstate* (Tommy Boy, 1993) y *Stakes is High* (Tommy Boy, 1996) serán discos que, pese a su alto nivel creativo y a su búsqueda constante de no caer en estancamientos, no obtendrán los resultados comerciales esperados, y la decisión de la banda de evolucionar al margen de los clichés del enfrentamiento entre la Costa Este y la Costa Oeste les dejará en un terreno de nadie, a pesar de no perder nunca el tratamiento de banda de culto ganado desde sus primeras grabaciones. Durante los dosmiles, De La Soul entregarán una serie de trabajos irregulares, empezando por los casi desapercibidos *AOI: Mossaic Thump* (Tommy Boy, 2000) y *AOI: Bionix* (Tommy Boy, 2001); las dos primeras entregas de una inacabada trilogía que marcarían el final de su relación con la discográfica Tommy Boy; y *The Grind Date* (Sanctuary, 2004), disco con el que contarían con las colaboraciones de MF Doom, Madlib, J Dilla y Common y al que seguiría un largo periodo de silencio hasta el retorno de la banda con el autoeditado (gracias a una exitosa campaña de micromecenazgo) *And the Anonymous Nobody* (AOI Records, 2016): un excelente trabajo que muestra a De La Soul en un estado de forma envidiable después de tantos años de carrera, para el que contaron con una extensa e impresionante lista de colaboradores que iban desde Damon Albarn a Usher pasando por el mismísimo David Byrne.

Si bien nunca llegaron a superar el impacto que supuso la publicación de su primer disco, y pese a ser un nombre asociado a un momento y contexto muy concretos, De La Soul siempre van a ser recordados (y queridos) como una banda fundamental para entender el Rap hecho en Nueva York.

## Ice Cube
### *Un chico del barrio*

Arquetipo perfecto del rapero gánster que, a base de talento y determinación, cumple el sueño de abandonar la miseria de las calles del gueto para acabar siendo una celebridad que nada en el lujo. La figura de Ice Cube es imprescindible para explicar el germen y posterior explosión del Gangsta Rap; un estilo que prácticamente se inventó él mismo junto a Dr. Dre y Eazy-E con esa bomba de relojería a la que llamaron N.W.A, y su carrera es una suma incesante de discos multiventas y éxitos comerciales como actor, director y guionista. Siempre polémico y brillante, la hiperactividad creativa de Ice Cube durante los noventa lo convirtió en una figura omnipresente dentro de la industria, establecióndose no sólo como uno de los MC's y productores definitivos de la década, sino como gigante de los negocios. Esa dualidad entre delincuente callejero y tiburón de los negocios llegó a convertirse en un lugar común a copiar por hordas de imitadores desde entonces, cimentando una de las carreras más exitosas de la historia del Rap.

Natural de South Central (Los Ángeles), Ice Cube (de nombre real O'Shea Jackson) se involucra en la escena Hip Hop angelina desde la adolescencia, destacando como MC's en fiestas en las que conocerá a Dr. Dre. Es con la suma de Eazy-E como tercer cómplice necesario que los tres darán forma a N.W.A y, después de varios lanzamientos que les harán ganar un renombre en el *underground*, sorprenderán al planeta en con el seminal *Straight Outta Compton* (Ruthless, 1988). Ice Cube era el responsable de unas letras (en especial la de la célebre «Fuck Tha Police», que se convirtió en un himno instantáneo) con un nivel de agresividad e ingenio inéditas hasta la fecha, y su actitud desafiante y provocadora sumada a un mensaje violento, ofensivo, amenazador y hedonista a partes iguales le situó en el punto de mira de los medios a la vez que su popularidad se disparaba como la quinta esencia de la cultura Gangsta. A pesar del éxito rotundo de N.W.A, y con su vida convertida en una vorágine de polémicas y triunfos, rápidamente Ice Cube abandonará la banda para mudarse a Nueva York y, poniéndose en manos de The Bomb Squad (que ya destacaban en ese momento como parte imprescindible de la maquinaria de Public Enemy), dar comienzo a una carrera en solitario que acabaría siendo legendaria con su arrebatador debut *AmeriKKKa's most wanted* (Priority Records, 1990). En *AmeriKKKa's most wanted* Ice Cube elevaba la apuesta de N.W.A a base de Rap Hardcore e inmisericorde plagado de imágenes de glorificación del crimen, la vida en la calle, la misoginia y el hedonismo más jocoso. Las rimas de Ice Cube eran agudas y controvertidas, su técnica vocal era imparable, y las bases cargadas de Funk y rabia construidas con la ayuda de The Bomb Squad resultaban imbatibles: el disco alcanzó rápidamente el Oro a nivel de ventas.

Los siguientes trabajos de Ice Cube, estrenados en paralelo a una cada vez más exitosa y prolífica carrera en el mundo del cine (empezando por su aclamado debut actoral en *Boyz N the hood*, de John Singleton), son una sucesión de bombazos comerciales que siguen un mismo patrón: grandes producciones de Gangsta Rap y G-Funk cargadas de escándalos y polémicas que copan los primeros puestos de las listas de ventas y afianzan a Ice Cube como una de las figuras más importantes de la Costa

Oeste, junto a otros gigantes como Dr. Dre, Ice T o Snopp Dogg. *Death Certificate* (Interscope, 1991) o *The Predator* (Priority Records, 1992) son discos básicos que, junto a *AmeriKKKa's most wanted*, sientan las bases de la reputación y el respeto que a día de hoy Ice Cube sigue disfrutando.

La década de los dos mil verá como Ice Cube se centra progresivamente en su carrera cinematográfica, diversificada ahora entre la actuación, la dirección y la producción, y sus lanzamientos discográficos se van espaciando, si bien sigue entregando puntualmente hits en las bandas sonoras de sus películas y una serie de discos que siguen manteniendo el listón de calidad y repercusión comercial habitual.

En 2015 Ice Cube y Dr. Dre unieron fuerzas para dar forma a un exitoso biopic sobre N.W.A que les valió una nominación al mejor guion original en los Oscar, y poco después, durante las elecciones en Estados Unidos en 2018, Ice Cube volvió a la palestra con «Arrest The President», el preludio de *Everythangs Corrupt* (interscope, 2018), con el que le recordaba al mundo que su genio dista mucho de mostrar signos de agotamiento en el nuevo milenio.

## Beastie Boys
### *Los tres amigos*

La historia de cómo tres jóvenes punks de clase media de Nueva York pasaron a convertirse en una de las bandas más grandes de los noventa es la historia de una de las mayores y más geniales anomalías que la música estadounidense ha ofrecido al mundo en los últimos treinta años. MCA (Adam Yauch), Mike D (Mike Diamond) y Ad-Rock (Adam Horovitz), tres adolescentes judíos hiperactivos e hipercreativos, dieron sus primeros pasos en el mundo de la música como una versión socarrona y disparatada del Hardcore Punk americano de los ochenta, con Bad Brains y Minor Threat como guía a seguir y modelos a imitar, hasta que descubrieron a Run-D.M.C. y se cruzaron con Rick Rubin. El debut en largo de Beastie

Boys, el multiventas *Licensed to Ill* (Def Jam, 1986), fue un éxito inmediato y sorprendente, y la mezcla de Rap y Hard Rock de canciones como «No Sleep Till Brooklyn» o «(You Gotta) Fight for your right (To party)» encumbró a Beastie Boys en lo más alto de las listas de ventas. Beastie Boys pasaron a ser sinónimo de fiesta, desfase y humor de hermandad universitaria, a modo de broma gigantesca ida de las manos, y debido al peligro de quedar encasillados (y después de romper relaciones con Def Jam), tomaron una decisión drástica: mudarse a California y ponerse a trabajar en su siguiente disco junto a los productores The Dust Brothers. El resultado, *Paul's Boutique* (Capitol, 1989), sigue siendo considerado hoy en día una de las obras más profundas y complejas de la historia del Rap, y como suele pasar con las obras que se adelantan a su tiempo, tuvo una fría respuesta comercial. *Paul's Boutique* mostraba a una banda con un nivel de madurez y de perfección en el uso del *sampler* que se sigue estudiando en nuestros días, y consiguió que los tres jovencitos blancos que hasta ese momento eran vistos como poco más que una diversión sobredimensionada pasaran a ser inmediatamente figuras destacadas y respetadas como una de las combinaciones más inquietas y efectivas que había ofrecido el Rap hasta ese momento.

A partir de ahí, la carrera de Beastie Boys es una suma continua de discos tan exitosos como artísticamente relevantes: *Check Your Head* (Grand Royal, 1992) e *Ill Communication* (Grand Royal, 1994) son discos imprescindibles en los que Beastie Boys dejan de lado el uso del *sampler* para centrarse en tocar instrumentos reales, demostrando que aparte de ser maestros a la hora de componer hits de alcance planetario («Sabotage», «So Watcha Want» o «Sure Shot» siguen siendo canciones eternas), también eran músicos de un talento inmenso. El mensaje y las letras a partir de ese momento ganan en seriedad y profundidad, alejándose de la imagen de adolescentes descerebrados que tanto éxito les había reportado con su primer trabajo. Tras el recopilatorio de sus grabaciones de Hardcore Punk *Some old Bullshit* (Grand Royal, 1994) y el excelente disco instrumental *The In sound from Way Out!* (Grand Royal, 1996), Beastie Boys se centraron en girar de forma extenuante por todo el mundo, en apoyar diferentes causas políticas y en organizar numerosos eventos benéficos hasta 1998, año en el que entregaron *Hello Nasty* (Grand Royal, 1998), otra obra magna llena de Funk, Pop, jams latinas, ritmos infecciosos, música electrónica y *samples* Old School a la que se sumó el DJ Mixmaster Mike.

El cambio de década supuso un paso más en el camino de madurez y seriedad que Beastie Boys habían ido afianzando durante los noventa y que cristalizó en el excelente *To the 5 boroughs* (Capitol, 2004), un disco con el que volvían al sonido Old School de sus primeros trabajos, y *The Mix-Up* (Capitol, 2007), su segundo disco instrumental. En 2009 Adam Yauch anunció que estaba enfermo de cáncer, lo cual supuso un parón en la hiperactiva agenda de la banda; un parón roto en 2011 con la publicación de *Hot Sauce Committee Pt.2* (Capitol, 2011), un completísimo disco que se convertiría tristemente en el último trabajo de la banda. Adam MCA Yauch moriría justo un año después de su publicación, y con su muerte se cerraría una de las carreras más respetadas, queridas e influyentes de la historia del Rap. Sus dos inseparables compañeros publicarían en 2018 el monumental *Beastie Boys Book*; un extensísimo y emocionante libro que recoge la historia inusual de la banda, que vendría acompañado por el estreno de un documental dirigido por Spike Jonze en 2020.

**A Tribe Called Quest**
***La sofisticación***

No fueron los inventores de nada, pero no hay banda que represente mejor la corriente alternativa que abrió una nueva vía dentro del Rap a principios de los noventa a base de Jazz y actitud concienciada que A Tribe Called Quest. Ellos se encargaron de sublimar una fórmula que dotaba al Rap de contenido crítico y seriedad temática, además de profundizar en lo puramente artístico dotando a su música de unos niveles de profundidad y complejidad que rompían con los esquemas establecidos hasta ese momento. A Tribe Called Quest, como buque insignia del colectivo Native Tongues, reclamaban el papel del Hip Hop como tejido cultural y como vehículo de transformación social hecho por y para la comunidad; y su poso intelectual, sofisticado y comprometido más allá de los objetivos puramente comerciales se convirtió en escuela. Frente al carácter incendiario de Public Enemy o a la banalización del mensaje propia del Gangsta Rap, A Tribe Called Quest proponían un Rap profundo, embebido de Jazz y Soul, centrado en la elegancia y no en la agresión, politizado y enraizado en el sentimiento de comunidad: un tipo de Rap que no tenía como objetivo la fama ni copar los primeros puestos de las listas de ventas, y que paradójicamente los convirtió en uno de los nombres más grandes e influyentes que ha dado el género.

Nativos de Queens, y hermanados desde los años de instituto con otros gigantes como De La Soul o Jungle Brothers (estos últimos se encargaron de bautizar a la banda como A Tribe Called Quest); la unión de Q-Tip, Ali Shaheed Muhammad y Phife Dawg supone uno de los equilibrios creativos más fascinantes en la historia del Rap desde la publicación de su primer álbum *People's Instinctive Travels and The Paths of Rhythm* (Jive, 1990), un disco que daba una vuelta de tuerca al concepto de Jazz Rap. El debut de A Tribe Called Quest era una pequeña joya de Rap tranquilo y elegante a base de ambientes Jazz y letras tan reflexivas y abstractas como divertidas y concienciadas, y la banda se ganó automáticamente el respeto y admiración de la escena Rap de Nueva York del momento. Las bases construidas a base de Jazz, Soul e incluso rock de los setenta servían de colchón perfecto para la inigualable química creativa entre Q-Tip y Phife Dawg, que funcionaban como una máquina perfectamente engrasada, y la publicación de *The Low End Theory* (Jive, 1991), su segundo trabajo (considerado uno de los mejores discos de Rap de la historia), no hizo más que confirmar a A Tribe Called Quest como una de las bandas más respetadas, inteligentes e influyentes del momento. Todo en *The Low End Theory* sonaba fresco, nuevo, y con un nivel de perfeccionismo y creatividad a años luz de sus contemporáneos, no sólo en lo musical (con la colaboración del mítico Ron Carter en una canción) sino a nivel lírico: Q-Tip y Phife Dawg trataban abiertamente temas como los abusos sexuales y el feminismo, así como lo absurdo de la violencia dentro de las comunidades negras en Estados Unidos.

A partir de ese momento Q-Tip se convierte en uno de los productores más importantes de la Costa Este, junto a otros visionarios como DJ Premier o Large Professor, y su leyenda no hará más que crecer con el tercer disco de A Tribe Called Quest; *Midnight Marauders* (Jive, 1993), un trabajo en el que la banda endurecía su sonido y cimentaba su apoyo a la comunidad Hip Hop (en la portada del disco aparecían los retratos de más de cincuenta artistas de Rap del momento; de Jungle Brothers y De La Soul a Beastie Boys o incluso Ice T). Su siguiente trabajo, *Beats, Rhymes and Life* (Jive, 1996), producido a medias entre Q-Tip y J Dilla, les supuso una nominación a los premios Grammy, y con la publicación de *The Love Movement* (Jive, 1998) vino el anuncio de disolución de la banda. Cada miembro se embarcó en carreras individuales, y a pesar de que A Tribe Called Quest siguieron reuniéndose de forma puntual para actuar en directo durante los siguientes años, la triste noticia del fallecimiento de Phife Dawg debido a la diabetes en 2016, justo antes de la publicación del excelente disco de retorno *We got it from here... Thank you 4 your service* (Epic, 2016), puso fin a una carrera tan legendaria como influyente.

### Dr. Dre
### *El Rey Midas del Hip Hop*

Andre Young, más conocido como Dr. Dre, es una de las figuras fundamentales para entender el desarrollo del Rap durante la década de los noventa, y es sin duda uno de los productores más importantes y decisivos en la historia del género. Dr. Dre es uno de los padres del Gangsta Rap, y más concretamente es el arquitecto de un sonido, que denominó G-Funk, sobre el que se construiría gran parte del Rap *mainstream* en la Costa Oeste. Activo en la escena Hip Hop de Los Ángeles desde principios de los ochenta como miembro de World Class Wrekin' Cru, la vida de Dr. Dre (y del Rap en general) cambió para siempre al crear N.W.A. junto a Ice Cube y Eazy-E en 1986.

El trabajo de Dr. Dre a las labores de producción le destacó desde el primer momento como a un visionario dotado de una habilidad única en la creación y desarrollo de un tipo de Rap completamente alejado del que se estaba haciendo en ese momento en la Costa Este. Sus producciones no tenían nada que ver con los acelerados y combativos Public Enemy, ni con el poso intelectual Jazzistico de Native Tongues, y después de abandonar N.W.A. y crear su propio sello discográfico, Death Row Records, Dr. Dre puso en juego el estatus de Nueva York como meca del Rap con la publicación de su primer disco en solitario, el mítico *The Chronic* (Death Row, 1992), un disco con el que quedaban fijados para siempre los parámetros principales del sonido G-Funk: tempos relajados y suaves, sintetizadores agudos y líneas de bajo profundas y sinuosas, capas de melodías hipnóticas de voces femeninas cercanas al Soul, rapeos arrastrados y una capa de elegancia y pulcritud que alejaban al Gangsta Rap de su poso callejero para ofrecer un sonido mucho más sofisticado. El éxito de *The Chronic* fue inmenso, el sonido G-Funk se generalizó rápidamente como el principal subestilo del Rap en la Costa Oeste, y durante los siguientes años Dr. Dre se convirtió en una figura indispensable y casi omnipresente en la industria musical; no sólo como productor sino también como exitoso empresario al frente de Death Row, y descubridor y padrino de figuras que se convertirían en gigantes del Gangsta Rap como Snoop Doog, Blackstreet o 2Pac.

En 1996 vino un cambio de rumbo radical en la trayectoria de Dr. Dre, primero abandonando Death Row para fundar un nuevo sello llamado Aftermath y después declarando que el Gangsta Rap había muerto. El resultado de este giro de timón fue *Dr. Dre presents...The Aftermath* (Aftermath, 1996), un trabajo en el que Dre se alejaba conscientemente del Gangsta para centrar su atención en el Soul y el R&B, pese a contar con colaboraciones de pesos pesados del Rap como Nas, B-Real o KRS-One. El eclecticismo apuntado en *Dr. Dre presents...The Aftermath* se vio consolidado con su siguiente disco *2001* (Aftermath, 1999), que incluía influencias Reggae y arreglos orquestales, y en el que Dr. Dre presentaba al mundo a su nuevo protegido, un tal Eminem. Sucesivas producciones para titanes como Jay-Z, The Game, 50 Cent o los citados Eminem y Snoop Doog mantuvieron durante años a Dr. Dre como uno de los nombres más importantes de la industria, convirtiéndole en, según sus propias palabras, «*El primer billonario dentro del Hip Hop*», posición que se vería reforzada con el lanzamiento de su propia marca de auriculares,

*Beats* by Dr. Dre, que le supondría suculentos beneficios al ser adquirida por Apple en 2014.

Centrado en su trabajo en el estudio produciendo y descubriendo a nuevos talentos (un joven Kendrick Lamar entre ellos), la publicación del tercer disco de Dr. Dre (*The Detox* era el título elegido, aunque nunca llegó a ver la luz) se fue retrasando hasta que, después del estreno en 2015 del exitoso biopic sobre la carrera de N.W.A., llegó *Compton* (Aftermath, 2015), un disco excelente que funcionaba no sólo como banda sonora del susodicho biopic, sino como un repaso a la larga trayectoria de Dr. Dre y al viaje que le llevó de ser un gánster callejero a billonario multipremiado.

### Queen Latifah
### *Su majestad, la Reina*

Muchos son los hitos a destacar cuando hablamos de Queen Latifah a lo largo de su extensa, fructífera y exitosa carrera, y pocas veces un apodo resulta tan acertado y justo: realmente Queen Latifah fue, y sigue siendo, una reina dentro de la cultura Hip Hop, tan respetada e imitada hoy como hace treinta años. Queen Latifah no fue la primera rapera de la historia, pero sí que fue la primera mujer en convertirse en una estrella del Rap. La mezcla de talento, personalidad, actitud y carisma que la encumbraron como figura icónica a finales de los ochenta supuso una guía a seguir para varias generaciones de mujeres dentro de la música negra en general a lo largo de las décadas siguientes, y en torno a su persona se da un poco habitual consenso de crítica y público: pocos personajes conjugan como ella el éxito comercial absoluto (no solo dentro de la música) con la profundidad de contenido y la seriedad en el mensaje.

Natural de Newark, Nueva Jersey, Dana Elaine Owens adoptó el apodo Latifah (*delicada* o *sensible* en árabe) con tan sólo ocho años de edad, y sus inicios artísticos se remontan a la época del instituto, como integrante primero de las bandas Ladies Fresh y Flavor Unit y, sobre todo, como miembro imprescindible del colectivo Native Tongues. El carácter politizado y progresista del Rap que ofrecía el universo Native Tongues, así como la querencia del colectivo por el Jazz, el Soul y una forma de entender el Rap alejado de la agresividad y la negatividad, representaban el entorno perfecto para el discurso feminista y socialmente comprometido de Queen Latifah.

Con tan sólo 19 años Latifah publicó su primer disco, *All Hail The Queen* (Tommy Boy, 1989), que incluía duetos con KRS-One y De La Soul, además del ya clásico hit «Ladies First», un himno de empoderamiento cantado a dúo con su compañera Monie Love (también en Native Tongues), que sigue siendo una de sus canciones más recordadas. En *All Hail The Queen* ya se incluían elementos de Reggae y R&B, anticipando un eclecticismo y un potencial que Queen Latifah explotaría en años posteriores. La continuación de *All Hail The Queen* llegaría dos años después con *Nature of a Sista* (Tommy Boy, 1991), pero sería en 1993, después de una temporada marcada por diversas desgracias personales, cuando Queen Latifah dio el definitivo puñetazo sobre la mesa con *Black Reign* (Motown, 1993); su obra más completa, compleja, visceral e influyente. Con *Black Reign*, Queen Latifah no sólo se confirmaba como una de las más creativas MC's de la historia, sino que además entregaba un álbum que analizaba con puntería la situación de las mujeres dentro del Hip Hop y de la sociedad en general. Latifah hablaba sin tapujos de violencia machista, de inseguridad y precariedad, de agresiones sexuales y, básicamente, de lo que significaba ser una mujer negra abriéndose paso en las calles de Nueva York. Las ventas convirtieron a *Black Reign* en disco de Oro por primera vez para una mujer dentro del Rap, y su inolvidable single/himno «U.N.I.T.Y» ganó un premio Grammy.

A partir de ese momento, hablar de Queen Latifah es hablar de éxito, no sólo en el ámbito musical sino con su salto como actriz, presentadora y productora. Latifah decidió combinar desde muy pronto su carrera musical con el mundo de la actuación, y una sucesión de aciertos comerciales musicales y éxitos de taquilla en el mundo del cine le llevaron a dinamitar durante las siguientes décadas cualquier barrera que se le pusiera por delante en su camino hacia la fama: ganadora de Globos de Oro, Grammys y Emmys; nominada a los Oscar; millones de discos vendidos; actuaciones en varias ediciones de la Super Bowl; productora y presentadora de sus propios programas...la primera rapera en tener su estrella propia en el Hollywood Hall of Fame se convirtió en una celebridad a golpe de talento y tenacidad, y después de *Order in the court* (Motown, 1998), el que puede considerarse su último disco de Rap, decidió reorientar (con éxito, una vez más) su carrera musical abriendo su espectro de influencias y entregando una serie de más que notables discos que aúnan Pop, Jazz, Soul y R&B.

A día de hoy se sigue considerando a Queen Latifah como uno de los nombres mayúsculos del Rap, tanto por su habilidad técnica al micrófono como por lo influyente de una personalidad que, enfrentando al mundo del Rap a sus propias contradicciones y poniendo sobre la mesa una serie de temas que nadie había tratado en profundidad hasta ese momento, abrió las puertas y pavimentó el camino para todas las mujeres que vendrían después.

## Wu-Tang Clan

### *Monjes Shaolin en Staten Island*

Originarios de Staten Island (Nueva York), Wu-Tang Clan es una de las formaciones más inclasificables, personales e influyentes dentro del Rap de la década de los noventa. Un grupo de nueve MC's encapuchados que aparecieron de la nada en pleno auge del sonido G-Funk y que llegaban con la decisión de dinamitar el mundo del Hip Hop a base de actitud callejera, Boom Bap oscuro, letras crípticas y un sentido estético que se convertiría en icónico desde el primer momento.

Method Man, Old Dirty Bastard, GZA, Raekwon, Ghostface Killah, Inspectah Deck, U-God y Masta Killa, todos amigos de la infancia en las calles de Staten Island, se reunieron en 1992 para dar forma a una idea visionaria de RZA, productor y líder de facto de la banda: la suma de talentos y personalidades de cada MC, como si de una banda de supervillanos de cine se tratara, con RZA como arquitecto de un sonido que rompería frontalmente con las cada vez más pulidas producciones que estaban de moda dentro del Rap en ese momento. Wu-Tang Clan no buscaban la aceptación o asimilación de su música por parte del *mainstream* establecido, no estaban interesados en jugar según las reglas de nadie, y tenían muy claro qué buscaban: un sonido oscuro y misterioso, de bases sucias y simples con mínimos y austeros arreglos de pianos y cuerdas, *samples* de antiguas películas de Kung Fu y un imaginario críptico a base de numerología, ajedrez, vida callejera, filosofías orientales, códigos secretos y espiritualidad confusa. Los ambientes fantasmales y densos de las producciones de RZA ofrecían el entorno perfecto para que cada miembro del Clan destacara como estrella individual dentro de un todo que resultaba cohesivo, único y nuevo.

Wu-Tang Clan daban miedo, sonaban violentos y a la vez transmitían un extraño e indescifrable sentido del humor, y el arrollador éxito *underground* de su carta de presentación al mundo, el clásico y admonitorio «Protect Ya Neck», no fue más que el preludio de la revolución que supondría la publicación del disco debut de la banda: *Enter the Wu-Tang (36 Chambers)* (RCA, 1993). Con ese disco Wu-Tang Clan se convertirían de la noche a la mañana en los reyes indiscutibles del Rap Hardcore producido en la Costa Este, y años después sigue siendo unánimemente considerado uno de los discos decisivos de la historia del Rap.

La enorme popularidad del Clan se vio agigantada por el segundo gran eje de la estrategia visionaria de RZA: Wu-Tang Clan no sólo revolucionarían el mundo del Rap por su sonido único e inimitable, sino que sacudirían a la industria musical firmando un contrato inédito con RCA gracias al cual cada miembro de la banda era libre para firmar y lanzar sus propios discos en solitario en otros sellos discográficos. De esta manera, Wu-Tang Clan se convirtieron en una corporación que durante la segunda mitad de los noventa se apoderó de la industria lanzando un sinfín de lanzamientos multiventas a cargo de cada miembro del colectivo; diversificándose para entrar en el negocio de la moda, los videojuegos o el cine; así como apadrinando las carreras de un cada vez mayor número de artistas protegidos o de bandas asociadas al Clan como si de la matriz de una gran multinacional se tratara (Cappadonna, Killarmy, Gravediggaz, Killah Priest, The Sunz of Man, Wu-Tang Killa Bees...).

*Wu-Tang Forever* (Loud, 1997), *The W* (Columbia, 2000) y Iron Flag (Loud, 2001) no consiguieron el impacto comercial del debut de Wu-Tang Clan, y mientras Old Dirty Bastard (uno de los miembros más populares y controvertidos del colectivo) entraba en una errática espiral de escándalos públicos y problemas con las drogas y la ley que acabarían por llevarle a la cárcel, la actividad de la banda como colectivo se fue diluyendo en pos de las carreras individuales de sus miembros. La muerte en 2004 de Old Dirty Bastard mientras se encontraba trabajando en un nuevo disco en solitario sacudió al mundo del Rap y supuso una pérdida irreemplazable para Wu-Tang Clan, a pesar de integrar a Cappadonna como miembro oficial de la banda en su lugar.

A partir de ese momento las entregas discográficas de Wu-Tang Clan se espaciarán en el tiempo: *8 Diagrams* (Motown, 2007), *A Better Tomorrow* (Warner Bros, 2014) y *The Saga Continues* (36 Chambers, 2017) completan por el momento la discografía oficial del Clan, aparte de infinidad de recopilatorios y colaboraciones que han ido manteniendo su influencia en la industria musical durante tantos años, si bien nunca con el nivel de relevancia que alcanzaron con sus primeros trabajos.

### 2Pac

***«I'm like a major threat, 'cause I remind you of the things you were made to forget»***

*«Soy como una gran amenaza, porque te recuerdo las cosas que te hicieron olvidar»*

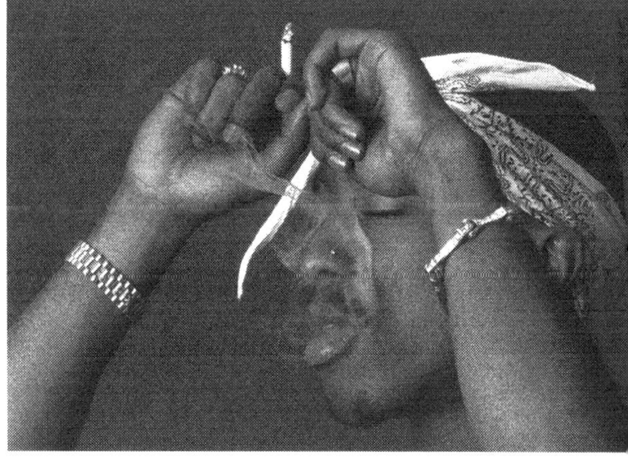

Ejemplo paradigmático del rapero Gangsta que lleva su estilo de vida hasta las últimas consecuencias, Tupac Amaru Shakur representa como nadie (junto a su eterno rival Biggie Smalls) el sinsentido dramático del clima de violencia que se apoderó de la comunidad Hip Hop durante la primera mitad de la década de los noventa, en el que las fronteras entre artistas y criminales quedaron diluidas y se romantizó la figura del gánster como quintaesencia de un relato aspiracional de clase que llevaba al delincuente callejero criado en la miseria a las cotas más altas de fama y riqueza. 2Pac contaba con tan sólo 25 años cuando fue asesinado, y como si de un siniestro guiño a Humphrey Bogart se tratara, hizo suyo aquello de «vive rápido, muere joven y deja un bonito cadáver», convirtiéndose automáticamente en una figura icónica con consideración prácticamente de mártir para la cultura Hip Hop.

Hijo de dos miembros de los Panteras Negras y nacido en Nueva York, 2Pac tuvo una infancia marcada por la pobreza y los traslados constantes por todo el país, hasta establecerse en California con 17 años. Su vida en la calle como delincuente juvenil va de la mano de sus primeros contactos con la escena Hip Hop como bailarín y *roadie* de la banda de Oakland Digital Underground, con los que realizaría sus primeras grabaciones y que le llevaría a debutar de forma individual con *2Pacalypse Now* (Jive, 1991); un disco crudo y crítico que narraba sin adornos los problemas de racismo, pobreza y violencia de la comunidad negra de los guetos y que mostraba a un veinteañero con un potencial enorme. 2Pac despertaba una contradicción irresistible como personaje que provocaba tanta admiración y respeto por su talento e inteligencia como fascinación morbosa por su vida plagada de violencia, y a partir de ese momento su carrera se convierte en una suma en paralelo de éxitos artísticos y problemas con la ley.

Durante los siguientes años, 2Pac sufrirá un intento de asesinato; pasará largas temporadas encarcelado; entrará en una espiral cada vez más agresiva de enfrentamientos públicos con Biggie Smalls o Mobb Deep; destacará como actor en varias películas y será juzgado y condenado por numerosos cargos violentos. A la vez, se encargará también de publicar una serie de discos excepcionales, que le coronarán como una de las figuras más veneradas del Hip Hop. *Strictly 4 My N.I.G.G.A.Z.* (Jive, 1993), *Me Against The World* (Jive, 1995) y *All Eyez On Me* (Death Row, 1996) son discos profundos, duros, inteligentes, agresivos, honestos e influyentes con los que 2Pac se convierte en un narrador con mirada afilada que aúna la crítica social con el relato sin edulcorantes de una vida dramática llevada al extremo, pero es un error juzgar estos discos solamente por su imaginario violento; Tupac Shakur fue un artista profundo y complejo, y su ingenio e inteligencia como letrista le situaron siempre un paso por delante del resto de la generación Gangsta. La forma en que 2Pac abordaba la amistad, el feminismo, la nostalgia, la homofobia, la espiritualidad o el amor en sus letras sigue siendo algo inédito dentro del Gangsta Rap hoy en día.

En el momento en que la popularidad de 2Pac estaba en su punto máximo, convertido ya en una celebridad con la mirada puesta en profundizar en su carrera como actor, la noticia de su asesinato en septiembre de 1996 conmocionó tanto a la comunidad Hip Hop como a la industria del espectáculo. Numerosas teorías especulativas rodean al asesinato de 2Pac, un asunto repleto de misterio y conspiraciones que nunca ha quedado del todo esclarecido. Muchas voces apuntaban a The Notorious B.I.G. como principal sospechoso detrás de la muerte de 2Pac, y el asesinato en circunstancias similares del propio Biggie tan sólo seis meses después supondría un punto de inflexión en la historia del Rap. De alguna manera, la guerra entre la Costa Este y la Costa Oeste había llegado demasiado lejos. Numerosos discos recopilatorios y completistas con grabaciones de 2Pac fueron apareciendo de forma regular a lo largo de la década siguiente.

2Pac es un icono en la cultura Hip Hop, tan contradictorio y controvertido en lo personal como brillante en lo musical, y su historia plantea el siempre triste interrogante de lo que pudo llegar a ser y conseguir si la coherencia y autenticidad de lo que cantaba no hubiera sido literal.

### Nas
### *Estado mental Nueva York*

La publicación de *Illmatic* (Columbia, 1994), el disco debut de Nas, supone uno de los momentos más brillantes de la historia de la cultura Hip Hop, y hoy en día sigue siendo una obra reverenciada, poseedora de una mística única e irrepetible. Cuatro de los más importantes productores de Rap de todos los tiempos (Q-Tip, Pete Rock, Large Professor y DJ Premier) decidieron unir fuerzas para dar forma al debut de un veinteañero prácticamente desconocido que a partir de ese momento se convertiría en una leyenda, y el resultado fue una de las obras cumbres del género.

Nasir Jones, más conocido como Nas, hijo del trompetista de Jazz Olu Dara, contaba con tan sólo veintiún años cuando *Illmatic* vio la luz, y su descripción en primera persona de la vida en las calles de Queensbridge, Nueva York, cautivó inmediatamente a público y crítica con una lírica compleja y elaborada, plagada de imágenes impactantes y reflexiones profundas sobre el día a día de un joven en las calles del gueto. Nas tendía puentes entre la crudeza callejera del Rap Hardcore y la elegancia de la escuela Jazz Rap a base de Boom Bap sofisticado mientras relataba estampas urbanas costumbristas repletas de violencia, drogas, pérdidas y paranoia; y lo hacía con la destreza de un poeta situado a años luz del resto de jóvenes raperos del momento. Con *Illmatic* Nas se coronaba como un creador aventajado, con un nivel de sabiduría y control de la técnica impropios de un veinteañero recién descubierto. Nas se destacó a partir de ese momento como uno de los escritores más profundos y brillantes de la historia del Rap, y ese estatus de maestro le ha acompañado desde entonces (ocupó el número 5 en la lista de «Mejores MC's de la historia» de MTV, The Source le otorgó el segundo puesto en su lista de «Mejores letristas de todos los tiempos» y Billboard le incluyó en su lista de «Los 10 mejores raperos de la historia»).

A partir de ese momento, musicalmente Nas va derivando hacia un sonido cada vez más pulido que le corona como pieza fundamental del Rap *mainstream*, y su carrera se convierte en una sucesión imparable de lanzamientos que son a la vez rotundos éxitos comerciales y obras relevantes y respetadas por su profundidad y seriedad. Nas encadena ocho discos consecutivos que alcanzan la categoría de discos platino, con millones de copias vendidas en todo el mundo, entre los que destacan los excelentes *It Was Written* (Columbia, 1996), *I Am...* (Columbia, 1999), *Stillmatic* (Columbia, 2001) o *God's Son* (Columbia, 2002); y durante años rivalizará notoriamente con Jay-Z por el trono del rey del Rap en Nueva York (puesto desierto desde el asesinato de Biggie Smalls en 1997). El enfrentamiento con Jay-Z quedará cerrado con el fichaje de Nas por Def Jam Records (dirigido por Jay-Z en ese momento) y la publicación de su polémico y, una vez más, exitoso nuevo disco *Hip Hop is Dead* (Def Jam, 2006).

La indiscutible reputación de Nas dentro de la comunidad Hip Hop así como dentro de la industria musical se verá reafirmada por el sentido cada vez más politizado y crítico de su música, mostrado en el disco firmado a medias con Damian Marley para financiar proyectos educativos en África *Distant Relatives* (Universal, 2010); así como por su papel al frente de la Nasir Jones Hip Hop Fellowship, un programa de becas destinado a jóvenes artistas que le llevó a ser condecorado por la Universidad de Harvard en 2013.

Los últimos trabajos entregados por Nas hasta el momento, ya al frente de su propia compañía Mass Appeal, los excelentes *Nasir* (producido íntegramente por Kanye West) y *King's Disease* (2020), no hacen más que confirmar el buen estado de forma de un creador único que, a pesar de convivir con la alargada sombra que conlleva el estatus de obra maestra indiscutible del Rap por su primer trabajo, nunca ha bajado el nivel de excelencia a lo largo de una ya más que longeva carrera.

### The Notorious B.I.G
### *El Rey*

Resulta impresionante comparar el nivel de influencia, reconocimiento y éxito alcanzados por The Notorious B.I.G., uno de los indiscutidos pesos pesados de la historia del Rap, con la brevedad de su carrera. En un fugaz lapso de tiempo que abarca tres o cuatro años, The Notorious B.I.G. (nacido Christopher Wallace y también conocido como Biggie Smalls) pasó de ser un delincuente juvenil dedicado al tráfico de drogas a conquistar los puestos más altos de las listas de ventas, convirtiéndose en el rey indiscutible del Rap Gangsta de la Costa Este para morir asesinado acto seguido, como metáfora cruel e irónica de un estilo de vida del que él mismo fue uno de sus mayores abanderados.

Nacido en Brooklyn en el seno de una familia desestructurada, The Notorious B.I.G. comenzó a traficar con drogas a los doce años y recibió su primera condena por cargos de armas a los diecisiete. Después de abandonar los estudios prematuramente y de convertirse en padre adolescente, unas primerizas grabaciones junto a MC Cee (en ese momento DJ de Big Daddy Kane) y un destacado en la sección de jóvenes promesas de The Source propiciaron el contacto entre The Notorious B.I.G. y Sean Combs, más conocido como Puff Daddy, fundador de Bad Boy Entertainment y futuro Rey Midas de la industria musical. Tras una serie de colaboraciones con Heavy D, Busta Rhymes, 2Pac o el propio Puff Daddy, y de abandonar el tráfico de drogas para centrarse en su carrera musical, The Notorious B.I.G. sorprenderá al mundo entero con «Juicy», el primer single de su disco de debut *Ready To Die* (Bad Boy Entertainment, 1994); un disco que reinventaba el Rap de la Costa Este en la era Gangsta y que coronó automáticamente a The Notorious B.I.G. como uno de los gigantes (en sentido literal y figurado) del universo del Rap. En *Ready To Die*, Biggie ofrecía un relato autobiográfico descarnado y no exento de sentido del humor plagado de delincuencia, chulería, materialismo extremo, realismo callejero, fascinación por el lujo, las drogas, la fama y, básicamente, Gangsta Rap crudo narrado no desde Los Ángeles, sino desde el corazón de Nueva York. Las rimas de Biggie Smalls eran inteligentes, creativas y dotadas de una autenticidad y magia irresistibles, y su característico *flow* relajado y socarrón sobre bases de Rap Hardcore con influencias G-Funk y una certera orientación comercial convirtieron a *Ready To Die* en uno de los discos más vendidos de la historia del Rap.

A partir de ese momento, la hegemonía de The Notorious B.I.G. como Rey del Rap en Nueva York será indiscutible. En 1995 fue juzgado por agredir con un bate de beisbol a dos fans, colaboró con el mismísimo Michael Jackson y la revista *The Source* le premió como mejor letrista del año; y su notorio enfrentamiento con 2Pac (y los capos de sus respectivos sellos, Suge Knight por parte de Death Row y Puff Daddy por parte de Bad Boy Entertainment) se convirtió en paradigma de la progresiva escalada de violencia en la que degeneró la rivalidad entre la Costa Este y la Costa Oeste durante los noventa. Los asesinatos con tan sólo seis meses de diferencia de 2Pac y The Notorious B.I.G. en 1997, con las consiguientes leyendas nunca aclaradas acerca de la relación entre ambos casos, no sólo truncaron las carreras de dos artistas imprescindibles en la historia del Rap, sino que supusieron un punto de inflexión y reflexión para la comunidad Hip Hop.

*Life After Death* (Bad Boy Entertainment, 1997), publicado quince días después de la muerte de The Notorious B.I.G., debutará directamente como número uno en ventas, y *Born Again* (Bad Boy Entertainment, 1999) se convertirá en doble platino, agrandando la leyenda de The Notorious B.I.G. y manteniendo vivo el legado de su talento y su contradictoria y a la vez irresistible personalidad; un legado que se verá ampliado con numerosos recopilatorios y el disco Duets: *The Final Chapter* (Bad Boy Entertainment, 2005), en el que colaboraban, a modo de homenaje, figuras de la talla de Jay-Z, Nas, Mary J. Blige, Faith Evans, R. Kelly, Eminem, Lil Wayne, Missy Elliott o Snoop Doog.

## 25 discos imprescindibles de la Era Dorada

**Run-D.M.C. - *Raising Hell*** (Profile, 1986)
El mundo no estaba preparado en 1986 para el lanzamiento de *Raising Hell*. Con el incombustible Rick Rubin a cargo de la producción, la mezcla de riffs rockeros y Rap festivo que da forma al tercer disco de Run-D.M.C. se convirtió de la noche a la mañana en un éxito de ventas de alcance planetario, en parte gracias a «Walk This Way», la colaboración con Aerosmith (y su icónico videoclip), que elevó *Raising Hell* hasta el triple platino. Aunando un éxito comercial sin precedentes y un impacto cultural y estético todavía vigente hoy en día, este disco es un clásico indiscutible del género; por su colección incontestable de himnos y, sobretodo, por ser uno de los álbumes con los que el Rap dejó su carácter marginal para convertirse en una nueva expresión universal de la música popular dentro del *mainstream*, provocando que el estilo madurara y se expandiera como la pólvora.

**Eric B. & Rakim - *Paid In Full*** (4th & Broadway, 1987)
Que el titulo de la primera canción de tu disco debut sea «I Ain't No Joke» puede interpretarse como una declaración de intenciones, una muestra de arrogancia o, como en el caso que nos ocupa, la suma de ambas cosas expresada desde la seguridad de quien es muy consciente de su talento. Cuesta creer que la base instrumental de este disco fuera compuesta en una sola semana, y que las letras se escribieran en el estudio, la misma tarde en que estas canciones fueron grabadas. La única forma de acercarse a *Paid In Full* es con respeto reverencial hacia una obra que en muchos sentidos estableció un canon respecto a qué es y cómo se hace el Rap. El uso inteligente del *sampleo*, el *flow* relajado e innovador de un Rakim en estado de gracia, el carácter seco y minimalista de las bases de Eric B., la profundidad y seriedad de forma y contenido, la puntería de las letras, los homenajes a James Brown...todo funciona en este disco, y lo que es más importante, todo sigue sonando relevante y fresco tres décadas después de su publicación.

**Jungle Brothers - *Straight Out The Jungle*** (Warlock, 1988)
El debut de Jungle Brothers supone, de alguna manera, la carta de presentación del colectivo Native Tongues al mundo, y funciona como una suerte de manifiesto que condensa los rasgos principales de una actitud y una forma de entender el arte y la creación que cambiaron el Rap para siempre. Encontramos en este disco todos los elementos característicos y diferenciales del universo Native Tongues; el ritmo relajado, la luminosidad y el positivismo; el cuidado extremo en la

producción y el sonido; el gusto por los *sampleos* de clásicos del Jazz sumados a los de The Meters, Sly & the family Stone o el inevitable James Brown; la conciencia social y el africanismo; el rechazo al sexismo, el materialismo y la violencia; y la firme convicción de sonar divertidos y profundos a la vez.

**Public Enemy** - ***It Takes A Nation Of Millions To Hold Us Back*** (Def Jam, 1988)
El segundo disco de Public Enemy sólo puede ser definido como una obra esencial y, por manida que resulte la palabra, atemporal. A lo largo de *It Takes A Nation Of Millions To Hold Us Back* encontramos el pasado, presente y futuro de la música negra, en forma de artilugio explosivo construido con precisión de cirujano, sabiduría de maestro y vocación de trascendencia. El enfado, el activismo político, la crítica social y el respeto por la tradición convierten este disco en una pieza clave de la cultura afroamericana: Public Enemy decidieron convertir al Rap en «*La CNN de la America negra*», y con la rabia de los Panteras Negras y la firme convicción de hacerse un hueco a puñetazos en la industria musical, entregaron una colección de himnos que traspasaron fronteras, rompieron moldes, abrieron puertas y pavimentaron el terreno para todo lo que vendría después: «Bring The Noise», «Don't Believe The Hype» o «Party For Your Right To Fight» no solamente revolucionaron el mundo de la producción y la composición, sino que sentaron las bases de un nuevo orgullo negro, convirtiendo a *It Takes A Nation Of Millions To Hold Us Back* en un verdadero hito en la historia de la música. Una bomba de relojería perfecta en forma y fondo que hoy en día sigue sonando peligrosa y necesaria.

**N.W.A** - ***Straight Outta Compton*** (Priority Records, 1988)
Violencia, racismo, drogas, brutalidad policial y una vida con pocas salidas más allá de la cárcel, una sobredosis o un disparo: la rutina diaria en un suburbio de Los Ángeles como caldo de cultivo perfecto para que N.W.A. lanzaran en 1988 *Straight Outta Compton*, un hito del Gangsta Rap y uno de los discos más incendiarios, polémicos e influyentes en la historia del género. Todo en este disco suena tenso, urgente, violento y amenazador. No hay refinamiento ni sofisticación; los ritmos monolíticos con mínimos arreglos Funk y los fraseos certeros y rudos funcionan como auténticos puñetazos a base de realismo sucio, sexismo, crítica social, hedonismo y apología del crimen y la violencia. Canciones como «Gangsta Gangsta», «Straight Outta Compton» o el inevitable clásico «Fuck Tha Police» convirtieron a N.W.A. en leyendas, sirviendo de cimiento sobre el que se construiría gran parte del Rap en la Costa Oeste a partir de ese momento.

**De La Soul - *3 feet high and rising*** (Tommy Boy, 1989)
Sentido del humor, un eclecticismo desacomplejado y luminoso, y la firme convicción de ofrecer una alternativa positivista a la violencia, el machismo y el materialismo imperantes en el mundo del Hip Hop hasta ese momento. *3 Feet High And Rising* es un festival de luz y buenas intenciones, una explosión de *samples* y una declaración de intenciones a base de mensajes respetuosos y concienciados. La alternativa perfecta a todo lo que representaba el Gangsta Rap. Con *3 Feet High And Rising* De La Soul montaron una fiesta de exaltación de la diversión sana, de reflexión sociopolítica, de sentido de comunidad y de brillantez creativa. Cientos de samples (pop, reggae, folk, country...) y una infecciosa vocación de baile hacen de este disco una de las piezas más divertidas y entrañables de la historia del colectivo Native Tongues y, por consiguiente, de la historia del Rap.

**Beastie Boys - *Paul's Boutique*** (Capitol, 1989)
Tras romper de malas maneras con Def Jam después del éxito estratosférico de su debut *Licensed To Ill* (1986), y precisamente como reacción a la amenaza de encorsetamiento provocado por dicho éxito, los Beastie Boys huyeron de Nueva York en 1989, se instalaron en Los Ángeles y se pusieron en manos de The Dust Brothers (un equipo de producción poco conocido en ese momento) para dar forma a *Paul's Boutique*, una obra de arte compleja, ambiciosa, profunda, alejada del sentido del humor grueso adolescente que les había caracterizado hasta ese momento, y que sigue manteniendo hoy en día un estatus de leyenda dentro del mundo del sampling. Nunca hasta ese momento (y pocas veces ha ocurrido después), se habían llevado tan lejos las posibilidades creativas de la herramienta del *sampler*, y el resultado de ese momento irrepetible se sigue estudiando en nuestros días. *Paul's Boutique* es un *tour de force* apabullante que recoge infinidad de influencias clásicas y que, con toda su complejidad y laboriosidad, resulta en un todo cohesivo, brillante y divertido en todo momento. Con Paul's Boutique Mike D, Ad-Rock y MCA se sacudieron de un manotazo la imagen de jovencitos descerebrados que les había otorgado *Licensed To Ill* para encumbrarse como una de las mejores y más originales uniones creativas no ya del mundo del Rap, sino de la historia de la música en general.

**Salt-n-Pepa - *Black's Magic*** (Next Plateau, 1990)
La primera banda de mujeres en triunfar en un universo tan testosterónico, cuando no directamente misógino, como el del Rap a finales de los ochenta, el dúo de Queens Salt-n-Pepa fueron responsables de un buen número de hits comerciales a base de Rap festivo y ligero con intención de baile y enfoques

pop en sus dos primeros discos; una fórmula que sublimaron en 1990 con *Black's Magic*, su tercer y seguramente mejor trabajo. *Black's Magic* suena descarado, rebelde, fresco y callejero. Hay actitud, diversión y mensaje. Salt-n-Pepa se muestran desafiantes, provocadoras, divertidas, inteligentes, enfadadas y con una seguridad y contundencia incontestables en sus relatos de amor, fiesta y sexo con una inequívoca actitud crítica y reivindicativa. Todo ello sobre un Rap vestido de Pop, Funk, música Disco, R&B y la vista siempre puesta en la pista de baile.

**Ice Cube - *AmeriKKKa's Most Wanted*** (Priority Records, 1990)
Dos años después del imprescindible *Straight Outta Compton*, Ice Cube (miembro fundador de N.W.A. y responsable en gran parte de su polémico éxito junto a Dr. Dre) se desmarcó de su banda inicial para iniciar una carrera en solitario plagada de discos multiventas, innumerables producciones y colaboraciones e incluso un exitoso salto al mundo del cine (como actor, director y guionista). Dicha carrera en solitario arranca con *AmeriKKKa's Most Wanted*, un arrebatador debut que recoge todo el imaginario Gangsta establecido en *Straight Outta Compton* y le añade profundidad a la producción. *AmeriKKKa's Most Wanted* es violento, inconformista, incorrecto a muchos niveles y brutalmente honesto. Ice Cube desata su genio con un flow incansable que no deja títere con cabeza sobre bases incendiarias a cargo de The Bomb Squad, que venían de trabajar con Public Enemy (Chuck D colabora en la mítica «Endangered Species»), y el resultado es una coctelera repleta de Funk, Rap Hardcore, agresividad, crítica social, machismo, drogas, delincuencia y, básicamente, cultura Gangsta en todo su esplendor.

**A Tribe Called Quest - *The Low End Theory*** (Jive, 1991)
No existe lista de los mejores discos de Rap de la historia que no incluya *The Low End Theory*, el imprescindible segundo trabajo de los imprescindibles A Tribe Called Quest. Es tan grande la influencia de este disco en el desarrollo del género, tan fuerte su impacto cultural y estético, que tiene bien merecida su consideración de obra de culto a la que recurrir una y otra vez para descubrir que no hace más que mejorar con el paso del tiempo. A Tribe Called Quest no inventaron la fórmula de conectar Jazz y Rap, pero sí que fueron los principales responsables de llevar esa fusión a cotas de calidad únicas, abriendo y expandiendo el horizonte creativo y las posibilidades artísticas del Rap más allá del Funk sudoroso en el que se había basado en sus inicios, y sentando las bases de una nueva forma de entender la producción en busca de un sonido que se convirtió en canon; austero, limpio, suave incluso, de frecuencias graves y *beats* adictivos enriquecido

por ambientes de Jazz elegante a base de fraseos de metales y solidez de contrabajos. Q-Tip quedó consagrado como uno de los mejores y más influyentes productores de la historia con la publicación de *The Low End Theory*, y su trabajo a las voces junto a Phife Dawg sigue considerándose una de las uniones creativas más efectivas e inspiradas del universo del Rap. Un disco para el que no pasan los años.

**Ice T - *Original Gangster*** (Sire, 1991)
Los ruidos de sirenas y disparos con los que arranca «Home Of The Bodybag», la apertura de *O.G. Original Gangster*, sirven como perfecto resumen de todo lo que uno se va a encontrar a lo largo del disco, por si el mismo título dejara algún margen para la duda. Ice T ya había entregado unos cuantos discos notables cuando en 1991 dio forma a *O.G. Original Gangster*, el que está ampliamente considerado como su mejor y más completo trabajo. Cronista agudo de la vida violenta y frenética de los guetos del sur de Los Ángeles, Ice T dispara contra todo y contra todos con su característico *flow* socarrón y agresivo convirtiendo la escucha de *O.G. Original Gangster* en un viaje claustrofóbico y oscuro plagado de rabia, imágenes provocadoras, crítica social y bombazos de Rap Hardcore testosterónico y duro como el asfalto de las calles que retrata.

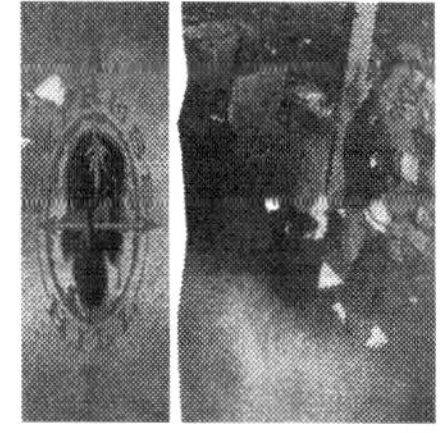

**Cypress Hill - *Cypress Hill*** (Ruffhouse, 1991)
Humo, alcohol, fiesta, argot callejero y orgullo latino. Cypress Hill se convirtieron en un estilo en sí mismo desde la publicación de su disco homónimo en 1991: un artilugio violento, adictivo y descarado construido en forma de oda a la marihuana y la diversión, tan sorprendente como agresivo e inquietante y que, de forma inesperada, se convirtió en un éxito inmediato. La influencia de este disco se alarga hasta nuestros días, y su impacto en una parte importante de la cultura Hip Hop de la Costa Oeste se puede rastrear a diferentes niveles: desde la reivindicación de la cultura latina hasta la glorificación de la marihuana y el hedonismo. El sentido del humor y la tendencia a la autoparodia marca de la casa se materializan a lo largo de este disco en una colección imbatible de Funk sucio, bajos gruesos, ritmos ralentizados y atmósferas brumosas: una niebla espesa llena de *beats* adictivos, cortesía de Dj Muggs, sobre la que B-Real desata su personalísimo *flow* nasal y canalla plagado de palabras en español.

**The Pharcyde - *Bizarre Ride II The Pharcyde***
(Delicious vinyl, 1992)
Recogiendo el sentido del humor bizarro y el desenfreno de Parliament/Funkadelic, y el carácter bienintencionado y festivo de A tribe called Quest o De La Soul, los californianos The Pharcyde se sacaron de la manga en 1992 *Bizarre II The Pharcyde*, una obra maestra en forma de caleidoscopio alucinatorio de un nivel creativo apabullante donde la diversión, el baile, el histrionismo y la huida constante de cualquier encorsetamiento no deja un segundo de respiro. Todo el disco está atravesado por una sensación de euforia y locura, de luz y de un frenetismo adictivo y encantador: una explosión de creatividad a base de Funk fiestero, coros entusiastas, *samples* imposibles y *flows* libres y acelerados narrando historias disparatadas y absurdas.

**Gang Starr - *Daily Operation*** (Chrysalis Records, 1992)
Gang Starr, el dúo resultante de la suma de talentos de Dj Premier y Guru, es una de las uniones creativas más respetadas y personales de la década de los noventa, hasta alcanzar el estatus de auténtica banda de culto. La brillantez lírica de Guru sumada a su característico *flow* relajado y profundo sobre la calidad del trabajo de Dj Premier, a base de ambientes jazzísticos y calidez basada en el *groove* y en la bajada de revoluciones son las señas de identidad de Gang Starr, y es en su excelente tercer disco *Daily Operation* donde la fórmula alcanza la perfección. «No Shame In My Game», «Hardcore Composer» o «Ex-Girl To The Next Girl» muestran a Gang Starr en estado de gracia, con un Guru más inspirado y seguro de sí mismo que nunca y a un Dj Premier que aúna oscuridad, elegancia, tradición y frescura como sólo un maestro es capaz de hacer.

**Dr. Dre - *The Chronic*** (Death Row, 1992)
Reconocimiento general de crítica y público, millones de copias vendidas y hordas de imitadores desde el mismo momento de su publicación: el disco debut en solitario de Dr. Dre (uno de los responsables de ese terremoto llamado N.W.A.) sacudió la Costa Oeste en 1992 con una fuerza y frescura para las que nadie estaba preparado. *The Chronic* aúna todo el imaginario del Gangsta Rap (con sus inevitables dosis de violencia, machismo, adoración del lujo, homofobia y glorificación de la delincuencia) y lo lleva a un lugar inédito hasta ese momento, gracias al revolucionario talento de Dr. Dre en las labores de producción: este disco es piedra fundacional del sonido G-Funk, y la mezcla de sofisticación y descaro resultante de homenajear a George Clinton y explorar el sonido de los

sintetizadores que Dr. Dre convirtió en marca de la casa se tornó a su vez en marco de referencia fundamental para definir el sonido del Rap en la Costa Oeste. *The Chronic* suena elegante y sucio a la vez, suena tan peligroso como divertido, y es tan políticamente incorrecto como técnicamente redondo. Además, le regaló al gran público la presentación de un tal Snopp Dogg, un descubrimiento que daría mucho que hablar a partir de ese momento.

**Arrested Development - *3 Years, 5 Months & 2 Days In The Life Of...*** (Chrysalis, 1992)
Originarios de Atlanta, Arrested Development pusieron al sur de Estados Unidos en el mapa en 1992 con el fulminante y global éxito comercial de su disco *3 Years, 5 Months & 2 Days In The Life Of...*; un colorido caleidoscopio de Rap luminoso y concienciado cargado de Blues, Soul, R&B y Funk (con homenaje a Sly & the family Stone incluido en «People Everyday») que les otorgó el primer Grammy entregado jamás a un artista de Rap como mejor artista revelación y les catapultó a la fama inmediata con temas hoy en día convertidos en auténticos clásicos como «Mr. Wendal», «Tennessee» o «Give A Man A Fish». El carácter positivo y politizado de Arrested Development, cargado de reflexiones sociales, afrocentrismo, lucha por la igualdad, pacifismo, defensa de la comunidad y oposición frontal al machismo tomaba la estética y seriedad de contenido del colectivo Native Tongues para pasarla por su particular filtro de orgullo sureño, espiritualidad y conexión con la naturaleza, dando como resultado un sonido personalísimo que nunca volvería a sonar tan perfecto y equilibrado como en este disco.

**Queen Latifah - *Black Reign*** (Motown, 1993)
La obra que coronó definitivamente a Queen Latifah como Reina del Hip Hop por derecho propio: supuso su estreno en Motown, fue el primer disco de oro ganado por una mujer dentro del Rap, y su ya clásico single «U.N.I.T.Y.» ganó el Grammy a la mejor canción del género en 1993. Pero *Black Reign* es un disco importante por muchos motivos, no sólo por su éxito comercial masivo. *Black Reign* es un disco profundo, politizado, inteligente, combativo y reflexivo. Queen Latifah disecciona con precisión quirúrgica y conciencia feminista la realidad de los barrios negros de Nueva York con un discurso crítico y siempre constructivo envuelto en Soul, R&B y Rap de la vieja escuela, y una actitud, contundencia y seguridad en el manejo del *flow* que influenciaría profundamente a la siguiente generación de reinas de la música negra; de Missy Elliott a Lauryn Hill pasando por Erykah Badu o Beyoncé.

**Guru** - ***Jazzmatazz, Vol. 1*** (Virgin / Chrysalis Records, 1993)
Un lugar común para definir este disco suele ser el de «*Un disco de Rap para amantes del Jazz y un disco de Jazz para amantes del Rap*». La primera entrega, y mejor, de una serie de discos colaborativos entre el Gang Starr Guru y una nutrida lista de reputados músicos de Jazz, *Jazzmatazz Vol. 1* sublima la tendencia del Jazz Rap surgida a principios de los noventa capitaneada por A tribe called Quest, Digable Planets o los mismos Gang Starr con doce joyas de Rap elegante, sosegado y arrebatadoramente *cool* de bases rítmicas sofisticadas y estampas urbanas costumbristas e intelectualizadas, en las que Guru se rodea de músicos de Jazz de la talla de Roy Ayers, Lonnie Liston Smith, Donald Byrd o Branford Marsalis, entre otros. El resultado es un equilibrio perfecto entre tradición y modernidad: un ejercicio tanto de homenaje al pasado como de reinvención del presente con la vista puesta en el futuro.

**Souls of Mischief** - ***93 'Till Infinity*** (Jive 1993)
Miembros honoríficos del influyente colectivo Hieroglyphics, pieza imprescindible del Rap *underground* de la Costa Oeste, Souls of Mischief fueron responsables de dar forma en 1993 a 93 *'till Infinity*: un clásico indiscutible y probablemente uno de los mejores discos de Rap de la historia. Mucho más interesados en el universo Native Tongues y el Rap relajado y elegante de la Costa Este que en la explosión Gangsta de su California natal, Souls of Mischief supieron recoger en 93 *'till Infinity* lo mejor del Jazz Rap y, mostrando una madurez y un talento sorprendentes para su edad, dieron forma a un trabajo de una calidad mayúscula. Hoy en día sigue resultando apasionante admirar lo bien construido que está este disco. Complejidad rítmica, vientos de Jazz ambientales y flautas ensoñadoras, líneas de bajo gruesas y narcóticas, cripticismo lírico, humo de marihuana y un aire bohemio californiano irresistible. Cuatro MC's que funcionaban con precisión de relojero, un momento irrepetible y catorce canciones que han pasado a la historia.

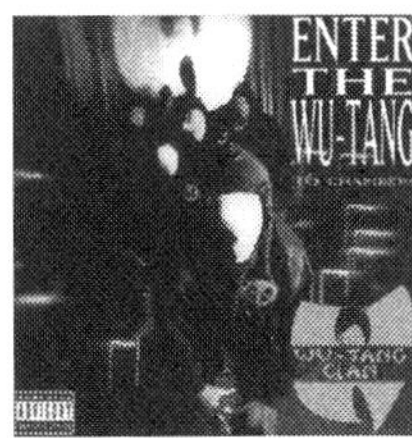


**Wu-Tang Clan** - ***Enter The Wu-Tang (36 Chambers)***
(Loud / RCA Records, 1993)
«Protege tu cuello», rezaba el lema de una disfuncional y perfecta combinación de MC's encapuchados y amenazantes que, comandados por el cerebro privilegiado de un productor con una visión profética, decidieron poner patas arriba el universo del Rap en 1993, cambiando para siempre el curso de la historia. En plena explosión de *The Chronic* de Dr. Dre y en un momento en que la hegemonía del G-Funk parecía haber coronado a Los Ángeles como capital mundial del Rap, surgió del *underground* de Nueva York el revulsivo perfecto

en forma de Rap sucio, oscuro y críptico, de bases duras y minimalistas, alejadas a partes iguales del sonido angelino y del Jazz Rap característico de la gran manzana. «Da Mystery Of Chessboxin», «Shame On A Nigga» o «C.R.E.A.M.» rompían con todas las reglas, y la suma de talentos de RZA, Method Man, Ol' Dirty Bastard y compañía se convirtió en una de las uniones más sólidas y brillantes de la historia del Rap, sacudiendo los cimientos de la industria y convirtiéndose en leyenda. Wu-Tang Clan sonaban peligrosos y salvajes, y su disco de debut era una obra coral en la que la suma de personalidades daba como resultado un todo misterioso, incontestable y único, con un imaginario imposible a base de *samples* de viejas películas de artes marciales, códigos numéricos y simbología oculta, y un impacto del que el mundo todavía no se ha recuperado.

**Snopp Dogg - *Doggystyle*** (Death Row, 1993)
No es habitual que un artista lance su primer disco siendo ya una estrella, y es menos habitual aún que ese debut alcance inmediatamente el número uno en las listas de ventas; eso es exactamente lo que ocurrió con Snopp Dogg y su *Doggystyle* en 1993. El rapero de Long Beach se había convertido en un icono gracias a su trabajo, justo un año antes, en el deslumbrante *The Chronic* de Dr. Dre, donde se destacó como uno de los MC's más originales e influyentes del momento. Después de captar la atención de medio mundo con su característico flow nasal, arrastrado, melódico y vacilón a lo largo y ancho de *The Chronic*, y de crear un personaje público polémico, incorrecto y de alguna manera entrañable a la vez, el estreno de *Doggystyle* venía precedido de unas expectativas altísimas por parte de las legiones de fans que se habían rendido a la inimitable y efectiva combinación de talentos y personalidades que representaba la suma de Dr. Dre (a cargo de la producción) y Snopp Dogg (como MC imparable). El resultado no defraudó a nadie, y significó el apuntalamiento del G-Funk como una de las corrientes más sólidas e influyentes en el Rap de la Costa Oeste. En *Doggystyle* hay chulería, diversión, Funk heredero de George Clinton, locuacidad y (una de las bazas fuertes de Snopp Dogg a lo largo de su más que exitosa carrera), la rara cualidad de saber manejar con acierto la ironía y el sentido del humor, siendo el más Gangsta entre todos y aún así, acabar resultando simpático y hasta encantador.

**The Notorious B.I.G. - *Ready To Die***
(Bad Boy Entertainment, 1994)
Seis meses separan la muerte de 2Pac de la de Biggie Smalls, y con ambos asesinatos no sólo se cierra la escalada de violencia y el clima de guerra abierta entre la Costa Este y la Costa Oeste que da forma a gran parte del Hip Hop durante los años noventa, sino que se vieron truncadas prematuramente las carreras de dos figuras con un talento y carisma irrepetibles. *Ready to die*, el profético y multiventas primer disco de The Notorious B.I.G. contiene algunas de las mejores composiciones de Gangsta Rap de la historia, llevando todos los aciertos del sonido G-Funk a la Costa Este y filtrándolo a través del inimitable poso Hardcore de Biggie. The Notorious B.I.G. se ganó inmediatamente un puesto en la cima del Rap con *Ready To Die*, no sólo gracias a los varios millones de copias vendidas, sino a su extraordinario talento como narrador incisivo e imaginativo de la vida en las calles de Nueva York. El realismo descarnado de sus textos sumado a la exquisita producción de Puff Daddy convierten a *Ready To Die* en un triste y fiel reflejo de su época, tan contradictorio como brillante.

**Digable Planets - *Blowout Comb*** (Pendulum, 1994)
Digable Planets duraron poco, pero el peso y calidad de los dos discos que entregaron durante su breve trayectoria justifican sobradamente su pertenencia al Olimpo de los Dioses del Rap. *Reachin' (a new refutation of time and space)*, su presentación al mundo, les otorgó el aplauso unánime de crítica y público, llevándoles a ganar un Grammy y a colocar su single «Rebirth of slick (I'm cool like that)» en las listas de hits más exitosos de la década, pero es en su segundo trabajo *Blowout Comb* donde Ladybug Mecca, Doodlebug y Butterfly alcanzaron un estado de gracia creativo y una compenetración irrepetibles, situándose al frente de la corriente del Jazz Rap junto a leyendas como A tribe called Quest. A lo largo de *Blowout Comb* encontramos trece joyas que continúan el experimento iniciado por Guru con su *Jazzmatazz Vol.1* de reducir el uso de *samples* para sustituirlos por músicos de Jazz, dando como resultado una colección deliciosa de Rap refinado, poético y concienciado a partes iguales, que sonaba y sigue sonando moderno a día de hoy.

**Nas** - ***Illmatic*** (Columbia, 1994)
Es difícil hablar de *Illmatic* sin usar términos superlativos. Da forma a este disco una improbable suma de elementos que lo dotan de una magia única e irrepetible; para empezar, suena a cuento de hadas que cuatro de los mayores gigantes de la producción en la historia del Rap (Q-Tip, Large Professor, DJ Premier y Pete Rock) decidieran unir sus fuerzas y exprimir al máximo su competitividad para construir el debut de un chaval con cierto renombre en las calles pero desconocido para el gran público. Por otro lado, está el mayor enigma de *Illmatic*: el propio Nas. Es tan inusual el talento, tan apabullante la seguridad mostrada en este disco; tanta la sabiduría desplegada y tan alto el nivel creativo, como cantante, escritor y poeta, el que muestra Nas en su debut que sigue pareciendo imposible que se trate de un veinteañero dando sus primeros pasos en el mundo del arte. *Illmatic* son las calles de Nueva York en estado puro, es la vida en los guetos narrada desde un realismo costumbrista con una agudeza y una poética de un nivel literario elevado. «NY state of mind», «One Love», «Life's a bitch» o «The world is yours» quedarán para la historia como algunos de los momentos cumbres de una obra maestra que trasciende a su tiempo para convertirse en eterna.

**2Pac** - ***Me Against The World*** (Amaru / Jive / Interscope, 1995)
Es fácil caer en el error de dejar que la dimensión casi mítica de Tupac Amaru Shakur ensombrezca de alguna manera su más que merecida consideración como uno de los mejores MC's de la historia; hasta ese punto la leyenda en torno a su vida de película y su misteriosa y trágica muerte en 1996 interfiere en un análisis objetivo de sus cualidades artísticas. Epítome absoluto de la vida Gangsta llevada hasta sus últimas y más extremas consecuencias, 2Pac ya venía gozando del reconocimiento general con sus dos anteriores (y excelentes) discos cuando dio forma en 1995 a *Me Against The World*, su obra más compleja, inspirada y recordada. Compuesto justo después de casi morir en un tiroteo y ostentando el dudoso honor de ser el primer disco en debutar directamente como número uno de ventas mientras el artista está encarcelado, *Me Against The World* es un disco oscuro y profundo, duro e incluso triste, en el que a los habituales relatos de violencia callejera y drogas se le suma un 2Pac reflexivo, vulnerable, brutalmente honesto y con un tono agorero que resulta escalofriante teniendo en cuenta lo que ocurriría justo un año después de su publicación.

# 3. EL NUEVO MILENIO

***«People called rock & roll African music. They called it Voodoo music. They said that it would drive the kids insane. They said that it was just a flash in the pan. The same thing that they always used to say about Hip Hop.»***

*«La gente llamaba al rock & roll música africana. Lo llamaron música vudú. Dijeron que volvería locos a los niños. Dijeron que era solamente algo pasajero. Lo mismo que solían decir sobre el Hip Hop.»*

**Little Richard**

## ASALTO AL MAINSTREAM

El 27 de agosto de 2002, el comentarista político conservador Bill O'Reilly (una de las figuras de mayor peso en la cadena Fox News durante décadas) hizo un llamamiento público para boicotear todos los productos de Pepsi. El motivo era el acuerdo alcanzado entre la marca y un rapero llamado Ludacris para que éste pasase a ser su imagen publicitaria. Bill O'Reilly (que pocos años después sería despedido de Fox News tras pagar unas cuantas decenas de millones de dólares por múltiples condenas por agresiones sexuales), se oponía frontalmente a que un personaje de tan baja catadura moral como Ludacris fuese la cara promocional de una de las multinacionales más potentes e influyentes del planeta, y ante las presiones por la influencia negativa que el estilo de vida repleto de drogas y desenfreno sexual de Ludacris pudiera ejercer sobre la juventud norteamericana, Pepsi decidió rescindir su contrato y contratar a un tal Ozzy Osbourne en su lugar. El desafortunado incidente se cerró con la donación de tres millones de dólares de Pepsi a la fundación de Ludacris y otras organizaciones benéficas.

Años después, ya con Obama en la presidencia, Fox News se vio envuelta de nuevo en una polémica con un rapero como elemento central: Sean Hannity (uno de los presentadores estrella de la cadena; difusor de diversas teorías conspirativas sobre Barack Obama y Hillary Clinton y portavoz oficioso de Donald Trump durante la campaña electoral de 2016) encabezó una protesta vehemente por la inclusión de Common en una velada cultural organizada por Michelle Obama en la Casa Blanca. Hannity y una parte importante del espectro político conservador consideraban inadmisible que se honrara oficialmente el legado poético, musical y cultural de un rapero célebre por su activismo y el contenido crítico y politizado de su mensaje.

Ambas anécdotas sirven para calibrar el peso del Hip Hop en la industria al arrancar el siglo XXI, así como su nivel de influencia cultural e implantación popular: hasta no muchos años antes, relacionar a artistas de Rap con corporaciones multinacionales, altas esferas políticas, contratos de cifras estratosféricas o reconocimientos de la alta cultura era sencillamente impensable. El Hip Hop había nacido en las calles; se había erigido como altavoz principal del lumpen afroamericano durante los ochenta; se estableció como una cultura sólida asociada a una industria potente durante los noventa y, con el nuevo milenio, se hizo con el control del *mainstream* más absoluto.

A partir del año dos mil se producirá una renovación generacional y la ascensión y consolidación de algunos de los artistas más influyentes, brillantes y creativos de la historia del Hip Hop. En el milenio recién estrenado, figuras como Eminem, Kanye West, Missy Elliott, Outkast o Jay-Z no sólo tomarán las riendas de la industria musical y se apoderarán del *mainstream*, sino que también elevarán el nivel artístico del Hip Hop hasta cotas nunca antes alcanzadas, produciendo a lo largo de la década algunos de los discos más importantes de la historia del Rap y cambiando el rumbo de la cultura Hip Hop para siempre.

## JIGGY ERA

Snoop Dogg: Rap, lujo y THC.

A finales de los noventa, tras la muerte de 2Pac y Biggie Smalls, la primera línea del Hip Hop comercial estaba copada por la lucha entre Nas y Jay-Z por el trono del Rap en Nueva York; el gangsta californiano de Snoop Dogg y Dr. Dre; los numerosos *beefs* entre Lil Kim y Foxy Brown; y la sucesión de éxitos que

Kanye West: megalomanía y genio creativo.

supuso la diversificación de Wu-Tang Clan (especialmente los estrenos en solitario de Method Man, Raekwon y Old Dirty Bastard). Puff Daddy, al frente de Bad Boy Records, puso de moda en los últimos años de la década lo que se definió como *Shiny Suits Rap*; una corriente estilística, de impacto comercial gigante, marcada por los ritmos y tempos relajados, el *sampleo* de clásicos de los ochenta y, sobretodo, una actitud y contenido lírico orientados a la exaltación del lujo. Son los años del *Bling Bling* (el estilo de vida basado en la ostentación y el exceso); un momento en el que los raperos se cargan de joyas y artículos de lujo para pasar a cantar sobre «*Helicópteros y Rolls Royces con interiores de Louis Vuitton*» («Ghetto Qu'ram», 50 Cent) o «*Descorchar botellas con Donatella (Versace)*» («Oh Yeah», Foxy Brown). Marcas como Ralph Lauren, Timberland o Tommy Hilfiger pasan a convertirse en el uniforme oficial del Hip Hop callejero; y los primeros puestos de las listas de éxitos se ven invadidos por superproducciones de Rap de sonido electrónico y cristalino, vocación de baile y carácter genérico de radiofórmula en muchos casos.

En un momento en el que las estrellas del Hip Hop competían en niveles de fama y exposición mediática con las celebridades más omnipresentes del cine o el deporte («*I'm not a businessman; I'm a business, man*»; «*No soy un hombre de negocios; soy un negocio, hombre*»; proclamaba Jay-Z en su estrofa de «Diamonds From Sierra Leone», de Kanye West), una oleada de sofisticación y lujo atravesó el mundo del Rap para cambiar el sonido y la estética de la vertiente más comercial del género, en lo que se vino a conocer como la *Jiggy Era*. Las joyas, los coches de lujo, las mansiones y los diseños de Louis Vuitton, Versace, Dolce & Gabbana o Gucci pasan a protagonizar el imaginario estético del Hip Hop más exitoso en el arranque de los dos mil; sellos como LaFace, Roc-A-Fella o los inevitables Def Jam y Aftermath se convierten en gigantes editoriales con ventas que pulverizan récords en la historia de la industria musical; las pantallas de televisión se ven invadidas por videoclips con presupuestos de película, hipersexualizados hasta la saciedad y centrados en el materialismo más extremo; y las alfombras rojas en los desfiles de moda pasan a ser un hábitat natural de las nuevas grandes estrellas del Rap comercial.

## LA ALTERNATIVA

Fugees: excelencia artística y éxito masivo.

Pese a que la industria (no sólo la musical; también la de la moda, entretenimiento, cine, publicidad, tecnología...) había encontrado un filón descomunal, de éxito comercial masivo y potencial lucrativo inaudito, en la explotación *ad nauseam* de los clichés de la *Jiggy Era*, no todo eran trajes caros, botellas de Moët & Chandon, armas con culatas de diamantes y mujeres en bikini en el ecosistema del Rap estadounidense durante los últimos años de la década de los noventa. «*So while you're imitating Al Capone, I'll be Nina Simone and defecating on your microphone*» («*Así que mientras imitas a Al Capone, yo seré Nina Simone y defecaré en tu micrófono*»), exclamaba Lauryn Hill al frente de Fugees en su himno eterno «Ready Or Not», marcando distancias entre dos universos nacidos del Hip Hop pero antagónicos en estética, contenido, intención y sonido. Apelando a la profundidad y relevancia cultural del Hip Hop frente a su vertiente más vacua y materialista, en esos años se consolida firmemente una alternativa de Rap profundo e intelectual, de un marcado carácter concienciado y en muchos casos politizado, que se negaba a ajustarse a los estereotipos más extendidos en el Rap del momento («*I find it's distressin', there's never no in-between: we either niggaz or kings, we either bitches or queens*»; «*Me parece angustiante, nunca hay un punto intermedio: somos negratas o reyes, somos perras o reinas»*, reflexionaba Talib Kweli en el imprescindible debut de Black Star).

Talib Kweli & Mos Def: Black Star.

Poco interesada en la adoración del lujo y la fama característicos de la era *Jiggy*, y tan alejada del sonido electrónico bailable como de las herencias Hardcore y Gangsta, una nueva generación de talentos se alza a finales de los noventa como estandartes de cara al nuevo milenio de los valores sociales, artísticos y políticos que en su día enarboló la Universal Zulu Nation y que recogieron Native Tongues o Hieroglyphics durante la Era Dorada. Mos Def, Talib Kweli, Bahamadia, The Roots o Common se afianzan como figuras fundamentales de una corriente de Rap alejado de los parámetros comerciales (aunque tremendamente popular), con el foco puesto en las cuestiones sociales que afectan a la comunidad negra y las clases populares en el siglo XXI (citando a Mos Def: «*Beef is not what Jay said to Nas; beef is when the working folks can't find jobs*»; «*Un beef no es lo que Jay le dijo a Nas; un beef es que los trabajadores no puedan encontrar empleo*»).

Frente al gigantismo comercial de Roc-A-Fella o Def Jam, desde Nueva York emergerá Rawkus Records como hogar y lanzadera de artistas y discos que resultarían fundamentales en la renovación del Hip Hop concienciado y de raíces en los nuevos tiempos (en las dobles entregas de los recopilatorios *Lyricist Lounge* y *Soundbombing*, publicados por Rawkus, encontramos a Black Thought, De La Soul, Macy Gray, Jurassic 5, Guru, Dilated Peoples, Saul Williams, Pharoahe Monch, Redman, Zach de la Rocha, Ghostface Killah, El-P, Cut Chemist, Q-Tip...). Gracias a Rawkus Records, nombres como Black Star, Common, Mos Def, Talib Kweli o Company Flow quedarán grabados para siempre en la tradición del Hip Hop, y sus discos acabarán convertidos en obras de culto.

## SOULQUARIANS Y NEO SOUL

El eclecticismo musical de la nueva corriente de Rap alternativo y su enfoque orgánico del sonido propiciará durante el cambio de década una intensa relación entre el Hip Hop y el movimiento Neo Soul, capitanea-

Soulquarians: tradición y elegancia.

da por el colectivo Soulquarians; una agrupación de MC's, músicos y productores que, con el cuartel general asentado en los míticos estudios Electric Lady de Nueva York, protagonizarán durante finales de los noventa y principios de los dos mil un maremágnum de discos y proyectos colaborativos con un afán en común de recuperación y reinvención del legado Soul y la tradición musical afroamericana en el Hip Hop del nuevo milenio. En paralelo al Rap futurista y tecnológico de titanes como Kanye West o Missy Elliott; la abstracción experimental de DJ Shadow; o la agresividad de Eminem o 50 Cent; bajo el nombre de Soulquarians se agrupan D'Angelo, Erykah Badu, J Dilla, Bilal, Q-Tip, Questlove, Pino Palladino o Roy Hargrove (entre otros), para dar forma a una escena fértil y creativa que en el nuevo milenio tenderá puentes entre el clasicismo y la modernidad.

Desde finales de los noventa, el estilo de Soulquarians y allegados, a medio camino entre el Rap canónico y la tradición Motown, estrechará la relación de figuras del Neo Soul y el R&B moderno como Erykah Badu, Mary J. Blige o Jill Scott con el universo del Rap alternativo abanderado por Mos Def o Common; profundizando en las raíces de la comunidad Hip Hop y su relevancia en el desarrollo de la cultura negra (en palabras de Q-Tip: «*Rap is not Pop, if you call it that, please stop*»; «*El Rap no es Pop. Si lo llamas así, por favor, para*»), y produciendo discos fundamentales como *Black On Both Sides*, de Mos Def; *Voodoo*, de D'Angelo; *Fantastic Vol.2*, de Slum Village; *Mama's Gun*, de Erykah Badu; *Quality*, de Talib Kweli o *Like Water For Chocolate*, de Common.

Emergiendo del universo Soulquarians como alumnos aventajados, y difuminando aún más las fronteras entre géneros para dotar al Hip Hop de influencias Reggae, Soul, Rock o Dub, el cambio de siglo verá como The Roots se convierten en leyendas, dotando de profundidad conceptual, estética y filosófica a una escuela única dentro del Hip Hop que alcanzará repercusión planetaria con el terremoto que supuso el éxito masivo de Fugees, primero, y de Lauryn Hill en solitario después.

## EXPANSIÓN

Rage Against The Machine: profetas de la rabia.

El auge espectacular del Hip Hop durante la Era Dorada y su asentamiento definitivo, no sólo como uno de los movimientos culturales más importantes de la segunda mitad del siglo XX, sino como una lucrativa industria de cifras gigantescas y niveles de popularidad masivos, dio paso en la segunda mitad de los noventa a una explosión de estilos y escenas regionales que expandían y enriquecían los márgenes creativos del género, y reforzaban el bagaje cultural y la proyección comercial de una cultura en continua evolución.

La fórmula de mezclar Rap con Rock y Metal, que tan bien había funcionado con Run-DMC y Beastie Boys primero, y con Body Count después, vivirá una explosión a finales de los noventa y principios de los dos mil. La colaboración entre Anthrax y Public Enemy en 1991 para versionar «Bring The Noise»; el éxito de la banda sonora de *Judgment Night*, que en 1993 había reunido en un estelar plantel de colaboraciones a Cypress Hill, Ice T, House Of Pain, Onyx o De La Soul con Sonic Youth, Slayer, Faith No More, Dinosaur Jr. o Pearl Jam (entre otros); y el terremoto que supuso posteriormente el nacimiento del Nu Metal y el éxito mundial de bandas como Rage Against The Machine, hizo del Rap Metal una de las tendencias más populares del final de la década; ofreciendo las sorprendentes colaboraciones (unas con mayor fortuna que otras) entre Limp Bizkit y Method Man, DMX y Marilyn Manson, Ice Cube y Korn, Busta Rhymes y Ozzy Osbourne, Jay-Z y Linkin Park, o System Of A Down y Wu-Tang Clan, por citar sólo unos ejemplos.

Dentro del maremágnum de lugares comunes y fórmulas genéricas en el que rápidamente se convirtió la corriente Rap Metal y el Nu Metal (con una avalancha de bandas y discos de sonido estandarizado a base de Metal de nuevo cuño con DJ's y estrofas rapeadas), Rage Against The Machine son los que alcanzaron un mayor nivel de profundidad, seriedad y relevancia en su propuesta, aunando reconocimiento y prestigio tanto en la escena Hip Hop como en el universo del Metal *mainstream*. Zach de la Rocha, el incendiario *frontman* de Rage Against The Machine, cuyos

Marshall Bruce Mathers III: Eminem.

orígenes se remontan a la escena Hardcore Punk californiana de finales de los ochenta como cantante de Inside Out, ha mantenido desde siempre una estrecha relación con el Hip Hop y su vertiente más política y contestataria, llevándole a lo largo de los años a colaborar con KRS-One, The Roots, Blackalicious, Dj Shadow o Run The Jewels. De igual forma, los tres miembros restantes de Rage Against The Machine unieron fuerzas con Chuck D y B-Real (Cypress Hill) en 2016 para dar forma a la súper banda Prophets Of Rage.

En el terreno específico del Hip Hop, bajo el impreciso término de Midwest Rap se pasó a agrupar a toda una nueva generación de artistas originarios de los estados del Medio Oeste que, si bien no se alineaban dentro de parámetros estilísticos comunes y no formaban parte de una escena cohesiva, ofrecían una alternativa a la alternancia entre Nueva York y Los Ángeles como principales núcleos irradiadores de Rap en el final de siglo. El estilo híper acelerado de Hip Hop conocido como *Chopper Rap*, popularizado por The Dayton Family (Michigan) o Twista (Chicago), pasará a ser un rasgo distintivo del Midwest Rap, que rápidamente se expandirá y será asimilado como recurso habitual en las más diversas escuelas de Hip Hop.

Lupe Fiasco, Da Brat o Chance The Rapper desde Chicago; Brother Ali y el sello Rhymesayers Entertainment desde Minneapolis; Slum Village o Eminem desde Detroit; o Bone Thugs-N-Harmony y Kid Cudi desde Cleveland se encargaron de poner al Medio Oeste en el mapa a lo largo de los noventa para eclosionar en el nuevo milenio como un terreno tan fértil y creativo para el Hip Hop como difícil de encasillar.

## DIRTY SOUTH

Los principales aires de cambio que sacudirán al Hip Hop en el nuevo siglo soplarán desde el sur, y tomarán la fuerza de un huracán en el nuevo milenio bajo el amplio paraguas genérico de la etiqueta Dirty South; un término geográfico aglutinador que englobaba una amalgama de estilos y conceptos complejos y diversos, a menudo contradictorios y siempre multidimensionales, que supuso una auténtica revolución en el universo del Rap y en la industria musical en general.

Esa multidimensionalidad del Rap sureño se articulaba musicalmente mediante unos rasgos de sonido distintivos, marcados por la cultura de club y la electrónica fiestera (con Georgia como cuartel general), las influencias caribeñas (Florida y alrededores) o la larguísima tradición popular afroamericana de los estados del sur (de Luisiana al mundo). Estética y filosóficamente, el Dirty South se nutría de la redefinición de estereotipos estéticos, culturales y sociológicos de un Sur blanco, racista y opresivo, históricamente relacionado con la esclavitud; y un Sur negro rural, sexualmente libidinoso y marcado por altas cotas de delincuencia. La explosión del Dirty South implicó una ruptura con las convenciones estilísticas y conceptuales dominantes en el Hip Hop y representó un cambio radical en el imaginario geográfico hegemónico del Rap hasta ese momento. A finales de los noventa los conceptos de autenticidad y comerciabilidad en el universo del Hip Hop dejan de pivotar exclusivamente en torno a las dos costas de Estados Unidos, y de repente el Rap hedonista, hipersexualizado, a menudo misógino y siempre orientado al baile producido en ciudades como Atlanta, Nueva Orleans, Memphis, Miami o Houston alcanza prominencia nacional.

Sellos como Cash Money o No Limit se convierten en gigantes de la industria e inundan el mercado de Rap sucio y festivo, ambientado en clubs de striptease e insuflado de electrónica nocturna, sudor, baile y sexo; tras una década de guerra entre costas por la supremacía en el Hip Hop, el Sur emerge como una escuela propia de Rap y se establece como una de sus corrientes principales. Las producciones de Organized Noize, Timbaland o The Neptunes traerán un sonido fresco que seducirá a público y crítica por igual, y nombres como Outkast, Juvenile, Ludacris, Lil Wayne, Mystikal, 2 Live Crew, Goodie Mob o Rick Ross pasan a abanderar un tipo específico de Rap libertino y electrónico; suma de las influencias caribeñas del Miami Bass, los diversos subestilos de electrónica de baile que desde Atlanta eclosionan bajo las etiquetas de Crunk o Snap (sentando las bases para el advenimiento del Trap), o la Bounce Music sudorosa y lasciva del Mardi Gras de Nueva Orleans.

## LOS RAROS

DJ Shadow: mirando al futuro.

Tan alejada del universo *Jiggy* o del Rap electrónico *mainstream* como del éxito del Hip Hop concienciado de Fugees, Common o The Roots, una corriente subterránea de Hip Hop abstracto, experimental y alejado del foco comercial se afianza en el cambio de década. Desarrollándose en paralelo al éxito descomunal de figuras como Eminem o Jay-Z, el Rap *underground* vivirá una explosión creativa sin precedentes en los últimos años de los noventa para establecerse como una de las escenas más sólidas e inventivas del Hip Hop en el nuevo siglo, extendiéndose rápidamente en un amplio árbol genealógico de estilos y personalidades de una creatividad explosiva con el denominador en común de no adecuarse a las lógicas del mercado: una generación de perros verdes con un talento único y un inconformismo creador imbatible.

Desde la Bay Area surgirá el colectivo Solesides (que pasará a llamarse Quannum Projects a partir de 1997); un equipo de jóvenes MC's, productores, artistas gráficos y DJ's formado en un campus de la Universidad de California y dirigido por el amor en común de todos ellos por el Hip Hop más alejado de las fórmulas comerciales. El historiador, periodista y musicólogo hawaiano Jeff Chang, el MC de origen japonés Lyrics Born o unos jovencísimos DJ Shadow y Blackalicious darían forma, con Solesides primero y Quannum Projects después, a una corriente de Rap inconformista y alternativo que se desmarcaría del Hip Hop *mainstream* de finales de los noventa para reinventar el *underground* de la Costa Oeste en el nuevo siglo. Recogiendo el testigo de Quannum Projects y enfocándolo hacia terrenos más electrónicos y experimentales, nace también en California Stones Throw Records, fundado por DJ Peanut Butter Wolf. Stones Throw se convierte automáticamente en uno de los sellos más respetados e interesantes del nuevo Hip Hop experimental en el cambio de década, publicando trabajos fundamentales de personajes de la talla de J Dilla, MadLib, Mndsgn o Knxwledge.

Una de las más felices características del panorama del Hip Hop *underground* en los años que despiden los noventa y dan la bienvenida a los dos mil es el terreno en el que confluyen la explosión de la música electrónica con la vertiente más experimental y creativa de toda una generación de DJ's y productores que llevarán el turntablism y el Hip Hop abstracto a un nivel inédito hasta ese momento. Desde Inglaterra y con vocación global, sellos como Ninja Tunes, Warp Records, Lex Recordings o Mo' Wax se consolidan como buques insignia de la vanguardia musical fronteriza con el Hip Hop, y creadores visionarios como J Dilla, Prefuse 73, Cut Chemist, el ruso DJ Vadim, Boards Of Canada, Kid Koala, el japonés DJ Krush y, sobretodo, DJ Shadow; expandirán cada uno a su manera los límites creativos y expresivos del Hip Hop abstracto y la electrónica cerebral, creando un estilo único con una profundidad y una maestría técnica que se convertirá en un lenguaje nuevo dentro del Hip Hop para la era digital.

## EL SUBSUELO

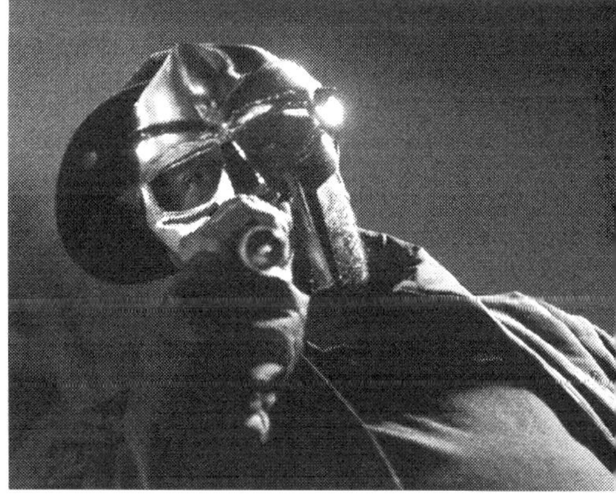

MF DOOM: el genio tras la máscara.

En la segunda mitad de los noventa, el Hip Hop *underground* en Estados Unidos estaba capitaneado por bandas tan personales e imprescindibles como Company Flow, Antipop Consortium o el misterioso y brillante MC enmascarado MF Doom, una añorada figura de culto, tristemente fallecido en 2020, responsable de un universo apasionante y enigmático de Hip Hop experimental único; ya fuera en sus excelentes trabajos en solitario; su casi inacabable lista de colaboraciones (Aesop Rock, Prefuse 73, Gorillaz, The Herbaliser, Wu-Tang Clan, Flying Lotus, Thundercat...); o uniendo fuerzas con Madlib para dar forma a Madvillain, con Danger Mouse para dar forma a Danger Doom, con Ghostface Killah para dar forma a DoomStarks o con Jneiro Jarel para dar forma a JJ Doom, cuando, en 1999, nació en Nueva York uno de los sellos básicos para el desarrollo del Rap *underground* de cara al nuevo milenio: Definitive Jux. Dirigido por El-P, y rompiendo moldes desde el mismo momento de su fundación, Definitive Jux se estableció como cuartel general de Cannibal Ox, Aesop Rock, RJD2, Mr. Lif o el propio El-P, convirtiendo la filosofía del sello en sinónimo de Rap incómodo, profundo, abstracto, futurista, visceral e insobornable.

También desde Nueva York, el testigo del Rap politizado y combativo de bandas como The Coup o Disposable Heroes Of Hiphoprisy será recogido en el arranque de los dos mil por la incendiaria unión de Stic Man y M-1 bajo el nombre de Dead Prez: un proyecto de Rap entendido como artilugio de denuncia política y crítica social que readaptaba desde el *underground* más estricto el mensaje de Public Enemy para el siglo XXI, con estética paramilitar revolucionaria inspirada en Thomas Ankara y rimas que lanzaban interrogantes incómodos a la comunidad Hip Hop («*You would rather have a Lexus or justice? A dream or some substance? A Beamer, a necklace or freedom?*»; «*Prefieres tener un Lexus o justicia? Un sueño o alguna sustancia? Un BMW, un collar, o la libertad?*»). Felipe Andrés Coronel, un MC de Harlem de origen peruano más conocido como Immortal Technique, emergerá junto a Dead Prez como estandarte del Hip Hop *underground* más concienciado y crítico durante esos primeros años del nuevo milenio, levantando ampollas en 2003 (con el impacto de los atentados a las Torres Gemelas todavía latente) con versos como: «*And as a matter of fact, Rumsfeld, now that I think back: without 9/11, you couldn't have a war in Iraq, or a Defense budget of world conquest proportions*» («*Y de hecho, Rumsfeld, ahora que lo pienso: sin el 11 de septiembre, no podrías haber tenido una guerra en Irak, o un presupuesto de Defensa de proporciones de conquista mundial*»); o «*And Dick Cheney? You fuckin leech, tell them your plans: about building your pipelines through Afghanistan, and how Israeli troops trained the Taliban in Pakistan. You might have some house niggaz fooled, but I understand: colonialism is sponsored by corporations, that's why Halliburton gets paid to rebuild nations*» («*¿Y Dick Cheney? Maldita sanguijuela, cuéntales tus planes: sobre la construcción de oleoductos a través de Afganistán, y cómo las tropas israelíes entrenaron a los talibanes en Pakistán. Puede que engañes a algún negrata, pero yo lo entiendo: el colonialismo está patrocinado por corporaciones, por eso a Halliburton se le paga por reconstruir naciones*»).

En esos mismos años, y casi como antítesis del Rap político de Dead Prez o Immortal Technique, una corriente de Rap extremo y oscuro con aires ocultistas y estética gore se extiende como la pólvora por el *underground* estadounidense bajo la difusa etiqueta de Horrorcore; y nombres como Necro, Non-Phixion o Jedi Mind Tricks (y posteriormente Vinnie Paz e Ill Bill en solitario; así como proyectos como La Coka Nostra o Heavy Metal Kings) inundan el arranque de los dos mil con su Hardcore Rap plagado de violencia explícita, drogas, pornografía e influencias del Metal extremo, el cine de terror y la ciencia ficción.

## ANTICON

Yoni Wolf (Why?): un nuevo universo.

A finales de los noventa coincidieron en la soleada California un grupo de MC's y productores con una visión única del Rap y una actitud independiente y testaruda que les convertía en auténticos bichos raros dentro de la comunidad Hip Hop. Yoni Wolf (Why?), Adam Drucker (Doseone), Brendon Whitney (Alias), Jeff Logan (Jel), David Manson (Odd Nosdam), Tim Holland (Sole) y James Brandom (Pedestrian) sumaban una improbable confluencia de genios, tan escurridizos como hiperactivos, que dieron forma a uno de los capítulos más interesantes y revolucionarios de la escena Hip Hop *underground* en el cambio de siglo: el colectivo Anticon. La concepción artística y filosófica que planteaba el colectivo suponía una ruptura en la forma y en el fondo de la idea clásica del Rap, y cristalizaba en una actitud envuelta en el misterio y cimentada en el riesgo, la experimentación continua, la inmersión en lo críptico y un sentido de la creación tan inconformista como insobornable. El colectivo Anticon presentaba una forma de entender el Hip Hop con los pies firmemente asentados en el *underground* y ningún reparo en dinamitar ortodoxias formales o estéticas preconcebidas, dando forma en la primera mitad de la década a un universo de discos, proyectos, colaboraciones y *mixtapes* con el Rap como elemento unificador y un carácter iconoclasta y experimental único.

La orientación Indie de estética Lo-Fi de Yoni Wolf al frente de Why?, la abstracción electrónica de Odd Nosdam o Jel, el talento indescifrable de Doseone, el Rap rotundo de Alias o Sole o la luminosidad de regusto Pop de Pedestrian hicieron que la marca Anticon se convirtiera rápidamente en un sello de calidad, imprescindible en la reinvención del Hip Hop en la década de los dosmiles; bandas como Clouddead, Deep Puddle Dynamics, 13 & God, Hymie's Basement, Subtle o Themselves pasaron a abanderar (junto a sellos cómplices como Lex o Mush Records) un nuevo tipo de Hip Hop subterráneo y desacomplejado, que bebía a partes iguales del Rap de raíces, la electrónica más abstracta y el Indie

Rock más luminoso. Con los años el sello Anticon iría ampliando cada vez más el abanico multicolor de su propuesta, convertida ya en un estilo por derecho propio, incorporando a sus filas a un número cada vez mayor de artistas inclasificables que, de manera misteriosa y siempre sorprendente, transitan por el Pop, la electrónica o el Folk manteniendo en todo momento un punto de conexión tangencial con el Hip Hop. Young Fathers, Serengeti, Bike For Three!, Baths o Son Lux se encargarán de mantener vivo el espíritu Anticon a lo largo de los dos mil, afianzando una manera única de entender la creación, con la vista siempre puesta en el futuro.

## FRANCIA

A finales de los ochenta, los DJ's y locutores de radio Lee Nasty y Lionel D fueron dos figuras fundamentales para el asentamiento y posterior desarrollo de la escena Hip Hop francesa, si bien no es hasta 1991, cuando el senegalés MC Solaar dinamitó las listas de ventas con su primer trabajo *Qui Sème Le Vent Récolte Le Tempo* (Musicrama, 1991), que el Rap francés no se consolidó como una subcultura referencial, convirtiéndose en el segundo mayor mercado de Hip Hop del mundo, sólo superado por Estados Unidos. En paralelo al masivo éxito comercial de MC Solaar o el guadalupeño de ascendencia haitiana Kery James, se afianza a lo largo de los noventa una escena Hip Hop en Francia caracterizada por un estilo duro, heredero del Hardcore Rap norteamericano de la Era Dorada, y protagonizada por una generación de MC's de herencia antillana o afrodescendiente. El carácter combativo y politizado es un rasgo característico del Rap francés, y rápidamente grupos como los parisinos Suprême NTM o los marselleses IAM pasan a liderar el cada vez más gigantesco universo del Hip Hop galo, que poco a poco supera las barreras de las *banlieues* para establecerse como la principal expresión popular que recoge el descontento de la juventud francesa en el cambio de siglo.

Estructurado en torno a un eje Norte/Sur, con París y Marsella como las dos grandes capitales del Rap en Francia; atravesado por las problemáticas raciales, económicas y religiosas de las *banlieues*; y con un armazón estético e ideológico de tendencia gangsta en el caso del norte, y de orientación más politizada en el sur; el Hip Hop francés evoluciona en el nuevo milenio hacia un asentamiento comercial firme, siempre envuelto en un clima de continuas polémicas con las fuerzas del orden y problemas de censura institucional; y los parisinos Assassin o La Rumeur (a los que Nicolás Sarkozy denunció en 2002 por difamar a la policía); los marselleses Fonky Family o PSY 4 de la Rime; o las MC's Diam, Lady Laistee o Princess Aniès se convierten en buques insignias del Rap concienciado y agresivo que definirá al Hip Hop en Francia a lo largo de los dosmiles.

## LA BANLIEUE

Banlieues: marginalidad y resistencia.

El seis de abril de 1993, un joven zaireño de diecisiete años llamado Makome M'Bowole murió durante un interrogatorio en una comisaría de París. M'Bowole estaba esposado cuando le dispararon en la cabeza. La policía francesa alegó legítima defensa para justificar aquel disparo. Las imágenes de la paliza a Rodney King y los disturbios que arrasaron Los Ángeles dos años antes todavía resonaban en las retinas de medio mundo cuando el asesinato de Makome M'Bowole prendió una mecha que convirtió a los suburbios de los extrarradios de los grandes núcleos urbanos franceses (las llamadas *banlieues*) en un campo de batalla. A François Mitterrand le explotó en la cara una realidad que la moderna y europeísta Quinta República se había esforzado en ignorar durante muchos años; una realidad cruda e incómoda que el director Mathieu Kassovitz retrató en riguroso blanco y negro en su película *La Haine* (*El Odio*, 1995). Con aquella película y sus tres inolvidables protagonistas (un negro, un árabe y un judío; adolescentes sin perspectivas de futuro los tres), Kassovitz trazaba una radiografía horizontal de unos suburbios arrasados por el paro y el racismo en los que el eje clasista centro/periferia mantenía a un amplio sector de la población, de origen africano y caribeño en su gran mayoría, en un callejón sin salida. En una escena memorable de *La Haine*, un joven DJ de origen marroquí con camiseta de Cypress Hill abre las ventanas de su habitación y, mientras la cámara pasea por el urbanismo brutalista pero lleno de vida de una banlieue, suena un *sample* de Edith Piaf sobre una base de KRS-One al grito de «*Nique La Police*» («*que se joda la policía*»). El DJ se llamaba Cut Killer, y Mathieu Kassovitz, conscientemente o no, conjugó en esa escena la esencia del Hip Hop francés.

Keny Arkana:
la rabia del pueblo.

En un triste reflejo gatopardiano de resonancias cíclicas y dramáticas, la muerte en 2005 de dos jóvenes musulmanes mientras escapaban de la policía en una banlieue del este de París provocó una oleada de disturbios (y miles de coches quemados) que se extendió por toda Francia, protagonizada principalmente por jóvenes de origen magrebí a los que Nicolás Sarkozy calificó como «escoria». Habían pasado diez años justos del estreno en el festival de Cannes de *La Haine*, y en esta ocasión fue la marsellesa Keny Arkana (al frente del colectivo La Rage Du Peuple) quién convirtió al Rap, una vez más, en la voz oficial de las protestas con su imbatible single «La Rage», manteniendo el espíritu de una cultura, el Hip Hop, que es mucho más que un estilo musical con una estética determinada, y recogiendo el testigo de una tradición combativa y crítica que es la columna vertebral del Rap hecho en Francia en las últimas décadas.

## UK RAP

Si bien podemos rastrear los orígenes del Rap en el Reino Unido en la década de los ochenta, importado por el éxito masivo de los primeros discos de Public Enemy o Run-D.M.C., no es hasta la década de los noventa que la escena Hip Hop británica deja de reflejar el sonido y la estética del Old School norteamericano para constituirse como una rama independiente dentro del cada vez más amplio y diverso árbol genealógico del Rap, adoptando una serie de características propias y de rasgos diferenciales que acabarán alcanzando relevancia mundial. El caldo de cultivo cultural del que se nutre la escena Hip Hop en la era post Thatcher pasa de gravitar en torno al imaginario estético y sonoro estadounidense a centrar su atención en la rica herencia musical de las comunidades de inmigrantes ligadas al antiguo imperio colonial británico: de repente, una nueva generación de raperos, hijos y nietos de inmigrantes asiáticos y caribeños, vuelve sus ojos hacia la tradición musical de sus comunidades y las problemáticas raciales y materiales de sus barrios. Bandas como Fun-Da-Mental, con su mezcla de Hip Hop con música tradicional de la India y *samples* de películas de Boollywood; o artistas imprescindibles que aprovecharon su herencia jamaicana para insuflar al Hip Hop de cadencias Dub, Reggae y Dancehall como Roots Manuva o Ms. Dynamite (la primera artista negra en ganar un Mercury Music Prize), hacen del multiculturalismo un rasgo definitorio del llamado, ya por derecho propio, UK Rap.

Ms. Dynamite: abriendo caminos.

El eclecticismo y un enfoque no ortodoxo del Hip Hop, centrado en la experimentación instrumental, que bandas como The Herbaliser o Nightmares On Wax se encargarán de popularizar a principios de los noventa, serán marca de la casa de un movimiento surgido al albor de la explosión House y el fenómeno Madchester que acabaría por convertirse en uno de los sonidos más característicos e influyentes de la década: el Trip Hop. Bandas como Massive Attack, Tricky o Portishead convertirán en la segunda mitad de los noventa a Bristol en capital mundial de un cruce de Hip Hop bastardo y electrónica ambiental con cadencia downtempo y atmósferas cinemáticas plagadas de Jazz, que dinamitaba fronteras entre géneros y apelaba tanto a los seguidores del Hip Hop experimental y sofisticado de DJ Shadow como a un público generalista de sensibilidad indie.

La estrecha relación entre la comunidad Hip Hop y la escena electrónica marca de forma determinante el desarrollo del Rap británico a lo largo de los dosmiles. Rap, música de baile y cultura de club son conceptos que van de la mano en la historia del Hip Hop en el Reino Unido, hasta el punto de desdibujarse las lindes entre estilos. En el mundo después del Brit Pop, la explosión de tempos acelerados y ritmos fracturados del Drum And Bass derivará en una amalgama de estilos electrónicos fronterizos con el Hip Hop, que se convertirá en la banda sonora de una nueva generación, la de la era digital, atravesada por la precariedad y el estigma de la herencia *Chav*. En los tiempos de los teléfonos móviles y las Redes Sociales, y desde las atmósferas cargadas de humo de clubs nocturnos en el extraradio de las grandes ciudades; Rap, UK Garage, 2-Step o Grime se convierten en las nuevas vías de expresión creativa de la juventud urbana en los inciertos días de declive del Nuevo Laborismo; unos días en los que Lady Sovereign, el colectivo Roll Deep (con Wiley, Dizzee Rascal, *Flowdan*, Manga Saint Hilare o Skepta) y, sobretodo, Mike Skinner al frente de The Streets, emergerán como portavoces de la versión británica del Rap en el nuevo milenio.

## 15 artistas fundamentales del nuevo milenio

### The Roots
### *Tradición, prestigio y modernidad*

The Legendary Roots Crew, o The Roots, es una de las más prolíficas, eclécticas e influyentes formaciones en la historia de la música negra. El peso de la discografía de los de Filadelfia, y su papel decisivo en el desarrollo, evolución y sublimación artística del Hip Hop en el cambio de siglo, así como su constante labor de recuperación y reivindicación del grueso de la tradición cultural afroamericana convierte a The Roots en una auténtica institución cuya influencia se extiende más allá de las lindes del Rap, para colocarles en la estela de bandas fundamentales de la música negra como los Wailers de Bob Marley, Fela Kuti y Africa 70, o George Clinton y sus Parliament/Funkadelic.

Formados en Filadelfia en 1987 por Tariq «Black Thought» Trotter y Ahmir «Questlove» Thompson (los dos únicos miembros fijos en una formación variable que con los años ha acogido a decenas de músicos y colaboradores), The Roots se caracterizaron desde sus inicios por una concepción orgánica y ecléctica del Hip Hop, heredera de la corriente Jazz Rap y reforzada por el uso de instrumentación real. Sus primeros trabajos *Organix* (Remedy, 1993), *Do You Want More?* (DGC, 1995) y *Illadelph Halflife* (Geffen, 1996), eran compendios perfectos de Rap sobrio e intelectualizado de sonido Costa Este con influencias Jazz, R&B, Soul y Funk con los que The Roots se colocaron al frente del Rap alternativo y estrecharon lazos con el movimiento Neo Soul, ganando un prestigio y una consideración de súper banda que se veían reforzados por la indiscutible calidad de sus directos y por su pertenencia al colectivo Soulquarians junto a Erykah Badu, J Dilla, Q-Tip, Common, Roy Hargrove, Mos Def o Talib Kweli.

La publicación de *Things Fall Apart* (MCA, 1999) supuso la consagración definitiva de The Roots y su descubrimiento al gran público. *Things Fall Apart* les hizo ganar su primer Grammy por el single «You Got Me», a dueto con Erykah Badu, y The Roots se convirtieron en portavoces, junto a Fugees, de una nueva generación de raperos que ofrecían una alternativa profunda, intelectual y concienciada al Rap comercial masivo de la era Jiggy. Con *Phrenology* (MCA, 2002), The Roots abrieron aún más el abanico de influencias en su música, sumando electrónica, Rock,

Pop o Dub a su ya de por sí diversa interpretación del Hip Hop, en un proceso de evolución y enriquecimiento continuo que generaría a partir de ese momento una sucesión de discos imprescindibles que se sitúan entre lo mejor que el mundo del Rap ha ofrecido en el nuevo milenio. *The Tipping Point* (Geffen, 2004), *Game Theory* (Def Jam, 2006), *Rising Down* (Def Jam, 2008) y *How I Got Over* (Def Jam, 2010) muestran a una banda capaz de moverse por cualquier terreno y alcanzar la excelencia, manteniendo los pies asentados en la tradición del Hip Hop y consiguiendo resultar siempre relevantes.

Convertidos en celebridades como banda habitual de los programas de Jimmy Fallon, y agrandando su influencia como colaboradores habituales de un sinfín de artistas durante la segunda mitad de los dos mil (destacando sus colaboraciones con Betty Wright o los discos *Wake Up!* (G.O.O.D., 2010) con John Legend, y *Wise Up Ghosts And Other Songs* (Blue Note, 2013) con Elvis Costello), el ritmo de publicación de material propio se ralentizará durante esos años. Pese a que la actividad en directo de la banda nunca se ha detenido, la segunda década de los dos mil se caracterizará por el cada vez mayor peso de Questlove como productor musical y cinematográfico (su trabajo se puede rastrear en discos de Solange, D'Angelo o Erykah Badu; el premiado musical *Fela!* o múltiples bandas sonoras; además de numerosos libros publicados), siendo los experimentales y excelentes *Undun* (Def Jam, 2011) y *...And Then You Shoot Your Cousin* (Def Jam, 2014) los dos últimos lanzamientos oficiales de The Roots en los últimos años.

## Lauryn Hill
### *La voz de una generación*

Lauryn Hill tenía dieciocho años cuando protagonizó junto a Whoopi Goldberg la segunda parte de la exitosa *Sister Act*, y diecinueve cuando se publicó *Blunted On Reality* (Ruffhouse, 1994), el primer disco de una desconocida banda de Hip Hop que respondía al nombre de Fugees. Siguiendo la estela de Digable Planets o A Tribe Called Quest, Hill había montado Fugees en su Nueva Jersey natal con su compañero de instituto Prakazrel Michel y el primo de éste, Wyclef Jean. Su debut discográfico, pese a cosechar una discreta repercusión mediática y comercial, era un más que notable trabajo de Rap elegante y sofisticado, plagado de influencias Pop, Reggae y Soul, en el que la joven MC brillaba por derecho propio como una de las más prometedoras jóvenes promesas del Hip Hop alternativo. Con su siguiente trabajo, titulado *The Score* (Ruffhouse, 1996), Fugees se convirtieron de la noche a la mañana en una de las bandas más grandes del planeta, y tras vender millones de discos y convertirse en una de las mejores y más populares bandas en la historia del Hip Hop, se separaron para emprender carreras en solitario y pasar a la historia de la música como uno de los fenómenos más influyentes y apreciados de la cultura afroamericana del siglo XX.

El talento compositivo y técnico de Lauryn Hill como artista única e irrepetible al margen de Fugees ya había quedado confirmado por su trabajo en el multiventas *Supernatural* de Santana (que convirtió a Hill en la única mujer galardonada con los Grammy a mejor disco del año y mejor producción) o en sus colaboraciones con Nas («If I Ruled The World») y la mismísima Aretha Franklin («A Rose Is Still A Rose»), cuando la noticia de la inminente publicación de su primer disco en solitario sacudió al planeta. El resultado ha pasado a la historia como una obra de arte imbatible y atemporal que condensaba el pasado, presente y futuro de la música negra en poco más de una hora; *The Miseducation Of Lauryn Hill* (Ruffhouse, 1998) era una obra que ofrecía unos niveles de lectura y de genio creativo que coronaron a Lauryn Hill como una de las voces más importantes e influyentes de su generación. A lo largo de su disco debut, Lauryn Hill desgranaba reflexiones sobre el desamor, el éxito, el fracaso, la fama, la fe, la maternidad, la comunidad negra y el feminismo, y el resultado sigue siendo hoy en día una obra superior de la música norteamericana del siglo XX, cargada de orgullo, talento e inteligencia a partes iguales. Con su estreno en solitario Lauryn Hill rompió varios Récord Guinness, brillando sobremanera en la edición de los Grammy de 1999, al convertirse en la mujer con mayor número de nominaciones en una sola edición (diez) y mayor número de galardones (cinco, incluido Álbum del Año).

*Rolling Stone* le otorgó al debut de Lauryn Hill el décimo puesto en su lista de los mejores discos de la historia, y la revista *Ebony* incluyó en 1999 a Hill en su lista de los afroamericanos más influyentes del año, siendo la mujer más joven en formar parte de esa lista. El proceso de canonización popular que supuso el impacto de *The Miseducation Of Lauryn Hill*, que convirtió a una joven de veintitrés años en un icono cultural y estrella del Pop global; el acoso continuo de prensa y televisión por su no deseado estatus de celebridad; así como las presiones por parte de su discográfica (llegando a coacciones para interrumpir un embarazo de cara a no frenar su meteórica carrera); llevaron a Lauryn Hill a dar un bofetón a la industria y los medios de comunicación anunciando su retirada de la vida pública para volcarse en la espiritualidad y la vida familiar, entregando en 2001 *MTV Unplugged No. 2.0.* (Columbia, 2002), el que de momento se puede considerar su último trabajo oficial: un concierto acústico grabado para MTV consistente en material nuevo en el que Lauryn Hill, embarazada de su tercer hijo y acompañada únicamente por una guitarra, se alejaba del Rap para ofrecer una actuación cruda y emocionalmente devastadora que cosechó críticas encontradas en los medios, pese a ser considerada una obra de culto por gran parte de su público.

A partir de ese momento, la carrera de Lauryn Hill se interrumpe para ofrecer puntuales muestras de brillantez vía colaboraciones estelares con Kanye West («All Falls Down»), John Legend («So High») o Method Man («Say»), o mediante su participación en *Nina Revisited: A Tribute To Nina Simone* (Columbia, 2015); así como para iniciar una espiral de problemas legales y fiscales, comportamientos erráticos, conciertos fallidos y giras canceladas, siempre sobrevoladas por el rumor del esperado regreso discográfico de la mujer más premiada de la historia del Rap, y una de sus figuras más imprescindibles.

## Outkast
### *Del Sucio Sur a la eternidad*

André Benjamin (Dré) y Antwan Patton (Big Boi) forman uno de los dúos más inclasificables, influyentes y exitosos de la historia del Hip Hop. Amigos desde la adolescencia, Dré y Big Boi formaron Outkast con tan sólo dieciséis años, y las batallas de Rap en la cafetería del instituto como única experiencia previa. Animados por el equipo de productores Organized Noize (miembros del colectivo Dungeon Family; junto a Big Boi, Dré, Killer Mike, Cee Lo Green, Future o Goodie Mob, entre otros), Outkast publicaron su primer single «Player's Ball» en 1993. «Player's Ball» se colocó automáticamente en el número uno de la categoría de Rap de Billboard, alcanzando el disco de oro tan sólo seis semanas después de su publicación. La atención de crítica y público y el éxito comercial de «Player's Ball» les llevó a publicar inmediatamente su disco debut, *Southerplayalisticadillacmuzik* (LaFace, 1994). Convertido automáticamente en disco platino, *Southerplayalisticadillacmuzik* sigue siendo considerado hoy en día una obra seminal que sentó las bases del Rap sureño, y que situaba a Outkast al frente del incipiente Dirty South. El debut de Outkast era un disco áspero y divertido, repleto de Soul sureño y Funk, con el que llevaban el Dirty South en direcciones mucho más audaces, innovadoras y profundas que el resto de compañeros generacionales: Outkast recurrían menos a la agresividad y al machismo habitual en el Dirty South, impregnaban su música de mensajes positivos, sus letras eran tan intrincadas como brillantes y reflexivas, y la producción y arreglos de Organized Noize elevaban la destreza verbal de Big Boi y Dré a un nivel inédito hasta ese momento en el Rap del Sur. Outkast volvieron en 1996 con *ATLiens* (LaFace, 1996), un disco insuflado de Dub y Reggae que venía precedido por el arrollador éxito del single «Elevators (Me & You)». *ATLiens* bajaba revoluciones respecto a su predecesor, ampliaba la paleta de colores, texturas y sonidos de la producción de Organized Noize, y creaba un imaginario teatral e histriónico en el que Dré y Big Boi emergían como dos de los más inventivos MC's de los noventa. El disco alcanzó el doble platino, y con él Outkast se ganarían el reconocimiento general del mundo del Hip Hop.

Cada vez más involucrados en las labores de producción de su música, Outkast contarán con las colaboraciones de Slick Rick, Goodie Mob, Raekwon y el mismísimo George Clinton para dar forma a *Aquemini* (LaFace, 1998), un disco sin hits comerciales (que también fue doble platino) en el que el dúo de Atlanta exploraba terrenos Trip Hop y electrónicos, y que estaba dotado de un aura de seriedad, profundidad de contenido y madurez musical que engrandaba aún más el nivel de popularidad y prestigio de Dré y Big Boi como figuras principales del Rap en el final de siglo; pero el terreno del Rap pronto se les quedaría pequeño.

Firmemente asentados como auténticos iconos del Hip Hop tras tres discos incontestables, Outkast decidieron inaugurar la década de los dos mil con una obra maestra que superó con creces las fronteras del Rap para convertirles en estrellas del *mainstream* más gigantesco. El disco se tituló *Stankonia* (LaFace, 2000), y tras lograr su primer número uno en las listas de Pop con «Ms. Jackson», ganar dos premios Grammy, y alcanzar el cuádruple platino de ventas, Outkast se convirtieron en una de las bandas más grandes de Estados Unidos. *Stankonia* era un caleidoscopio de fiesta, luminosidad, baile, sexualidad, psicodelia y puro Dirty South envuelto en un sonido *mainstream* que acabaría por convertirse en uno de los mejores discos de Rap de los dosmiles. Tras un recopilatorio de grandes éxitos que incluía la canción inédita «The Whole World» con la colaboración de Killer Mike (canción que les supuso otro Grammy), Outkast dedicaron dos años a trabajar en su siguiente puñetazo sobre la mesa: *Speakerboxxx/The Love Below* (LaFace, 2003), un ambicioso y complejo disco doble en el que cada miembro firmaba y producía una parte (Speakerboxxx, la parte más Dirty South, correspondía a Big Boi; y con *The Love Below* Dré, ahora llamado André 3000, se destapaba como un brillante compositor de Funk, Pop y Soul). Con el single «Hey Ya» Outkast pusieron a bailar al planeta entero, y tras arrasar una vez más en la ceremonia de los Grammy y publicar en 2006 la banda sonora del musical *Idlewild*, entraron en un silencio discográfico que dura hasta el momento. Exceptuando puntuales colaboraciones y reuniones en directo, tanto Big Boi como André 3000 dedicarán la segunda mitad de los dos mil a sus respectivas carreras individuales (Big Boi publicando tres discos hasta la fecha, y André 3000 produciendo y colaborando con John Legend, Gorillaz, Beyoncé, LCD Soundsystem, Lil Wayne o Drake, entre muchos otros).

## Jay-Z
### *Relatos de calle y triunfo*

Shawn Corey Carter, que pasará a la historia como Jay-Z, es uno de los pilares sobre los que se edifica el Hip Hop en el nuevo milenio: junto a Eminem y Kanye West, representa la renovación y sublimación artística (así como el éxito comercial más global y absoluto) de un género que durante los dos mil dinamitará récords de popularidad y relevancia cultural y sociológica. Capaz de dirigir el rumbo estético, estilístico y hasta filosófico de una parte importante de la cultura Hip Hop a partir de los dos mil, el viaje de Jay-Z desde camello de crack en su Brooklyn natal a icono cuya huella se puede rastrear a lo largo y ancho de la cultura afroamericana en el cambio de siglo es un trayecto fascinante manejado a base de talento, ambición, inteligencia, sentido de la oportunidad y un olfato comercial único. Jay-Z fue el primer rapero en ingresar en el Songwriters Hall Of Fame; es dueño de veintitrés premios Grammy (más de ochenta nominaciones); ha protagonizado portadas de *Time Magazine* como una de las 100 personas más influyentes del mundo; al margen de la lista kilométrica de singles de éxito mundial que atesora, es responsable parcial de hits como «Umbrella» de Rihanna, o «Crazy In Love» de su esposa Beyoncé; fue incluido en la lista de «*25 Coolest Brothers Of All Time*» de Ebony Magazine junto a Prince, Barack Obama, Marvin Gaye o Muhammad Ali; y aparte de ser uno de los MC's más importantes de la historia del Rap, posee un imperio empresarial que incluye sellos discográficos, líneas de ropa, marcas de refrescos, marihuana y alcohol, especulación inmobiliaria, equipos deportivos, producciones cinematográficas, productos de belleza, locales nocturnos o videojuegos, entre otras cosas.

Desde su debut con *Reasonable Doubt* (Roc-A-Fella, 1996), cada paso de Jay-Z recoge un reconocimiento absoluto de crítica y público en una carrera que siempre aunará el prestigio artístico con el éxito comercial. *In My Lifetime, Vol.1 (1997), Vol.2...Hard Knock Life* (1998), *Vol.3...Life And Times Of S. Carter* (1999) y *The Dinasty: Roc La Familia* (2000), todos editados por Roc-A-Fella (el sello fundado por el propio Jay-Z que acabaría por convertirse en un imperio) supone una sucesión de obras magnas que marcaron profundamente el Hip Hop en el final de la década y convirtieron a Jay-Z en uno de los principales valores del Rap de cara al nuevo milenio. Sus relatos en primera persona, tan callejeros y crudos como literariamente elevados, destilaban inteligencia, frescura e ingenio a partes iguales, y le otorgaron un prestigio como narrador privilegiado y artista profundo y relevante a la altura de gigantes como Rakim, Biggie Smalls, 2Pac o Nas (con quién mantendría durante años un ruidoso beef por la corona del Rap en Nueva York). Técnicamente, el abanico de habilidades de Jay-Z como MC superdotado en cada uno de esos discos es prácticamente inacabable (sumado al hecho de que Jay-Z, maestro de la improvisación, no escribe previamente sus letras antes de grabar), y con el arranque del siglo XXI su popularidad y nivel de influencia alcanzarán dimensiones mitológicas gracias a singles inolvidables como «Hard Knock Life (Ghetto Anthem)». Antes de anunciar una retirada temporal en 2003, Jay-Z aumentará aún si cabe su leyenda entregando los imprescindibles *The Blueprint* (Roc-A-Fella, 2001), T*he Blueprint2: The Gift And The Curse* (Roc-A-Fella, 2002) y *The Black Album* (Roc-A-Fella, 2003); con su imbatible colección de hits, entre los que se incluyen «Izzo (H.O. V.A.)», «03 Bonnie & Clyde» o «99 Problems».

Tras un par de discos colaborativos con R. Kelly, y convertido en el presidente de Def Jam Records, el silencio discográfico de Jay-Z se romperá con *Kingdom Come* (Roc-A-Fella, 2006), *American Gangster* (Roc-A-Fella, 2007) y *The Blueprint 3* (Roc Nation, 2009), otras tres obras rotundas con las que Jay-Z cerrará la década convertido en sinónimo de excelencia musical, fama y riqueza absoluta.

Lejos de mostrar signos de agotamiento después de tres lustros como una de las figuras más reverenciadas e influyentes del Hip Hop, los lanzamientos del disco a medias con su eterno cómplice Kanye West *Watch The Throne* (Roc-A-Fella, 2011); y los también excelentes *Magna Carta Holy Grail* (Roc Nation, 2013) y *4:44* (Roc Nation, 2017) confirmaban que el talento y la energía de Jay-Z, así como su capacidad para seguir marcando tendencias dentro del Hip Hop, se mantenían intactos en la segunda década del siglo XXI. Por si alguien lo dudaba, el marido de Beyoncé unió una vez más fuerzas con su esposa para entregar *Everything Is Love* (Roc Nation, 2018) bajo el nombre de The Carters; la última sorpresa de momento en una discografía que se escribe con letras de oro en la historia de la música.

## The Streets
### *Sabiduría Chav en la era digital*

Mike Skinner es MC, compositor, productor y mil cosas más, pero ante todo es uno de los mejores cronistas de la realidad de los barrios de clase obrera en el Reino Unido del siglo XXI. Su capacidad de análisis y la sensibilidad con la que disecciona la intrahistoria de las clases populares durante el auge y caída del Nuevo Laborismo le convierten en un narrador privilegiado que, dotado de un talento especial para manejar con igual habilidad el lenguaje elevado con el léxico popular callejero más arraigado en la cultura *chav*, supo captar el *zeitgeist* de la primera década del milenio bajo el desconcertante y extrañamente coherente nombre de The Streets. Figura imprescindible del Rap británico en los dos mil y abanderado principal del UK Garage, Skinner conquistó las listas de ventas con una propuesta costumbrista de marcado acento *cockney* y actitud de inadaptado que rompía frontalmente con las tendencias estéticas, musicales e ideológicas que dominaban el Hip Hop comercial del momento. No hay posicionamientos políticos explícitos en el discurso de The Streets; como no hay testosterona gangsta, ostentación materialista ni apología del lujo. En el universo lírico de Mike Skinner no hay misoginia ni tiroteos ni coches caros aparcados en mansiones: hay historias de paro, desahucios, pintas de cerveza en el pub viendo fútbol, amor, desengaños, esperanzas, amistad, suburbios, ocio escapista, precariedad, fiesta, estética urbana y orgullo de clase; hay un tipo real, humilde, con pinta de hooligan, que dice cosas como «*I came to this world with nothing, and i'll leave with nothing but love: everything else is just borrowed*» («*Vine a este mundo sin nada, y me iré sin nada más que amor: todo lo demás es prestado*»).

Natural de un suburbio de Birmingham y afectado de epilepsia desde los siete años, Mike Skinner pasó su adolescencia concentrado en fabricar *beats* de UK Garage y fraseos de Rap en el estudio de grabación casero de su habitación. Tras pasar una temporada en Australia y ya instalado en un barrio del sur de Londres, en 2002 Skinner construyó desde su ordenador portátil una obra que recogía todas las tendencias de la música electrónica que eclosionaban en ese momento a lo largo del Reino Unido, y las condensaba en una colección perfecta de canciones que llevaba por título *Original Pirate Material* (Atlantic, 2002). El debut de The Streets supuso un éxito arrollador de crítica y público, y su afilado retrato del día a día de la juventud británica a ritmo de Rap, 2-Step, UK Garage y

Dance le supuso varias nominaciones a los Mercury Prize y a los Brit Awards. El éxito rotundo de *Original Pirate Material* se vería confirmado dos años después con la publicación de *A Grand Don't Come For Free* (Vice, 2004), un excelente disco conceptual que cosechó ventas estratosféricas y convirtió a The Streets en uno de los grandes nombres de la música británica en el siglo XXI.

La soledad, el aislamiento, el materialismo, la depresión, el cinismo y la cara más sucia de la fama son temas que atraviesan de principio a fin *The Hardest Way To Make An Easy Living* (Vice, 2006), el oscuro e irregular tercer disco de The Streets; un trabajo denso que, pese a recibir una más que destacable respuesta comercial, mostraba a un Mike Skinner muy alejado de la frescura y brillantez de sus dos primeros trabajos. Tras un periodo de oscuridad y desestabilidad en el plano personal, en 2008 Skinner decidió dar un golpe de timón a la carrera de The Streets entregando el luminoso y bienintencionado *Everything Is Borrowed* (Rocket Science, 2008), un disco relajado e intimista, plagado de Pop y de reflexiones sobre el amor y la madurez, con el que Skinner se alejaba de la herencia UK Garage y bajaba revoluciones, más interesado en la vida hogareña que en las pistas de baile.

*Computers And Blues* (Pure Groove, 2011), supondría la despedida oficial de The Streets y la retirada de la vida pública de Mike Skinner. Tras ser padre y después de ser diagnosticado con Síndrome de Fatiga Crónica, Skinner se mantendrá alejado de los focos durante la segunda mitad de los dosmiles, publicando material de forma puntual bajo el alias The Darker The Shadow, The Brighter The Light, hasta que en 2020 la esperada noticia del regreso de The Streets se vería confirmada con la publicación del excelente *None Of Us Are Getting Out Of This Life Alive* (Island, 2020).

## Eminem
### *El eterno enfant terrible*

Un análisis al uso de la personalidad de Eminem y de su importancia en el Hip Hop resulta a la fuerza sesgado e incompleto. Eminem es una figura prácticamente inabarcable desde diferentes perspectivas: su impacto comercial se mide en cifras millonarias, siendo como es el rapero blanco que más discos ha vendido en la historia (con diferencia), y uno de los artistas más vendidos de la historia de la música en general; su influencia cultural le convierte en un icono Pop cuya sombra se extiende más allá de los ámbitos musicales para formar parte del imaginario del cine, la publicidad, la moda o la televisión; y a la vez, y por encima de otras consideraciones, su talento único e irrepetible le otorgan un más que merecido puesto entre los mejores, más influyentes y más creativos MC's que jamás haya producido el Hip Hop. Y todo esto, sabiendo colocarse siempre en el centro de las mayores y más controvertidas polémicas, y saliendo siempre vencedor.

La historia de Marshall Bruce Mathers III, o Eminem, desde las calles de un suburbio de Detroit a los puestos más altos de la industria mundial a lo largo y ancho de los dos mil, encarna a la perfección el relato aspiracional de superación y lucha que atraviesa el mundo del Hip Hop desde sus primeros días: Eminem es la quinta esencia del rapero callejero que, a base de talento y puñetazos (cuando no disparos) pasa de delincuente juvenil a figura respetada y reverenciada en el Hip Hop, y de ahí a tiburón empresarial y celebridad global. Tras convertirse en el rey indiscutible de las batallas de *freestyle* callejero de Detroit, debutar de forma desapercibida en 1996 con *Infinite* (Let Them Eat Vinyl, 1993), y crear un *alter ego* teatral, violento y sádico llamado Slim Shady en 1997 con *Slim Shady EP*, la vida de Eminem dará un vuelco al captar la atención de Dr. Dre. La suma de talentos entre Dr. Dre y Eminem dará como resultado inmediato un ascenso meteórico e imparable de Eminem a la cima de la industria musical y el *star system* más *mainstream*; así como un respeto absoluto de la comunidad Hip Hop como uno de los talentos más salvajes del Rap en los últimos tiempos. *The Slim Shady LP* (Interscope, 1999), *The*

*Marshall Matters LP* (Interscope, 2000) y *The Eminem Show* (Interscope, 2002) supone una de las sucesiones de discos más exitosas de la historia de la música, formada por tres obras incontestables plagadas de violencia, locura, humor, oscuridad, diversión, insultos y relatos desquiciados descargados de forma inmisericorde por un Eminem en estado de gracia creativa y técnica. El *flow* acelerado, agresivo, histriónico y sincopado de Eminem, sumado a un talento único en el manejo del lenguaje que convertía cada rima en un puñetazo, le colocó inmediatamente al frente del Rap en el nuevo milenio y le coronó de forma indiscutible como uno de los MC's más innovadores, personales e influyentes de la historia del Hip Hop; una consideración agrandada por la creación de su propio sello Shady Records (que resultaría crucial en la carrera de 50 Cent); y por el estreno en 2002 de *8 Mile*, una película biográfica en la que Eminem se interpretaba a sí mismo, que resultó un éxito gigantesco de público y crítica, y cuya banda sonora le otorgó el Oscar a mejor canción (el primer artista de Rap en lograrlo), así como dos Grammy y tres nominaciones a los Globos de Oro.

Tras el éxito monumental de *8 Mile*, Eminem entra en una espiral de problemas con las drogas (que culminarían en 2007 con una sobredosis); detenciones continuas por agresiones y posesión de armas; enfrentamientos públicos y *beefs* sangrantes con medio mundo; y, también, discos brillantes que le mantienen en el podio del Rap en el nuevo milenio. *Encore* (Aftermath, 2004), *Relapse* (Aftermath, 2009), *Recovery* (Aftermath, 2010), *The Marshall Matters LP2* (Aftermath, 2013), *Revival* (Aftermath, 2017), *Kamikaze* (Interscope, 2018) y *Music To Be Murdered By* (Shady, 2020) son discos que alcanzan ventas millonarias en los que Eminem juega al sonido Costa Este herencia de Biggie Smalls, se aproxima al Rap gangsta angelino de 2Pac y al G-Funk de Dr. Dre, explora los extremos más oscuros y ásperos del Horrorcore, produce hits festivos y bailables de electrónica *mainstream*, rinde homenaje al Old School, se atreve con el Pop más comercial, y triunfa en todas y cada una de sus múltiples facetas: se ponga el disfraz que se ponga, Eminem siempre suena a sí mismo en todos estos discos, y la dimensión del personaje (considerado «*El artista más importante de la década*» por Billboard) acabará por convertirse en mito, siendo el artista con el récord de discos vendidos en Estados Unidos en los dos mil; poseedor de un Oscar, quince Grammy, diecisiete Billboard Awards y diez discos consecutivos debutando como número uno (varios de ellos alcanzando la categoría de diamante).

## El-P
### *Pesadillas tecnológicas desde el subsuelo*

Nativo de Brooklyn; de descendencia irlandesa, lituana y cajún; hijo de un pianista de Jazz; y artista dotado de un talento sobrenatural y una creatividad desbordante: Jaime Meline, más conocido como EL-P, lleva desde principios de los noventa construyendo un universo propio que le ha convertido en una de las figuras fundamentales para entender el desarrollo del Rap *underground* en Estados Unidos. Hablar de El-P es enfrentarse a un montón de enigmas y a una carrera brillante e influyente que siempre ha transitado los terrenos más esquivos y alejados de los focos de atención del *mainstream;* la particular visión del Hip Hop que El-P lleva explorando desde sus inicios en el mundo de la música ha acabado por convertirse con el paso de los años en un sello distintivo y personal con un marchamo de calidad y autenticidad que hacen de cada uno de sus movimientos una nueva confirmación del estatus de artista único e insobornable del que disfruta en la actualidad.

Desde su infancia, Meline desarrolló un interés casi obsesivo por la música, heredado de sus padres y potenciado por su conexión inmediata con la escena Hip Hop de Brooklyn. Tras estudiar sonido después de ser expulsado de numerosos institutos por su dificultad para aceptar figuras de autoridad (dos rasgos de carácter; el afán investigador y la rebeldía más individualista; que resultarían proféticos vista su carrera posterior), El-P dio su primera muestra de brillantez y talento precoz al fundar Company Flow con tan sólo diecisiete años. El Rap crudo y abrasivo de Company Flow supuso un soplo de aire fresco en la escena más subterránea de Nueva York en la segunda mitad de los noventa, y su primer trabajo *Funcrusher Plus* (Rawkus, 1997), ha terminado siendo una obra de culto. Después del disco instrumental *Little Johnny From The Hospitul: Breaks & Instrumentals Vol.1* (Rawkus, 1999), Company Flow abandonan Rawkus Records y, en 1999, El-P toma una decisión que cambiará el rumbo del Hip Hop alternativo en Estados Unidos en el nuevo milenio: fundar Definitive Jux Records. En los primeros años de los dos mil, Definitive Jux se convertirá en el hogar de un plantel de artistas que, cada uno desde un vértice diferente, crearán una escuela propia de Rap: Cannibal Ox, Aesop Rock, Mr. Lif o el propio El-P serán los encargados de redefinir los parámetros estéticos y filosóficos del Hip Hop más inconformista y callejero para dar forma a una nueva manera de entender el Rap en el nuevo milenio. Definitive Jux es sinónimo de Rap

tan futurista como respetuoso con la tradición del Hip Hop, y una parte importante de esa identificación tiene que ver con la mente inquieta de El-P.

Tras la separación de Company Flow en 2001, El-P debutará en solitario al año siguiente con *Fantastic Damage* (Definitive Jux, 2002); un impresionante trabajo que le confirmó no sólo como uno de los productores más arriesgados y personales de la década recién estrenada, sino como un imbatible MC armado con un control técnico y un imaginario lírico únicos. Cada nuevo lanzamiento de El-P (a su debut le siguieron los igualmente imprescindibles *I'll Sleep When You're Dead* (Definitive Jux, 2007) y *Cancer4Cure* (Definitive Jux, 2012), supone una nueva vuelta de tuerca al universo sonoro y estético de un artista hiperactivo e inquieto, obsesionado por explorar los márgenes menos obvios y a menudo incómodos del Rap a base de oscuridad instrumental, agresividad, frialdad tecnológica y paranoia cargada de crítica social con lenguaje alucinatorio y hasta apocalíptico, que bebe directamente de la literatura distópica y la ciencia-ficción. El mundo que retrata El-P con su arte no es un mundo bonito y, sin embargo, detrás de capas y capas de densidad y ansiedad, siempre queda una rendija en su música por la que se acaba colando algo de luz, o por lo menos algo de diversión filtrada a través de un sentido del humor críptico y misterioso. A medida que avanza la década, la reputación y el prestigio ganado desde el *underground* con cada uno de sus discos y su pasado en Company Flow convierten a El-P en un nombre habitual detrás de producciones y remezclas de gente tan dispar como Jedi Mind Tricks, Beck, Dizzee Rascal, The Mars Volta, TV On The Radio o Nine Inch Nails.

Lejos de mostrar signos de agotamiento tras casi dos décadas de actividad frenética, en 2013 El-P da un nuevo golpe sobre la mesa para desbaratar el tablero de juego del Hip Hop uniendo fuerzas con Killer Mike para dar forma a Run The Jewels, una de las formaciones más incendiarias y populares del Rap actual, que de momento nos ha regalado cuatro discos incontestables sin los que no se puede entender el Rap en el siglo XXI.

### Kanye West

***«I love you like Kanye loves Kanye»***

*«Te quiero como Kanye quiere a Kanye»*

Uno de los raperos y productores más aclamados y controvertidos del siglo XXI, así como uno de los más complejos, desconcertantes y brillantes artistas que ha producido Estados Unidos en las últimas décadas. Kanye West ha hecho saltar por los aires el universo del Hip Hop en varias ocasiones a lo largo de una carrera tan personal, influyente y exitosa como errática y polémica. Dejando de lado la dimensión casi esperpéntica de su personaje público, Kanye West recoge todos los elementos estéticos y artísticos de la tradición del Rap y les da un nuevo significado en el cambio de siglo para orientar el rumbo del Hip Hop en la era de la tecnología y el capitalismo posmoderno. Resulta difícil definir a un personaje tan multidimensional, contradictorio e imprevisible como Kanye West: es un MC superdotado, dueño de un *flow* prodigioso que ha marcado a generaciones enteras de imitadores; un productor visionario que con cada nuevo paso en su carrera ha hecho evolucionar el Rap y la música popular en general en mil direcciones diferentes; y es, también, un personaje histriónico y excesivo capaz de provocar las emociones más extremas y enfrentadas.

Nativo de Atlanta, aunque criado en un barrio de clase media de Chicago, Kanye Omari West destacó desde joven como una fuerza de la naturaleza dotado de una magia especial y un olfato único a la hora de construir hits imbatibles. El precoz talento creativo y la maestría técnica de West se puede encontrar desde principios de los noventa detrás de la producción de algunos de los mejores trabajos de Talib Kweli, Common, Nas o Jay-Z; así como de John Legend, Ludacris o Drake; pasando por Lil Kim, Alicia Keys, Foxy Brown, Rihanna o Beyoncé. Gozando de un prestigio enorme como uno de los productores más prometedores del momento, el lanzamiento de su carrera en solitario con *The College Dropout* (Roc-A-Fella, 2004) supuso un terremoto para el universo del Hip Hop. *The College Dropout* debutó directamente en el segundo puesto de Billboard, ganando un Grammy al mejor disco de Rap del año y colocando a Kanye West en el punto de mira del público masivo gracias a singles como «Jesus Walks» o «All Falls Down». A partir de ese momento, Kanye West pasa a representar el presente y futuro del Hip Hop: a lo largo de los dos mil no sólo sigue marcando las directrices principales del Rap comercial como uno de los productores estrella de la década, sino que entrega una serie de discos de Rap moderno y tecnológico impregnado de Soul, arreglos orquestales, Pop barroco, electrónica de club y Gospel, que le confirmaban como uno de los creadores más innovadores y populares del Hip Hop de nuevo cuño. *Late Registration* (Def Jam, 2005), *Graduation* (Roc-A-Fella, 2007) y *808s & Heartbreak* (Roc-A-Fella, 2008) son discos con ventas millonarias y múltiples reconocimientos, y el batallón de singles asociado («Touch The Sky», «Gold Digger», «Diamonds From Sierra Leone» o «Stronger») contiene algunas de las canciones de Rap más populares de la historia.

Coronado como uno de los reyes del Hip Hop en el nuevo milenio, instalado en el circuito de la fama y la farándula como una celebridad global, y convertido en un titán de los negocios, Kanye West inaugurará la segunda década de los dos mil rompiendo la baraja del Rap y entregando una obra monumental, futurista, excesiva y brillante a partes iguales: *My Beautiful Dark Twisted Fantasy* (Roc-A-Fella, 2010). El quinto disco de West, considerado uno de los mejores discos de la década por *Rolling Stone*, NME, Billboard, Spin o Pitchfork, alcanzó el triple platino y ganó tres Grammys. Tras *Watch The Throne* (Roc-A-Fella, 2011), un trabajo firmado a medias con Jay-Z, Kanye West dará otro salto mortal con el minimalista y deconstruido *Yeezus* (Def Jam, 2013): una obra cruda y experimental con la que West se situaba definitivamente en una liga en la que sólo jugaba él.

A partir de ahí, Kanye West entregará una serie de trabajos inclasificables donde las muestras de genialidad van de la mano del absurdo y los desvaríos más excéntricos de una personalidad errática. *The Life Of Pablo* (G.O.O.D, 2016), la colaboración con Kid Cudi *Kids See Ghosts* (Def Jam, 2018), *Ye* (G.O.O.D, 2018) y *Jesus Is King* (Def Jam, 2019) son discos densos, dotados del mismo nivel de profundidad y trascendencia que de cinismo y vacuidad, en los que Kanye West muestra los extremos de un personaje capaz de ganar veintidós Grammy, vender millones de discos, ser considerado en dos ocasiones por la revista *Time* como una de las personas más influyentes del planeta, presentarse a las elecciones presidenciales de Estados Unidos, y acabar siendo uno de los nombres imprescindibles para entender el rumbo de la música en el siglo XXI.

## Missy Elliott
### *Vientos de cambio*

Uno de los nombres mayúsculos del Hip Hop en el nuevo siglo. Digna sucesora al título de reina del Rap que durante la Era Dorada perteneció a Queen Latifah, Missy Elliott no sólo es una de las figuras principales del Rap comercial en los dos mil (la primera rapera en ingresar en el prestigioso Songwriters Hall Of Fame), sino que su trabajo como productora y compositora hacen de ella un personaje de un impacto cultural crucial. La influencia de Missy Elliott traspasa el terreno de lo musical, y su polifacética personalidad, sumada a su descomunal talento, la colocan junto a Lauryn Hill en un sitio de honor dentro de la tradición de la cultura afroamericana en el nuevo milenio.

Los primeros pasos de Melissa Arnette Elliott en el mundo de la música, en su Virginia natal, fueron como integrante del grupo R&B Fyze, que más tarde pasaría a llamarse Sista tras trasladarse a Nueva York. Su amistad desde la infancia con el productor Timbaland le llevó a integrarse en el colectivo Swing Mob a principios de los noventa; esa estrecha relación personal y profesional entre Elliott y Timbaland (que será constante durante décadas), primero en Swing Mob y después bajo el nombre de Superfriends, dará como fruto a lo largo de los noventa a un batallón de hits comerciales compuestos y producidos por Elliott e interpretados por Aaliyah, Mariah Carey, MC Lyte, Whitney Houston o Destiny's Child, entre otros, hasta que en 1997 apareció como un huracán *Supa Dupa Fly* (EastWest, 1997), el disco de debut de Missy Elliott. El éxito de los singles «Sock It 2 Me» y «The Rain» hicieron de *Supa Dupa Fly* el debut más exitoso de una mujer en la historia del Hip Hop, debutando directamente en el puesto tres de Billboard y convirtiéndose en disco platino. El éxito masivo de la mezcla de Rap futurista, Soul, Dance y R&B de *Supa Dupa Fly* se vio confirmado dos años después con el segundo trabajo de Elliott, titulado *Da Real World* (EastWest, 1999).

Firmemente establecida en lo más alto del Rap comercial, y convertida en una figura imprescindible y referencial para la cultura Hip Hop en el final de siglo, Missy Elliott entregará durante la primera mitad de los dos mil una colección de discos que le llevarán a ganar cuatro Grammys y a vender más de treinta millones de discos solamente en Estados Unidos. *Miss E...So Addictive* (Elektra, 2001), *Under Construction* (Elektra, 2002), *This Is Not A Test* (Elektra, 2003) y *The Cookbook* (Atlantic, 2005) son

discos incontestables, inteligentes e innovadores, repletos de hits comerciales («Get Your Freak On», «Work It» o «Gossip Folks» son algunas de las canciones de Rap más populares de la década) y de mensajes de empoderamiento feminista que demostraban la profundidad, multidimensionalidad y cada vez mayor peso cultural de Missy Elliott como una de las artistas negras más importantes del nuevo milenio.

En paralelo a su brillante carrera en solitario, Elliott dedicará gran parte de la década a escribir y producir algunos de los singles y discos más exitosos de Mary J. Blige, TLC, Beyoncé o Madonna; y se convertirá en presencia habitual en el mundo de la moda y la televisión. Aquejada de una enfermedad rara que afecta a la tiroides, Missy Elliott se irá alejando progresivamente de la primera línea mediática y musical y, salvo puntuales colaboraciones (Busta Rhymes, Faith Evans, The Pussycat Dolls, Katy Perry, Dua Lipa..), interrumpirá su producción discográfica durante años, siempre con el rumor de publicación de un nuevo disco titulado *Block Party*. Por el momento, el último capítulo de una de las carreras más fascinantes e influyentes de la historia del Rap es el ep *Iconology* (Atlantic, 2019), con el que Missy Elliott venía a recordarle al mundo que a su fusión única de Rap estricto, Dance, R&B, Soul y puro genio creativo todavía le queda mecha de sobra.

## J Dilla
### *El genio en la sombra*

James Dewitt Yancey, más conocido como Jay Dee o, sobretodo, J Dilla, es uno de los nombres fundamentales sobre los que se edifica gran parte del Hip Hop norteamericano desde finales de los noventa, y la alargada sombra de su influencia se extiende hasta la actualidad. La dimensión gigantesca de J Dilla como uno de los productores más importantes de la historia del Hip Hop no ha parado de crecer desde su trágica muerte en 2006, agrandando la leyenda en torno a una de las figuras más influyentes, queridas y respetadas del universo del Rap, pese a ser un nombre relativamente desconocido para el gran público. Envuelto en misterio y haciendo gala de una personalidad huidiza, modesta y siempre alejada de los focos, el peso fundamental de J Dilla se puede rastrear en algunos de los discos de Hip Hop más importantes de finales de los noventa y principios de los dos mil, convirtiéndole en una figura de culto que ha acabado por coronarle como una auténtica leyenda de la música negra en el cambio de siglo.

Hijo de una cantante de ópera y de un contrabajista de Jazz, Yancey se involucró desde muy joven en la escena Hip Hop *underground* de su Detroit natal como miembro de Slum Village, llamando la atención de Amp Fiddler, reputado músico y productor de Detroit, y miembro de Parliament/Funkadelic. El talento que demostraba el joven Yancey, bajo el nombre de Jay Dee, su personalísima manera de entender la producción y su apabullante control técnico fascinaron a Fiddler, que supo ver el potencial creativo del tímido DJ y le puso en contacto con Q-Tip; inmediatamente, nació The Ummah, un equipo de producción formado por Q-Tip, Ali Shaheed Muhammad (A Tribe Called Quest), Raphael Saadiq y el propio Jay Dee. En paralelo al trabajo de Slum Village con la publicación de *Fan-Tas-Tic Vol. 1* (Donut Boy, 1996) y *Fantastic Vol.2* (Donut Boy, 2000), Jay Dee se convertirá en uno de los productores más relevantes del momento, siempre bajo el nombre colectivo de The Ummah. Su trabajo produciendo y remezclando a Pharcyde, De La Soul, A Tribe Called Quest o Busta Rhymes le llevarán poco a poco a convertirse en una figura tan demandada en los estudios de grabación como prácticamente anónima para el público, y no será hasta 2001 cuando, después de abandonar Slum Village para arrancar su carrera en solitario, se publique *Welcome 2 Detroit* (BBE, 2001), su debut oficial como J Dilla.

Su unión con D'Angelo y Ahmir «Questlove» Thompson (The Roots) bajo el nombre de The Soulquarians llevará a J Dilla a ampliar su radio de influencia, y pasará a convertirle en colaborador habitual de Erykah Badu, Talib Kweli, Common o Madlib, con quién formaría Jaylib, publicando *Champion Sound* (Stones Throw, 2003), único disco del proyecto. J Dilla pasa a ser una pieza fundamental para la evolución del Hip Hop en el nuevo milenio, redefiniendo su sonido junto a otros visionarios como DJ Shadow. A partir de ese momento, los cada vez más graves problemas de salud de J Dilla (enfermo de Lupus y afectado de una rara enfermedad en la sangre) marcarán unos años en los que la inevitable decadencia física no afecta a su extraordinario talento y a su cada vez más legendaria reputación como maestro del sonido; una reputación agrandada además por el respeto y cariño que J Dilla siempre recibió por sus compañeros de profesión; el consenso general dentro del mundo del Hip Hop es que J Dilla no sólo era un genio, sino que además era una buena persona. The Roots, Guru, Snoop Dogg, Mos Def o MF Doom, entre muchos otros, se cuentan entre los grandes nombres del Rap que se pondrán en manos de J Dilla hasta que, el 10 de febrero de 2006, la noticia de su muerte sacudió al universo del Hip Hop. Tres días antes, coincidiendo con su 32 cumpleaños, se había publicado *Donuts* (Stones Throw, 2006), una obra maestra que se convertiría en la brillante y triste despedida de J Dilla.

En los años siguientes, el legado de J Dilla se verá engrandecido con la publicación de múltiples discos con material inédito y numerosas colaboraciones, así como con la creación de la Fundación J Dilla de ayuda a enfermos de Lupus, y en 2014 el Museo Smithsonian decidió honrar la importancia de J Dilla en la historia de la cultura afroamericana incorporando a su colección el mítico *sampler* MPC con el que cambió el rumbo del Hip Hop en el nuevo milenio.

## Ludacris
### *Orgullo sureño*

Con la irrupción del Dirty South a finales de los noventa y su rápida expansión e implantación comercial por todo Estados Unidos durante los dosmiles, Ludacris emergió como uno de los artistas de Rap más exitosos de la historia: se calcula que actualmente supera los veinte millones de discos vendidos en todo el mundo, acumulando premios de todo tipo (entre muchas otras cosas, ha estado nominado diecisiete veces a los premios Grammy, ganando en tres ocasiones); ha participado en decenas de exitosas series y películas (como la saga *Fast & Furious*, *Ley y Orden* o la oscarizada *Crash*, gracias a la cual ganó el premio del Sindicato de Actores en 2005); es el fundador del sello Disturbing Tha Peace y de la organización benéfica The Ludacris Foundation; creó su propia marca de auriculares y es dueño de numerosos restaurantes y hasta de una marca de coñac. Ludacris fue el primer MC sureño en convertirse en una estrella global, y su carrera es paradigmática de un momento en el que el sonido y la actitud del Dirty South se adueñaron del *mainstream*.

Originario de Illinois y de nombre real Christopher Brian Bridges, Ludacris empezó a rapear a los nueve años al mudarse con su familia a Atlanta. Tras ejercer de DJ en una emisora local, en 1998 colaboró en el disco de Timbaland *Tim's Bio: Life From Da Bassment*, y al año siguiente publicó su primer disco *Incognegro* (Disturbing Tha Peace, 2000). El debut de Ludacris, pese a no cosechar grandes ventas, tuvo una más que buena recepción en la crítica, y su single «What's Your Fantasy» llamó automáticamente la atención de Def Jam Records, con los que publicó en 2000 *Back For The First Time*, su primer gran éxito. *Back For The First Time*, que estaba formado en gran parte por canciones ya aparecidas en *Incognegro*, incluía colaboraciones con Pharrell Williams, Shawnna, Trina y Foxy Brown entre otros, y acabó siendo certificado Triple Platino.

El Rap grosero, explícitamente sexual y cargado de humor y socarronería de Ludacris, y su inconfundible *flow* acelerado y salvaje le convirtieron en el embajador oficial del Dirty South en la década recién estrenada, y a partir de ese momento su carrera se convertirá en una sucesión imparable de singles y discos que reventarán las listas de ventas. *Word Of Mouf* (Def Jam, 2001), *Chicken 'N' Beer* (Def Jam, 2003), *The Red Light District* (Def Jam, 2004) o *Release Therapy* (Disturbing Tha Peace, 2006), son discos con ventas millonarias y una repercusión mediática enorme

(alimentada con continuas polémicas por el contenido hipersexualizado y muchas veces agresivo de sus letras y videoclips), con los que Ludacris se convertirá en un icono del Hip Hop y engrandará aún más el imperio de Def Jam Records; un estatus de celebridad potenciado, además, por una cada vez más exitosa carrera en el mundo de la interpretación (Ludacris; el rapero sureño que escandaliza a la América más conservadora con sus letras incendiarias sobre sexo, fiesta, drogas y más sexo; pasa a ser omnipresente en las pantallas de cine y televisión de todo el mundo a lo largo y ancho de los dos mil).

Tras los igualmente celebrados *Theater Of The Mind* (Disturbing Tha Peace, 2008) y *Battle Of The Sexes* (Disturbing Tha Peace, 2010), y de convertirse en un nombre obligado como colaborador habitual tanto en el mundo del Hip Hop (Method Man, Nas, Missy Elliott, Mystikal o Snoop Dogg entre muchos otros) como en el del Pop más *mainstream* (ha llegado a colaborar con gente tan dispar como Miley Cyrus, Pittbull, Enrique Iglesias, Justin Bieber o David Guetta), Ludacris cerrará la década siendo padre por tercera vez y bajando el ritmo de lanzamientos discográficos; siendo el excelente *Ludaversal* (Disturbing Tha Peace, 2015), su último trabajo publicado por el momento.

## 50 Cent
### *Balas, rimas y billetes*

Producto de un hogar desestructurado y de la vida en las calles del barrio jamaicano de Queens, Curtis James Jackson III, más conocido (y temido) como 50 Cent, vivió desde la infancia en un mundo sobre el que la inmensa mayoría de raperos aspirantes a gánster escribían, pero que no todos conocían de primera mano. Drogas, tiroteos, encarcelamientos, crímenes, apuñalamientos, delitos de todo tipo, intentos de asesinato... la reserva retórica de 50 Cent se alimentaba de la vida real, y sus relatos en primera persona no respondían a un recurso estético; el universo terrible, crudo, violento y excesivo de sus letras era real como la vida misma. Arquetipo del rapero callejero de la Costa Este, el éxito de 50 Cent se trasladó al mercado Pop, atrayendo tanto a aquellos fascinados por la dureza y salvajismo de su relato de chico pobre convertido en millonario, como a un público masivo rendido a su habilidad para producir hits de club indiscutibles. A principios de los dos mil, el personaje polémico con pistola, chaleco antibalas, crucifijo al cuello, tatuajes, brazos musculados y abdominales siempre a la vista que 50 Cent encarnaba a la perfección, se convirtió en uno de los más grandes y lucrativos productos que jamás ha producido el universo del Hip Hop en Estados Unidos.

Camello de crack desde los doce años, 50 Cent fue poco a poco haciéndose un nombre en el circuito de las *mixtapes* y las batallas de MC's desde principios de los noventa, que le llevó en el 2000 a grabar su primer disco, *Power Of The Dollar*. Poco antes de su publicación, 50 Cent recibió nueve disparos durante un tiroteo, y el disco jamás llegó a ver la luz. Una de las balas le atravesó la mandíbula, afectando a su manera de hablar con una cadencia que se convertiría en un sello personal de su *flow*. En 2002, después de ser detenido por posesión de armas y de verse relacionado en el turbio asesinato de Jam Master Jay, 50 Cent llamará la atención de Eminem y se iniciará una puja millonaria entre discográficas para ficharle, que culminará con 50 Cent firmando para Interscope, Shady Records (propiedad de Eminem) y Aftermath (con Dr. Dre al mando). El resultado, *Get Rich Or Die Trying*, debutó directamente en el número uno de Bilboard y terminaría vendiendo más de veinte millones de copias, convirtiendo a 50 Cent en un fenómeno de masas, omnipresente en el panorama del Rap neoyorquino en la era post Biggie Smalls.

Un año después, mientras duraba la onda expansiva del terremoto que supuso Get Rich Or Die Trying, 50 Cent expandiría su fama e influencia fundando el sello G Unit; manteniendo sonoros enfrentamientos con Rick Ross, Kanye West o The Game; y acaparando titulares por su controvertida vida de millonario gangsta. *The Massacre* (Interscope, 2005) y *Curtis* (Interscope, 2007) repetirán las ventas millonarias de *Get Rich Or Die Trying*, y el éxito comercial continuo de los lanzamientos de G Unit convertirán a 50 Cent en un empresario con ramificaciones en el terreno de la moda, el cine o los videojuegos. Con *Before I Self Destruct* (Interscope, 2009), 50 Cent cerraba una década de éxitos comerciales imbatibles, lujo desmedido, Rap gangsta canónico e incontables escándalos, enfrentamientos y excesos.

Tras *Before I Self Destruct*, los cada vez más gigantescos problemas financieros de 50 Cent, provocados por una serie de desastres empresariales y un tren de vida lujoso ido de las manos, se sumarán a varios juicios por violencia doméstica y difusión sin consentimiento de vídeos sexuales (por este último cargo acabó pagando siete millones de dólares). Tras romper relaciones contractuales con sus mentores Eminem y Dr. Dre, el silencio discográfico de 50 Cent se rompió con la publicación de *Animal Ambition: An Untamed Desire To Win* (G Unit, 2014), un disco que cosechó una más que fría respuesta de público y crítica, pero que depararía una sorpresa insospechada para 50 Cent pasados los años: *Animal Ambition* podía pagarse con Bitcoin, una criptomoneda de reciente aparición que en esos días era poco conocida. A pesar de que el disco sólo vendió 150.000 copias (una nimiedad teniendo en cuenta las cifras millonarias de sus predecesores), la revaloración de Bitcoin le generó a 50 Cent beneficios que superaban los ocho millones de dólares, en un giro de guion inesperado dentro de una vida que, a pesar de lo manido de la expresión, supera con creces a la ficción.

## DJ Shadow
### *Un nuevo lenguaje*

Josh Davis, más conocido como DJ Shadow, puede ser considerado, sin riesgo de caer en hipérboles, como uno de los grandes genios de su generación. La discografía del DJ californiano define a la perfección el trabajo de un artesano, y bucear en ella nos permite asomarnos a una mente privilegiada; la de un artista revolucionario, tan esquivo como influyente, sin el que es muy difícil explicar el desarrollo del Hip Hop y la música electrónica en las últimas décadas.

Criado en un suburbio blanco de clase media, y fascinado desde pequeño por el universo de Public Enemy o Eric B. & Rakim, Davis quedó marcado por los DJ's Old School, el concepto del turntablism y las posibilidades creativas de la tecnología en un momento (mediados de los ochenta), en el que el Rap pivotaba principalmente alrededor de la figura del MC. Desde su más temprana adolescencia, Davis desarrolló un instinto natural hacia la experimentación y una sana obsesión por el rastreo y coleccionismo de vinilos de segunda mano como fuente inagotable de recursos, sumergiéndose en la cultura del *crate digging* y el *sampleo*, destacando como DJ para la cadena de radio universitaria KDVS y como compositor con sus primeros trabajos para el sello Hollywood BASIC. Tras colaborar en la producción de *Sleeping With The Enemy*, el controvertido y aplaudido segundo disco de Paris, la carrera de Davis, ya convertido en DJ Shadow, da un vuelco en 1993 gracias a dos hechos fundamentales (no sólo para DJ Shadow, sino para el mundo del Hip Hop en general): la creación del colectivo/sello discográfico Solesides junto a Blackalicious y Lyrics Born, entre otros; y el contacto con James Lavelle, responsable del sello británico de electrónica avanzada Mo' Wax Records, que le llevaría a remezclar a Massive Attack y a colaborar con DJ Krush. En un periodo de explosión creativa del Hip Hop instrumental, DJ Shadow pasará a destacar como una de las figuras principales de la nueva generación de artistas (junto al mencionado DJ Krush, J Dilla, Kid Koala o Boards Of Canada) que borrarán las fronteras entre Rap, electrónica y Trip Hop, dotando de solemnidad y contenido a una escena que, partiendo del *underground*, se establecerá como una de las más importantes e influyentes corrientes dentro del Hip Hop más ecléctico e innovador. Todas las expectativas puestas sobre DJ Shadow como el nuevo joven prodigio de la música avanzada se verán ampliamente superadas con la publicación de *Endtroducing...* (FFRR, 1996), su disco debut; una obra maestra rotunda que traspasaba con mucho las fronteras de cualquier género y que abría la puerta al gran público a un universo musical y estético único.

DJ Shadow despedirá la década de los noventa coronado por el éxito incontestable de *Endtroducing...*, y por su colaboración con Jimmy Lavelle para dar forma a *Psyence Fiction* (Mo' Wax, 1998), el primer disco de Unkle, que inluía colaboraciones de Thom Yorke, Mike D, Richard Ashcroft o Ian Brown, entre otros. Tras encargarse de la banda sonora del premiado documental Dark Days en 2000 y de participar junto a Grand Wizard Theodore o Mix Master Mike en el imprescindible documental de 2001 *Scratch*, DJ Shadow volverá a romper la baraja con la publicación de *The Private Press* (MCA, 2002), su segundo disco; otra obra de arte enorme que no sólo consolidaba el prestigio de DJ Shadow, sino que expandía, aún más, la paleta de colores de su personal interpretación tenebrosa, cinemática y vanguardista del Hip Hop.

Tras colaborar con Zach De La Rocha en 2003 en «March Of The Death», una canción lanzada al albor de las protestas por la invasión de Irak, DJ Shadow se dedicará con cada nuevo trabajo a una labor de continua reinvención y expansión de su sonido, adoptando una actitud huidiza frente a cualquier amenaza de encorsetamiento y moviéndose siempre en los márgenes menos transitados y más experimentales del Hip Hop. *The Outsider* (Island, 2006), *The Less You Know, The Better* (Island, 2011) y *The Mountain Will Fall* (Mass Appeal, 2016) son trabajos densos y complejos con los que DJ Shadow demostrará que su talento sobrevive en excelente forma más allá de la pesada sombra legendaria de sus dos primeros discos; un talento que, visto el apabullante *tour de force* que supuso *Our Pathetic Age* (Mass Appeal, 2019); un brillante y ambicioso disco doble, dividido en una parte instrumental y otra plagada de colaboraciones (Run The Jewels, Nas, Ghostface Killah, De La Soul o Raeckwon), sigue dotado de esa magia indefinible que convierte a DJ Shadow en una leyenda.

## Lil Kim
### *Sexo, lujo y Hardcore Rap*

Uno de los personajes más rompedores dentro de la nueva hornada de MC's que tomaron el control del Rap en Nueva York en la segunda mitad de los noventa, Lil Kim emergió como protegida y alumna destacada de The Notorious B.I.G., para sacudir el mundo del Hip Hop a base de Rap Hardcore, golazos comerciales y una actitud desafiante, hipersexualizada y callejera que le convirtieron en un icono para el mercado más *mainstream*.

Lil Kim, de nombre real Kimberly Denise Jones, nació y creció en Brooklyn, criándose en la calle tras abandonar su casa y el instituto en la adolescencia. La vida en la calle llevó a Lil Kim a involucrarse en la escena de las batallas de MC's, destacando inmediatamente por su brillantez a la hora de improvisar rimas lapidarias con un nivel de inventiva y una destreza técnica incontestables. En esos días nace su amistad con un delincuente juvenil grandullón y talentoso llamado Christopher Wallace, más conocido como The Notorious B.I.G., quien pasó a ser su mentor y principal defensor en el competitivo (y peligroso) mundo del Rap gangsta en Nueva York durante la Era Dorada del Rap. La presentación oficial en 1994 de Junior M.A.F.I.A., una banda apadrinada por Notorious B.I.G. que incluía a Lil Kim entre sus filas, supuso un éxito comercial instantáneo, y su debut *Conspiracy* (Big Beat, 1995) se convirtió en disco de oro. *Conspiracy* supuso el descubrimiento de Lil Kim para la comunidad Hip Hop, y tras ganarse el reconocimiento general con su forma agresiva de rapear y sus letras llenas de armas, drogas y mensajes explícitamente sexuales, dio la campanada con *Hard Core* (Big Beat, 1996), el arranque de su carrera en solitario. El debut de Lil Kim era un artefacto perfecto de Hardcore Rap de la Costa Este que alcanzó el triple platino; plagado de agresividad, sexo y adoración por el lujo y la fama, y que contaba con colaboraciones de Missy Elliott, Jay-Z, Puff Daddy, Da Brat y TLC.

Tras el impacto personal que supuso la muerte de Notorious B.I.G., Lil Kim mantuvo un silencio discográfico que duró hasta el año 2000, cuando volvió a revolucionar el mercado del Rap con el apabullante *The Notorious K.I.M.* (Atlantic, 2000); un disco crudo atravesado de principio a fin por la sombra de la pérdida de Biggie Smalls (empezando por el título), que si bien no contaba con la frescura y energía de *Hard Core*, mostraba a Lil Kim en mejor forma que nunca. La explosiva y polémica personalidad de Lil Kim, su actitud abiertamente sexual y confrontativa, y su cada vez más llamativo rol como icono de la moda le convertirán poco a poco en una diva, habitual de la prensa rosa y la televisión más sensacionalista. En 2001, en mitad del notorio *beef* entre Lil Kim y Foxy Brown (en una versión femenina, que no feminizada, de los famosos enfrentamientos en esos mismos años entre Nas y Jay-Z, Eminem y Machine Gun Kelly o 50 Cent y el resto del mundo) Queen Bee, como también se conoce a Lil Kim, ganó su primer Grammy por «Lady marmalade»; una colaboración con Christina Aguilera, producida por Missy Elliott, incluida en la banda sonora de *Moulin Rouge*.

*La Bella Mafia* (Atlantic, 2003) fue su siguiente trabajo. Inspirado en la película del mismo título, *La Bella Mafia* incluía el single «Magic Stick»: un dueto con 50 Cent que alcanzó el segundo puesto en Billboard pese a no contar con un videoclip promocional debido a problemas entre 50 Cent y Lil Kim. Tras alcanzar el platino con *La Bella Mafia* y recibir dos nominaciones a los Grammy y cinco a los Source Awards (de los que ganó dos), Lil Kim se embarcará en una exitosa gira junto a Nas y DMX antes de que su vida sufra un tropiezo en forma de proceso judicial que terminará por llevarla a la cárcel.

Acusada en 2005 de mentir al jurado acerca de su relación en un turbio tiroteo cuatro años antes, Lil Kim entró en la cárcel un día después de publicar su cuarto disco *The Naked Truth* (Atlantic, 2005), que le convirtió en la primera mujer en alcanzar la puntuación de cinco micrófonos en la revista The Source. Después de cumplir sentencia y de convertirse en presencia habitual en varios (y exitosos) *reality shows*, la actividad musical de Lil Kim consistirá durante años en colaboraciones con todo tipo de estrellas (de Ludacris a Miley Cyrus, pasando por Faith Evans, Elton John o Britney Spears) y sucesivas *mixtapes*, hasta lanzar en 2019 su por el momento último trabajo, titulado sencillamente *9* (eOne, 2019), y anunciado como la primera parte de un proyecto doble que contaría con la colaboración de Missy Elliott y Paris Hilton en su segunda entrega, que a día de hoy no ha visto todavía la luz.

## MC Solaar
*El Rey Sol*

Nacido en Dakar, de padres chadianos y nacionalizado francés desde los seis meses, Claude M'Barali, más conocido como MC Solaar, es la primera y más grande estrella del Rap en Francia, y sigue siendo en la actualidad el artista de Rap que más discos ha vendido en la historia del Hip Hop francés. La trayectoria de MC Solaar es sinónimo de éxito ininterrumpido durante más de tres décadas ya, y su legado artístico y literario le convierten en una de las grandes figuras de la música francesa en el cambio de siglo, aunando un reconocimiento general de crítica y público que se extiende mucho más allá de los límites del Hip Hop.

Tras un periodo escolar en Egipto y después de estudiar idiomas (Inglés, Español y Ruso) y graduarse en filosofía en La Sorbona de París, MC Solaar dará sus primeros pasos en el mundo del Hip Hop gracias al programa de radio de Dee Nasty y Lionel D, dos DJ's fundamentales en el nacimiento del Hip Hop en Francia durante la segunda mitad de los ochenta, y en 1991 dará el campanazo con la publicación de su primer disco, *Qui Sème Le Vent Récolte Le Tempo* (Musicrama, 1991). El debut de MC Solaar supuso un éxito masivo de ventas y se convirtió en el primer disco de Rap en Francia en superar las fronteras del género para adueñarse de los primeros puestos en las listas de ventas generalistas. De la noche a la mañana MC Solaar se convirtió en una celebridad con su Rap sofisticado de influencias Jazzísticas y un poso intelectual inédito en el mundo del Hip Hop en ese momento. MC Solaar combinaba de manera hábil la profundidad literaria y poética con la reflexión crítica, y su cruce de Hip Hop urbano de cadencia Jazz Rap con las sonoridades tradicionales de su herencia africana le llevó a colaborar con el mismísimo Guru en el ya clásico *Jazzmatazz Vol.1*, entrando en un mercado tan poco abierto a las influencias extranjeras como el del Hip Hop en Estados Unidos.

Sus siguientes trabajos; *Prosc Combat* (Cohiba, 1994), *Paradisiaque* (Polygram, 1997) y *MC Solaar* (Polydor, 1998), supondrán una serie de éxitos continuos para MC Solaar y le asentarán como una de las figuras más importantes del *mainstream* francés a lo largo de la década. La orientación literaria de los textos de MC Solaar y el eclecticismo natural de su música, así como su popularidad masiva, le sitúan desde siempre en un terreno único y diferenciado del resto de sus compañeros de generación, fuera de la escena Hip Hop y más próximo a los círculos de la alta cultura, llegando a recibir en 1998 la Gran Medalla de la Canción Francesa.

Tras la publicación en 1998 del disco en directo *Le Tour De La Question*, grabado en el teatro Olimpia de París, y de colaborar en 1999 con Missy Elliott, MC Solaar entregará durante los dos mil una serie de discos en los que expandirá cada vez más sus horizontes musicales. *Cinquieme As* (Fifth Ace, 2001), *Mach 6* (EastWest, 2006) y, sobretodo, *Chapitre 7* (Warner, 2007), son excelentes discos de Rap filtrado con Pop, Reggae, Samba, Rock, Jazz y hasta música clásica, con los que MC Solaar mantendrá sus habituales reconocimientos de público y crítica antes de caer en un silencio discográfico de diez años, roto con el estelar *Géopoétique* (Osmose, 2017), que se convirtió en disco platino automáticamente y ganó el galardón a mejor disco del año en los Victoires de la Musique Awards.

## 25 discos imprescindibles del nuevo milenio

**Fugees - *The Score*** (Ruffhouse, 1996)
Si hay un disco que recoja a la perfección la tradición del Jazz Rap y que sublime la fórmula hasta llevarla a niveles inauditos de calidad y repercusión comercial durante la segunda mitad de los noventa, es el segundo trabajo de Fugees. Lauryn Hill, Wyclef Jean y Prakazrel Michel lograron con *The Score* aunar el poso elegante e intelectual de A Tribe Called Quest o Digable Planets con un éxito de público que al año de su publicación ya les había supuesto más de cinco millones de copias vendidas (superando los 22 millones en la actualidad) y unos cuantos premios Grammy, demostrando que el Rap alternativo no tenía por qué ir ligado al *underground*. *The Score* planteaba una alternativa inteligente y artísticamente profunda a la dureza del Gangsta Rap y a la vacuidad del *mainstream* gracias a una mezcla irresistible de Rap concienciado imbuido de Reggae, Soul, Góspel o Jazz, y una sensibilidad Pop que automáticamente convirtió en himnos canciones como «Ready Or Not», «Fu-Gee-La» o las inolvidables relecturas de «Killing Me Softly» de Roberta Flack y «No Woman No Cry» de Bob Marley.

**DJ Shadow - *Endtroducing...*** (FFRR, 1996)
DJ Shadow consiguió redefinir el concepto del turntablism en 1996 con una ópera prima que destilaba inteligencia y una habilidad técnica inaudita. *Endtroducing...* expandía las posibilidades creativas del *sampler* hacia lugares inexplorados hasta ese momento, y dotaba al Hip Hop instrumental de una profundidad emotiva y una carga narrativa nunca vistas. Elevando la técnica del corta y pega a categoría de arte, *Endtroducing...* proponía un viaje alucinatorio a través de un universo musical y estético único en el que lo añejo y lo futurista dialogaban entre sí, tomando el Hip Hop como lenguaje básico de comunicación, y un *sampler* y toneladas de vinilos como herramientas con las que dar forma a una sinfonía electrónica que aunaba pasado, presente y futuro como nadie lo había hecho antes. El debut de DJ Shadow es una catedral construida únicamente con *samples*; una bruma misteriosa de tono cinemático, urbano, oscuro y fantasmal, que dinamita estilos y etiquetas y que confirmaba a un DJ veinteañero californiano como una de las mentes más lúcidas y creativas de su generación.

**Foxy Brown - *Ill Na Na*** (Def Jam, 1996)
Dieciocho años recién cumplidos y un contrato estelar con Def Jam bajo el brazo: Foxy Brown sentía, y con razón, que se podía comer el mundo a bocados cuando sacudió al mercado con su explosivo disco debut *Ill Na Na*, y esa

seguridad quedaba perfectamente plasmada a lo largo de un trabajo de Hardcore Rap insolente y vacilón, inequívocamente neoyorquino y heredero directo de Biggie Smalls, que se convirtió rápidamente en disco platino. *Ill Na Na* reunía, bajo la tutela de Trackmasters en la producción, un coctel arrebatador de Boom Bap, influencias R&B y un discurso obsesivo sobre sexo, moda, lujo y actitud Gangsta, en el que el incansable *flow* de Foxy Brown, tan callejero como elegante en éxitos como «Get Me Home», «If I...» o «Foxy's Bells», se veía reforzado por figuras de la talla de Jay-Z, Mobb Deep o Method Man.

**Bahamadia - *Kollage*** (Chrysalis Records, 1996)
Producido a medias entre Gang Starr y The Roots, el debut de la rapera de Filadelfia Bahamadia es una pequeña joya de Rap Jazzístico y elegante que muchas veces se infravalora al caer en comparaciones con el impacto de gigantes contemporáneos como Fugees. *Kollage* muestra a una MC creativa e inteligente que maneja con igual maestría el Rap relajado con aires bohemios de Guru o de los propios The Roots, que la actitud combativa y callejera del Boom Bap neoyorquino. Canciones como «Total Wreck», «Uknowhowwedu» o «I Confess» convirtieron a Bahamadia en una de las figuras más interesantes del Rap alternativo de finales de los noventa, llevándole a colaborar con Talib Kweli, Roni Size, Erykah Badu, Jedi Mind Tricks o Morcheeba en los anos que siguieron a *Kollage*, aunque su carrera nunca acabaría de despegar y sólo ofrecería dos trabajos más, ninguno a la altura de su debut.

**Black Star - *Black Star*** (Rawkus, 1998)
La unión de dos de los más grandes talentos del Rap alternativo en los años que pasan de un milenio a otro (Mos Def y Talib Kweli) bajo el profético nombre Black Star, dio como resultado uno de los discos de Rap más influyentes de la década de los dosmiles. Con la seguridad que da el respeto ganado en las calles y una inquebrantable conciencia social, Black Star se dirigían con su hasta ahora único disco a la comunidad Hip Hop, no al gran público. Su discurso no gravitaba en torno al materialismo, el sexo, la violencia o el lujo. En su música cargaban con una tradición *underground* a la que los resultados comerciales le daba absolutamente igual, y que les permitía transitar sin dificultad del Rap más peleón y callejero a los ambientes más sofisticados en una especie de resumen de lo más brillante de la tradición del Hip Hop, con un mensaje político, comprometido con las problemáticas sociales de la comunidad negra y enfrentado al clima de violencia tan característico de una parte importante del Rap en ese momento.

**Lauryn Hill - *The Miseducation Of Lauryn Hill*** (Ruffhouse, 1998)
Una obra superior que muestra a una de las artistas más brillantes e influyentes de su generación en estado de gracia. El debut de Lauryn Hill en solitario después de sacudir al planeta al frente de Fugees es un disco que escapa a su tiempo y que sigue resultando tan arrollador, fresco y mágico hoy como el día de su publicación. Con tan sólo veintitrés años, Lauryn Hill se echó a las espaldas el peso de la composición y producción de un artefacto perfecto en el que se daban la mano el Boom Bap más callejero con un despliegue de Soul, Pop, R&B y músicas caribeñas que servía como muestra incontestable de su talento, tan explosivo como personal; además, se acompañaba de una profundidad que lo convertía no en un muy buen disco, sino en una obra maestra. Lauryn Hill conquistó las listas de ventas con un trabajo personal y brutalmente honesto en el que se abordaban temas como la raza, la maternidad, la clase y la espiritualidad, con una inteligencia y una mirada afilada que le otorgaron un más que merecido puesto de honor en la tradición de la música negra en el cambio de milenio. Así de bueno es este disco.

**Outkast - *Stankonia*** (LaFace, 2000)
Outkast inauguraron la década de los dos mil colocando al Rap sureño en primera línea con una obra maestra que les encumbraba como una de las formaciones más apasionantes e inclasificables de la historia del Hip Hop. Los de Atlanta ya habían entregado tres discos excelentes cuando dieron forma a *Stankonia*, su obra más compleja y seguramente uno de los mejores discos de Rap de la década. Todo en este disco es excesivo y caótico, y a la vez todo funciona y encaja como un mecanismo de relojero. A lo largo de *Stankonia*, André 3000 y Big Boi despliegan un caleidoscopio de Funk sudoroso, psicodelia, música de club y pura esencia Dirty South con un nivel de preciosismo y detalle en la producción que ofrece nuevas capas y sorpresas con cada escucha. En este disco hay fiesta, sexo, inteligencia, baile, chulería, humor, locura y brillantez a partes iguales, y supuso el descubrimiento de Outkast al gran público, más allá de las fronteras del Rap para acabar conquistando el mundo entero.

**Dead Prez - *Let's Get Free*** (Relativity, 2000)
La quinta esencia del Rap entendido como vehículo revolucionario, el debut de Dead Prez suponía un revulsivo al Rap *mainstream* en forma de puñetazo de Hardcore Rap y conciencia política directo a la mandíbula. Con *Let's Get Free* Dead Prez se mostraban rudos, furiosos y armados con un discurso incendiario heredero de Malcolm X y los Panteras

Negras que daba forma a un trabajo tan inteligente como ortodoxo, hermanado en lo musical con compañeros de sello como Mobb Deep o Wu-Tang Clan, si bien en las antípodas en lo que a contenido y mensaje se refiere. *Let's Get Free* recuperaba la urgencia y contundencia de los primeros Public Enemy y radiografiaba la realidad más cruda de la comunidad Hip Hop con una colección de canciones, como «Animal In Man», «They Schools» o la imprescindible «Hip-Hop», que el tiempo ha terminado convirtiendo en himnos.

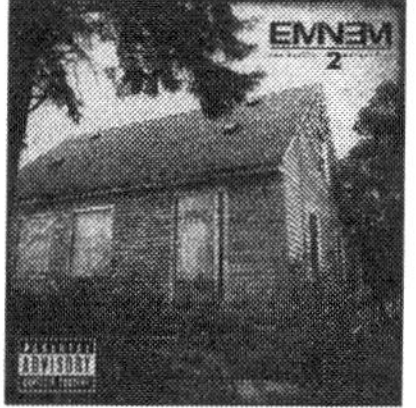

**Eminem - *The Marshall Matters LP*** (Interscope, 2000)
Humor, sarcasmo, violencia, y un siempre difícil equilibrio entre la honestidad más cruda y una dimensión ficticia tan polémica como atractiva. Eminem siempre ha sido un maestro en el manejo de las contradicciones, doblegando al mercado más *mainstream* y manteniendo una credibilidad y respeto en la comunidad Hip Hop que lo convierten en una figura única, que juega siempre según sus propias reglas y que inauguraba la década de los dos mil con un puñetazo sobre la mesa que llevaba por título *Marshall Matters*. El tercer disco del eterno inadaptado de Detroit recogía todo el imaginario desquiciado y alucinatorio plagado de humor negro y brillantez verbal de sus dos excelentes trabajos previos y lo sublimaba con una energía y un nivel de genio instrumental y narrativo que colocaban a Eminem en una liga en la que jugaba él sólo. En *Marshall Matters* hay agresividad pasada de vueltas, sentido del humor oscuro y morboso, Rap de raíces, golazos comerciales y, sobretodo, un artista dotado de un talento único en un momento en que se sabía imbatible.

**Lil Kim - *The Notorious K.I.M.*** (Atlantic, 2000)
Un tono sombrío sobrevuela el segundo disco de Lil Kim; la eterna protegida, cómplice, amiga y colaboradora de The Notorious B.I.G.. Desde el mismo título del disco hasta las continuas referencias en las letras, la muerte de Biggie tres años antes está presente a lo largo de *The Notorious K.I.M.* en forma de reivindicación musical y estética del legado del gigantón gangsta, un legado del cual Lil Kim emerge como alumna aventajada. En este disco hay Hardcore Rap, estética Gangsta, sexualidad y materialismo, y a la vez el discurso de Lil Kim adquiere un tono tan crudo como nostálgico que tiñe a canciones como «Single Black Female», «Suck My Dick» o «How Many Licks?» de un regusto agridulce que otorga al disco una profundidad muy particular. El impacto comercial de *The Notorious K.I.M.* no alcanzó al de *Hard Core*, el debut de Lil Kim en 1996, aunque el tiempo lo ha coronado como su obra más completa y seria hasta la fecha.

**Cannibal Ox - *The Cold Vein*** (Definitive Jux, 2001)
Una obra de culto dentro del Rap *underground*, el primer trabajo del dúo de Harlem Cannibal Ox sentaba las bases estéticas de un nuevo Rap alternativo y subterráneo, críptico y complejo, que convertía al sello Definitive Jux y su plantel de inadaptados (Mr. Lif, Aesop Rock, El-P...) en un estilo en sí mismo. *The Cold Vein* es un disco oscuro, difícil, que suena tan misterioso como crudo, y que sigue resultando apasionante pasados los años; Cannibal Ox recogían en su ópera prima la densidad de Wu-Tang Clan y la filtraban por la particular visión apocalíptica y obsesiva de El-P, responsable de la producción del disco y artífice principal de un sonido abrasivo que se sigue copiando hoy en día.

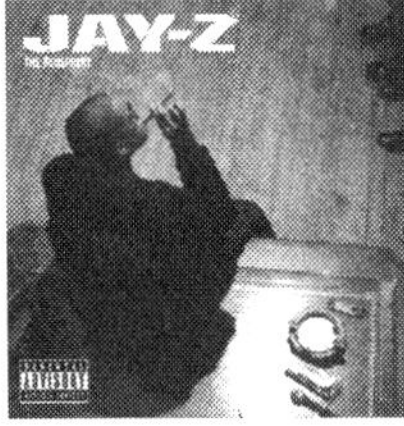


**Jay-Z - *The Blueprint*** (Roc-A-Fella, 2001)
Observando el mundo desde las alturas, después de dinamitar el Rap *mainstream* y la industria musical en general durante la segunda mitad de los noventa, Jay-Z se plantó en la nueva década con un firme propósito: cambiar las reglas del juego en el momento de mayor apogeo de la estética Jiggy y el Rap orientado a la pista de baile, ofreciendo una obra ortodoxa de Hip Hop callejero con latido Boom Bap. Con *The Blueprint*, Jay-Z echaba mano del clasicismo, los *samples* de Soul y una orientación casi retro que apelaba a la esencia de la cultura Hip Hop en la era de la electrónica para demostrar, una vez más, su condición de artista superior capaz de reorientar el rumbo de un género y de marcar el camino a seguir por gran parte de sus compañeros generacionales. Si canciones como «Izzo (H.O.V.A.)» no fuesen argumentos suficientemente sólidos de por sí para considerar a *The Blueprint* como un disco histórico, además ofrecía al mundo el descubrimiento de Kanye West, un personaje que tendría bastantes cosas a decir en el universo del Hip Hop en las siguientes décadas.

**Blackalicious - *Blazing Arrow*** (Quannum Projects/MCA, 2002)
El Hip Hop vitalista y positivo de The Pharcyde o Souls Of Mischief, que durante la Era Dorada había creado en la Costa Oeste una alternativa luminosa y pacifista al universo Gangsta y la hegemonía G-Funk, encontraría en el duo de Sacramento Blackalicious a sus más aventajados alumnos en el nuevo milenio. *Blazing Arrow*, su segundo disco, es un compendio perfecto de Hip Hop imaginativo y sofisticado, que bebe por igual del Old School que del Neo Soul, plagado de mensajes positivos con la espiritualidad como eje central de un discurso a base de Rap relajado y elegante con aire trascendente y audacia experimental. Si el disco no era ya suficientemente brillante de por sí, además incluía una tropa de colaboradores que hoy en día sigue pareciendo un cuento de fantasía: Jurassic 5, Dilated Peoples, Zach de la Rocha, Cut Chemist, Ben Harper, Questlove, DJ Shadow o el mismísimo Gil Scott-Heron, entre muchos otros.

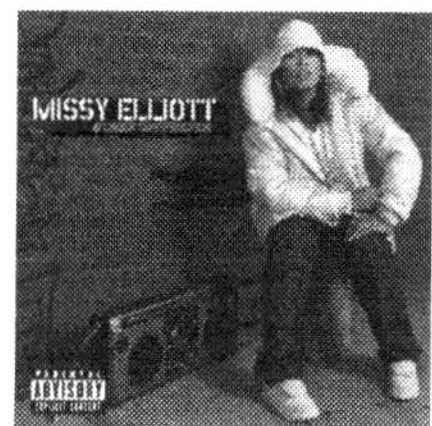


**Missy Elliott** - ***Under Construction*** (Elektra, 2002)
Resulta irónico que un trabajo tan redondo, completo y exitoso como éste lleve por título *Under Construction*. Missy Elliott ya se había coronado como uno de los nombres imprescindibles del Hip Hop en la recién estrenada década de los dos mil con sus tres primeros discos, recogiendo el testigo de Queen Latifah y estableciéndose como una de las grandes reinas del Rap en el nuevo milenio, cuando entregó en 2002 su obra cumbre, construida mano a mano con Timbaland. Todos los elementos que dan forma a *Under Construction* interactúan de forma perfecta logrando un equilibrio explosivo de Boom Bap, actitud peleona, vacile sano, producción comercial, reflexiones afiladas, respeto por la tradición Hip Hop, empoderamiento, *street credit*, sexualidad y diversión desacomplejada. «Work It», «Slide» o «Gossip Folks» muestran a una MC única, poseedora de un talento y una seguridad en sí misma apabullante, que además se hacía acompañar de Jay-Z, Ludacris, Method Man, TLC y Beyoncé para dar forma a su mejor obra.

**The Streets** - ***Original Pirate Material*** (Atlantic, 2002)
Mike Skinner se coronó a principios de los dos mil como el más listo de la clase con un debut tan fresco y personal como brillante e incontestable. *Original Pirate Material* conjugaba todas las tendencias de la música de club fronteriza con el Hip Hop surgidas a finales de los noventa en un caleidoscopio de UK Garage, 2-step, Jungle o Grime que sonaba inequívocamente británico, y convertía a Skinner en el narrador más agudo del cambio de milenio en la Inglaterra post Britpop. Construido con un ordenador portátil y destilando inteligencia y honestidad, *Original Pirate Material* ofrecía un retrato urbano, costumbrista y afilado, de estética *chav* y marcado acento *cockney*, de la juventud británica en la era digital a base de *beats* electrónicos y relatos de precariedad, amor, desengaño, amistad, esperanza, marihuana y horas perdidas frente a la Play Station. «Has it come to this?», «Turn The Page» o «Weak Become Heroes» combinaban el acierto comercial, una infecciosa vocación de baile y una brillantez narrativa que convertían a Skinner en portavoz de la generación nacida con internet enfrentándose a la realidad de las clases populares en el siglo XXI.

**The Roots** - ***Phrenology*** (MCA, 2002)
Cuando la carrera de una banda tiene como hilo conductor la excelencia, resulta casi imposible destacar de forma coherente un disco por encima de los demás. Asomarse a la discografía de The Roots es iniciar un viaje en el que es muy difícil cruzarse con algo que no sea relevante, y pasados los años esa discografía ha ido adquiriendo un carácter unitario en el que cada disco es un capítulo de una única historia que nace del Rap más

estricto y crece para convertirse en un inmenso lienzo que narra y honra la tradición cultural afroamericana. *Phrenology* marca el momento en el que The Roots se dan cuenta de que pueden hacer lo que les de la gana al entrar en un estudio. Tras una serie de discos descomunales de Hip Hop, con *Phrenology* los horizontes musicales de la banda se expanden en mil direcciones para lograr algo único; jugar a cualquier palo de la baraja y salir siempre vencedores. A lo largo de este disco hay Rap duro, Soul, experimentación electrónica, profundidad de contenido, ramalazos Pop, jams de improvisación, Techno, Jazz y cualquier cosa que se les ocurra, y nunca pierde uno la sensación de estar escuchando a una grandísima banda de Rap. Temas como «Rock You», «Sacrifice» o la inolvidable colaboración con Cody Chesnutt «The Seed (2.0)» son ejemplos a sumar a una trayectoria que ya es leyenda, imprescindible para cualquier persona que ame la música.

**Jurassic 5 - *Power In Numbers*** (Interscope, 2002)
Las mismas notas de contrabajo que cierran *Quality Control*, el excelente segundo disco de los californianos Jurassic 5, se encargan de abrir *Power In Numbers*, su continuación natural y a la sazón cumbre creativa de los máximos exponentes (junto a Blackalicious) de la nueva corriente de Rap alternativo, experimental, concienciado y cargado de buenas vibraciones que a principio de los dos mil se encargó de mantener vivo el legado de Hieroglyphics y Native Tongues en la Costa Oeste. «What's Golden», «Freedom» o «A Day At The Races» muestran a Jurassic 5 en su mejor momento, con un Cut Chemist en estado de gracia a las labores de producción. Una magia luminosa e inclasificable atraviesa todo el disco, convirtiendo su escucha en una experiencia apasionante que gana en profundidad a medida que pasan los años: *Power In Numbers* suena tan fresco y relevante hoy como en 2002.

**Ludacris - *Chicken And Beer*** (Def Jam South, 2003)
*Chicken And Beer* muestra a Ludacris más inspirado y seguro de sí mismo que nunca: su característico *flow* acelerado y vacilón, que ya había convertido a sus anteriores discos en multiventas, brilla en *Chicken And Beer* a lo largo de una hora de Dirty South nocturno y tórrido, de bases electrónicas con la vista puesta en la música de club. *Chicken And Beer* va de divertirse, y resulta imposible no contagiarse de la energía que transmite un Ludacris que da la impresión de estar pasándoselo realmente bien en un disco que es una celebración de vicio, sexo y cachondeo. Ludacris demuestra en su cuarto disco una madurez técnica que supone un salto cualitativo importante respecto a sus anteriores trabajos, y su habilidad y musicalidad al micro resultan incontestables en un trabajo

hedonista e irreverente que despliega en sesenta minutos un universo plagado de fiesta, sexualidad exacerbada, sentido del humor, humo de marihuana y aroma de pollo frito sureño.

**50 Cent - *Get Rich Or Die Trying*** (Interscope, 2003)
50 Cent no era ningún desconocido cuando publicó su debut en 2003: contaba con *street credit* de sobra, se había hecho un hueco a puñetazo limpio en el competitivo mundo del Rap Gangsta neoyorquino en la era post Biggie, y contaba con el aval de Eminem y Dr. Dre (encargados ambos de la producción de gran parte de *Get Rich Or Die Trying*). El disco debutó directamente en el número uno de las listas de ventas, envuelto en un huracán de titulares y polémicas que amenazaba con permitir que lo controvertido y polémico del personaje acabara por sepultar los méritos de un excelente trabajo de Hardcore Rap sin concesiones. *Get Rich Or Die Trying* era un manual Gangsta; tan excesivo y testosterónico como indiscutible, que convertía definitivamente a 50 Cent (con exitazos comerciales como «In Da Club», «P.I.M.P.» o «21 Questions») en una celebridad que recogía la fascinación morbosa que los medios de comunicación masivos habían mostrado años antes por figuras como 2Pac o The Notorious B.I.G.

**Madvillain - *Madvillainy*** (Stones Throw, 2004)
La inclasificable unión de Madlib y el MC enmascarado MF Doom bajo el nombre de Madvillain para dar forma a un único disco en 2004 se puede considerar un momento histórico en el Hip Hop, y su resultado sigue siendo una obra de culto del Rap *underground* más inconformista y creativo. *Madvillainy* es un disco fragmentario, caótico, que parece responder a una lógica interna indescifrable y a la vez extrañamente coherente. La brevedad de las canciones, la superposición continua de *samples* y brevísimos pasajes instrumentales, el sonido austero y narcótico de electrónica de dormitorio sobre bases rítmicas desestructuradas de un Madlib inspirado como nunca, el *flow* brumoso e incansable del MF Doom más críptico y misterioso... tras una apariencia de falsa dispersión, este disco esconde una demostración apabullante de genio y maestría, y su irrepetible magia lo convierte en una obra fundamental de Hip Hop cerebral y abstracto, tan única y personal como influyente. Enfrentarse a *Madvillainy* es como observar un jeroglífico o escuchar un relato en una lengua que no conocemos pero que, por algún motivo que escapa a nuestra comprensión, nos suena familiar.

**J Dilla - *Donuts*** (Stones Throw, 2006)
La historia que rodea a este disco es de sobras conocida: Donuts se publicó el 7 de febrero de 2006. Ese día, J Dilla cumplía

32 años. *Donuts* había sido compuesto desde una cama de hospital, y exactamente tres días después de su publicación, J Dilla murió de un paro cardíaco. Resulta difícil acercarse a este disco sin que el peso emocional y la carga de profundidad que marca el dramatismo de sus circunstancias interfiera en el análisis objetivo de una obra que, aparte de ser la triste despedida de una figura única e irrepetible en la historia del Hip Hop, supone un despliegue de talento y creatividad al que muy poca gente puede aspirar. En un primer acercamiento, *Donuts* puede parecer un collage sonoro formado por múltiples fragmentos enlazados de forma más o menos aleatoria, pero tras sucesivas escuchas y prestando la atención que esta obra requiere, aparece una suite de 44 minutos llena de rincones escondidos, texturas oníricas, ambientes añejos que apelan a la nostalgia sin sonar tristes, códigos internos y capas y capas de puro genio y sensibilidad.

**MC Solaar - *Chapitre 7*** (Warner, 2007)
Convertido en un icono del Rap francés por derecho propio y asentado en una carrera tan sólida como respetada, el francés de origen senegalés MC Solaar decidió en 2007 viajar a Nueva York para dar forma a su séptimo trabajo; un disco que rompía conscientemente con el ya de por sí ecléctico universo musical de MC Solaar para dar forma a una obra tan arriesgada como personal. *Chapitre 7* mostraba a MC Solaar en un momento de madurez y de inquietud artística que le llevaba, sabedor de no necesitar justificarse ante nadie, a combinar de forma desprejuiciada Rap con Jazz, Samba o Reggae con un filtro constante de Rock en una colección de canciones que, si bien no tienen el peso clásico de sus primeros trabajos, muestran el enorme talento y la capacidad única para reinventarse de un artista que sólo entiende el Hip Hop como un proceso de continua evolución, y cuya influencia se extiende ya a lo largo de tres décadas.

**El-P - *I'll Sleep When You're Dead*** (Definitive Jux, 2007)
El-P lleva cerca de dos décadas redefiniendo los márgenes menos transitados del Hip Hop, ya sea al frente de Company *Flow*, dirigiendo el sello Definitive Jux, como responsable de Run The Jewels junto a Killer Mike o, como en el caso que nos ocupa, embarcado en una carrera en solitario tan sólida, influyente y respetada como esquiva y misteriosa. *I'll Sleep When You're Dead*, la que puede ser considerada como su más completa y personal obra, es una pesadilla tecnológica que radiografía el nuevo milenio y la alienación capitalista en la era digital a través de un Hip Hop denso y oscuro, asfixiante por momentos, cargado de ansiedad y paranoia. Las colaboraciones de Cat Power, Trent Reznor, Aesop Rock o The Mars Volta añaden colorido y capas de profundidad a un

disco tan incómodo como brillante y adictivo. «Up All Night», «The Overly Dramatic Truth» o «Smithereens (Stop Cryin')» son ejercicios de Rap descarnado y sucio en los que El-P desata un discurso alucinatorio, críptico, distópico y apocalíptico con una inteligencia y un nivel de control técnico que quitan el aliento.

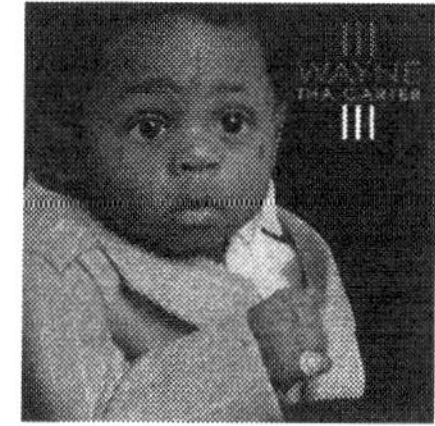


**Lil Wayne** - ***Tha Carter III*** (Cash Money, 2008)
Predestinado a crear polémicas y opiniones encontradas, el lanzamiento de *Tha Carter III* (publicitado hasta la saciedad, filtrado parcialmente a internet y retrasado en varias ocasiones) venía precedido de unas expectativas y un hype mediático que parecían forzar a crítica y público a sentenciar al histriónico MC de Nueva Orleans como un genio absoluto o como una gigantesca tomadura de pelo. Evidentemente, el tiempo ofrece la ventaja de la perspectiva y hoy sabemos que no se trataba de una cosa ni de la otra: *Tha Carter III* es, sencillamente, el disco que quizás mejor condense la esencia de uno de los personajes más sorprendentes y personales de la década de los dos mil. Lil Wayne reunía en su sexto disco todas las señas de identidad que le habían convertido en una estrella, y las extremaba en un trabajo excesivo, ambicioso hasta el extremo, irregular y errático por momentos, y brillante pese a su imperfección. En *Tha Carter III* hay electrónica de laptop y música de club, discursos incoherentes y chulería extrema, abuso del auto-tune, avisos acerca del advenimiento del Trap, y esencia Dirty South en cada uno de los exasperantes 80 minutos de duración de un álbum con espíritu de *mixtape*.

**Kanye West** - ***My Beautiful Dark Twisted Fantasy***
(Roc-A-Fella, 2010)
Acostumbrado a cambiar las reglas del juego con cada nuevo movimiento, Kanye West decidió despedir la década de los dos mil con un disco inclasificable dotado de un aura de obra superior que rompía con cualquier lógica comercial y convertía en inútil la intención de acotarlo mediante etiquetas. Con *My Beautiful Dark Twisted Fantasy*, Kanye West se despedía definitivamente del mundo que habitamos el resto de mortales para instalarse en un universo propio de puro genio creativo, lujo y megalomanía para ofrecer un trabajo impresionante que pasados los años sigue planteando interrogantes y ofreciendo múltiples niveles de lectura. *My Beautiful Dark Twisted Fantasy* es, en esencia, un imbatible disco de Rap que funciona como una oda al exceso y a la locura, como una muestra de talento antinatural dotado de una sensibilidad única, como plasmación del espíritu de una época o como un rompecabezas desestructurado que juega constantemente al absurdo y a la frivolidad; todas estas interpretaciones son correctas y, a la vez, se quedan cortas para definir un disco que, simplemente, se sitúa fuera del tiempo y el espacio.

# 4. PRESENTE Y FUTURO

*«¿Qué soñará el indescifrable futuro?»*

**Jorge Luis Borges**

# AIRES DE CAMBIO

En la edición de 2017 de los premios Grammy ocurrió un hecho sin precedentes en la industria musical que de alguna manera servía como ejemplo del cambio de paradigma (social, industrial, económico y cultural) desencadenado por el desarrollo de Internet y las nuevas tecnologías en el siglo XXI. El trabajo que se llevó el galardón a mejor disco de Rap fue *Coloring Book*, de un joven rapero de Chicago llamado Chance The Rapper, y lo insólito del galardón consistía en la naturaleza en sí de la publicación de la obra: *Coloring Book* se publicó inicialmente de forma exclusiva en la plataforma Apple Music (incorporándose posteriormente al resto de plataformas de *streaming*), siendo el primer lanzamiento en *streaming* en ser galardonado con un Grammy; Chance The Rapper no tenía contratos con ninguna discográfica; y *Coloring Book* se convirtió en la primera *mixtape* en aparecer en los rankings de Billboard teniendo en cuenta sus cifras de reproducciones, no de ventas.

El encumbramiento de Chance The Rapper con *Coloring Book* no reflejaba unicamente la renovación del Hip Hop gracias al talento de una nueva generación de jóvenes creadores; representaba también los aires de cambio en un momento en el que se deja de hablar progresivamente de ventas de discos para referirse a unidades de descarga y reproducciones de *streaming;* el peso de las discográficas disminuye frente al de las Redes Sociales; y se adapta a los nuevos tiempos el concepto de *mixtape*. Si bien las *mixtapes* existen desde los años ochenta, y ya se usaban en los días de Afrika Bambaataa y Grandmaster Flash (en esos tiempos una *mixtape* normalmente consistía en una grabación en directo de una sesión de un DJ, con fragmentos de diferentes canciones de diversos artistas mezclados según el estilo y pericia del DJ sobre los que un MC desarrollaba sus rimas; que se distribuía de forma gratuita o a bajo coste como herramienta promocional); a lo largo de la historia el concepto de *mixtape* siempre ha sido un elemento característico del Rap, como una recopilación no oficial de música (propia o ajena) sobre la que un artista añade sus propios elementos y que se distribuye al margen del mercado discográfico (normalmente desde sectores relacionados con el *underground* y la ética Do It Yourself; o como primeros pasos de un artista con el objetivo de darse a conocer, a modo de escalón previo a la publicación de un disco oficial).

Las nuevas formas de producción y consumo de música en la era digital, con la progresiva pérdida de importancia de los sectores intermediarios de la industria (discográficas, departamentos de promoción y publicidad...), ha provocado un nuevo significado de las *mixtapes*: el menor gasto y dificultad de producción que supone una *mixtape* (normalmente se utiliza material preexistente para crear las bases y ambientes); los niveles de desarrollo y democratización de la tecnología y los programas de edición y grabación de música (el estudio de grabación de antaño pasa a estar obsoleto para una generación capaz de recrear una grabación de un disco con un ordenador portátil, un móvil y los programas informáticos adecuados); y la irrupción de las Redes Sociales como principal núcleo irradiador de la cultura juvenil (en detrimento de los medios tradicionales como la prensa o la televisión) ha dado como resultado un nuevo escenario en el que las lógicas y usos clásicos de la industria musical han quedado en fuera de juego.

## RENOVACIÓN Y FUTURO

De igual forma que el Hip Hop (como cultura y como industria) se adapta a los tiempos actuales y toma nuevos rumbos en un proceso de continua evolución, el Rap como estilo musical también adopta nuevas formulaciones en la actualidad que se han convertido en masivas, seguidas mayoritariamente por un público muy joven. A la explosión del Trap vivida en la última década se le añaden nuevos subgéneros relacionados estrechamente con Internet y las nuevas formas de comunicación, que cohabitan

Little Simz: la nueva escuela.

y se influencian mutuamente con las formulaciones estéticas y estilísticas que el Hip Hop ha ido adoptando a lo largo del tiempo en una tradición que alcanza ya las cuatro décadas de historia. Mumble Rap, UK Drill, Trap Metal, Cloud Rap, Crunkcore o Emo Rap son nuevos vocablos del idioma del Hip Hop; y figuras como Young Thug, Migos, Rico Nasty, Yung Lean, Lil Uzi Vert, Earthgang, Megan Thee Stallion o Young M.A. se han convertido en estandartes de nuevas formas de hacer y entender el Rap.

Junto a las grandes estrellas del Hip Hop actual; como Drake, Nicki Minaj, Cardi B o Run The Jewels; y en paralelo a nombres clásicos que hoy en día siguen gozando de los mismos niveles de popularidad y relevancia que en décadas anteriores (en los tiempos de Twitter y TikTok, las carreras de Jay-Z, Kanye West, Eminem o The Roots se han mantenido en la cima de la industria); en los últimos años hemos visto la meteórica escalada de una nueva generación de creadores que tienden puentes de unión entre la tradición clásica del Rap y la modernidad más inmediata; y artistas tan dispares, profundos y brillantes como Kendrick Lamar, Mac Miller, Kae Tempest, Future, Little Simz, Travis Scott o Chance The Rapper han quedado grabados en la historia del Hip Hop como los grandes talentos de su generación. Con un presente así, parece que el futuro del Rap como expresión artística y del Hip Hop como cultura popular está más que asegurado.

## TRADICIÓN

En plena explosión del Trap, y con el panorama del Rap *mainstream* plagado de electrónica comercial y producciones futuristas, en 2012 se publicó un disco que pasó prácticamente desapercibido para los medios de comunicación generalistas y el gran público. El título del disco era *Speed Of Life*, y el nombre de la banda (Evitan) ofrecía una pista para entendidos acerca del contenido de sus canciones. Evitan («Native» escrito al revés) era la unión entre dos veteranos con biografías legendarias:

Princess Nokia: juventud y futuro.

Jarobi, de A Tribe Called Quest; y Dres, de Black Sheep; y su disco debut funcionaba como ejercicio de celebración de una época, la de Native Tongues en particular y el Hip Hop de la Era Dorada en general, cuyos rasgos diferenciales se han mantenido y transmitido a lo largo de los años por una tradición que, más que recrear el Hip Hop de los noventa a modo de revival, se ha encargado de renovar el Rap de raíces y el enfoque más clásico de la cultura Hip Hop en los tiempos actuales. Desde el Boom Bap con estética *underground* de Sage Francis o el clasicismo puramente *East Coast* de Joey Bada$$; al Rap confrontacional y explícitamente sexual de Junglepussy, CupcakKe o Megan Thee Stallion (sucesoras naturales de Lil Kim o Foxy Brown); pasando por la renovación del universo Gangsta testosterónico y callejero herencia de Ice T o, posteriormente, 50 Cent, abanderada por el malogrado Sean Price, Westside Gunn, Pusha T, Nipsey Hussle o Maxo Kream; o las fusiones alucinatorias de diferentes escuelas de Hip Hop clásico y las tendencias más vanguardistas de los inclasificables Danny Brown y Vince Staples; los preceptos básicos del Hardcore Rap característicos de la Era Dorada siguen constituyendo una rama sólida del Rap actual más enraizado en la tradición cultural del Hip Hop y menos permeable a las influencias y tendencias contemporáneas.

De igual forma que el Rap alternativo, orgánico y elegante, que en los dos mil tomó el relevo del universo Native Tongues vía el colectivo Soulquarians con su cruce entre el Hip Hop politizado de Mos Def o Talib Kweli y el Neo Soul de D'Angelo; en la segunda década del milenio nos encontramos, aparte del buen estado de forma creativo de The Roots y

Common (como principales estandartes del Hip Hop alternativo de herencia Jazz Rap y poso profundo en la actualidad), con una nueva generación de mujeres que recogen el legado de Lauryn Hill y Erikah Badu para dar forma a una escena de Hip Hop feminista, socialmente comprometido y de espíritu combativo y contestatario, alejado de la hipersexualización que muchas veces sufre la imagen de la mujer en el Hip Hop, y con los pies firmemente asentados en la tradición musical afroamericana descendiente del Soul y el Jazz. Parece que las palabras de Lauryn Hill cuando exclamaba «*Don't be a hard rock when you really are a gem*» («*No seas un pedrusco cuando realmente eres una joya*») han cristalizado en los últimos tiempos dando como resultado una explosión de talento apabullante a través de un plantel imprescindible de mujeres como Noname, Che Noir, Chika, Jean Grae, Nappy Nina y, especialmente, Sa-Roc y Rapsody en la vertiente más enraizada en el Hip Hop estricto; Tierra Whack, Princess Nokia o la brasileña Karol Conká como los extremos más coloridos y multidimensionales del camino trazado en su día por Missy Elliott; y Jamilla Woods, Georgia Anne Muldrow, la nigeriana Nneka o la zambiana Sampa The Great en su cara más polifacética y cercana al R&B moderno, el Neo Soul y las raíces africanas.

## NUEVO UNDERGROUND

Shabazz Palaces: veteranía y riesgo.

En la última década, el submundo del Hip Hop *underground* ha vivido un periodo fértil y apasionante en el que las fórmulas más experimentales y menos accesibles del Rap se han desarrollado en mil direcciones diferentes, expandiendo el Hip Hop inconformista y experimental hacia nuevos terrenos expresivos en los que la abstracción, el rupturismo y el riesgo interactúan generando una oleada de proyectos y discos tan brillantes y creativos como esquivos y subterráneos. El *underground* más innovador e inquieto nos ha permitido disfrutar en estos últimos años de los universos cerebrales y enigmáticos de Ishmael Butler (conocido como Butter-

Homeboy Sandman:
*underground* en el siglo XXI.

fly en sus años en Digable Planets) al frente de Shabazz Palaces y su fusión imposible de Jazz vanguardista, Dub alucinatorio y Rap abstracto; el inclasificable Hip Hop atravesado de psicodelia lo-fi y mística espiritual de Gonjasufi; la crudeza críptica y politizada de JPEGMAFIA; los experimentos colaborativos de Geoff Barrow (Portishead) a los mandos de Quakers; o el retorno de Deltron 3030 (Kid Koala, Dan The Automator y Del The Funky Homosapiens) y su Rap futurista cargado de fantasía y ciencia ficción.

Como una corriente subterránea que fluye al margen del rumbo comercial del Hip Hop, e imbuyéndose de las nuevas posibilidades técnicas y estéticas de la electrónica actual y el Rap contemporáneo para enriquecer carreras tan personales como sólidas y versátiles; en la segunda década del milenio se han consolidado trayectorias y proyectos entendidos como carreras de fondo que han pasado a engrosar una escena, la del Rap alejado de los focos *mainstream*, en continua evolución creativa. Homeboy Sandman tomando el relevo de Company *Flow* desde el *underground* neoyorquino; la brillante unión de los imprescindibles Billy Woods y Elucid para dar forma a Armand Hammer; la consolidación de 9th Wonder (Rapsody, Westside Gunn, Kendrick Lamar...) o The Alchemist (Freddie Gibbs, Action Bronson, Joey Bada$$, Earl Sweatshirt...) como nuevos productores estrellas del Rap alternativo; el universo con estética de cómic de Czarface (con Inspectah Deck en sus filas) y sus colaboraciones con MF Doom o Ghostface Killah; o el Soul luminoso, de factura retro y aires Gospel de Oddisee; son algunos ejemplos de las joyas que el Hip Hop *underground* norteamericano ha producido en los tiempos recientes.

## ODD FUTURE

Una de las canteras más fértiles en cuanto a nuevos talentos surgidos en el Hip Hop en los últimos tiempos tiene su sede (como no) en Los Ángeles y responde al nombre de Odd Future. Desde 2007, Odd Future funciona

Odd Future: un universo propio.

como colectivo artístico en el que un cambiante y explosivo plantel de MCs, productores, diseñadores, DJs, skaters o directores de videoclips interaccionan para dar forma a un universo de *mixtapes* y proyectos colaborativos que ha servido como lanzadera para algunas de las figuras más interesantes e innovadoras del Rap actual. Tyler, The Creator, Hodgy, Earl Sweatshirt, Frank Ocean o Syd Tha Kid (y su proyecto The Internet), se encuentran entre los nombres más destacados de un colectivo (inicialmente el objetivo de Odd Future era publicar una revista) que ha terminado por convertirse en un estilo en sí mismo. Según el periodista Jason Lymangrover, Odd Future «*hacen pensar en unos Wu-Tang Clan más jóvenes y alocados, si los del Clan hubiesen sido skaters y rimaran sobre drogas y sangre en lugar de ajedrez y Kung Fu*». El carácter ecléctico, descarado, a menudo críptico y confrontacional de Odd Future (con actuaciones en directo en las que priman un salvajismo más propio del Hardcore Punk que del Rap), desplegado en infinidad de grabaciones y colaboraciones desde la publicación de la primera *mixtape* del colectivo en 2008 (*The Odd Future Tape*), ha ido convirtiéndose con los años en una filosofía y una forma propia de entender el Hip Hop que ha cristalizado en algunos de los discos más celebrados del Hip Hop actual (tanto Tyler, The Creator como Earl Sweatshirt o Frank Ocean se encuentran entre los grandes nombres de la renovación del Rap contemporáneo).

Con una legión de seguidores de culto; y cargada de humor grueso, vacile, incorrección política, misterio, fiesta y experimentación creativa libre e imposible de encorsetar; la familia Odd Future y sus múltiples ramificaciones (The Jet Age Of Tomorrow, MellowHype, Sweaty Martians, I Smell Panties, MellowHigh...) es dueña de un corpus artístico apasionante desplegado en un periodo muy corto de tiempo (la actividad musical del colectivo ha ido disminuyendo en pos de las carreras cada vez más asentadas de sus miembros en solitario), y su popularidad le ha llevado a crear su marca de ropa y a tener un programa propio (*Loiter Squad*) en el canal de humor Adult Swim.

## BLACK HIPPY

Black Hippy: talento y renovación.

A medio camino entre el concepto de colectivo y el de súper banda, la unión de Kendrick Lamar, Schoolboy Q, Jay Rock y Ab-Soul bajo el nombre de Black Hippy es una de las más refrescantes y creativas sorpresas que ha producido el universo del Hip Hop contemporáneo en la segunda década del milenio. Procedentes de South Los Angeles, y agrupados en torno al sello Top Dawg Entertainment (hogar también de SZA e Isaiah Rashad, entre otros), Black Hippy representan (junto a Odd Future y visionarios del nuevo Horrorcore como Death Grips o Ho99o9) la renovación y subida de nivel artístico del Rap de la Costa Oeste en los tiempos post Gangsta y G-Funk. Pese a no haber publicado ningún disco oficial como Black Hippy, la constelación de colaboraciones entre Kendrick Lamar y el resto de miembros del inclasificable colectivo desde 2008 (aunque los miembros son colaboradores frecuentes, apareciendo regularmente en los respectivos proyectos en solitario de cada uno, muchas veces ni siquiera se acreditan como artistas invitados), ha producido una serie de obras fundamentales para la evolución del Hip Hop en los últimos tiempos: *Good kid, m.A.A.d city*, *To Pimp A Butterfly* o *DAMN*, de Kendrick Lamar; *Oxymoron* o *Blank Face*, de Schoolboy Q; o Control System, de Ab-Soul; son trabajos imprescindibles en el desarrollo del Hip Hop en la última década. Con unos niveles de sabiduría, inventiva, originalidad y destreza técnica impropios de su edad; los cuatro Black Hippy sacudieron los cimientos del nuevo Hip Hop en 2011 con la publicación de sus respectivos discos debut, estableciéndose como cuatro de los artistas más profundos, innovadores y brillantes de su generación. A partir de ahí, cada nuevo paso en las carreras individuales de los miembros de Black Hippy (amparados y promocionados por Dr. Dre y Snoop Dogg; aclamados por la comunidad Hip Hop y por los medios de comunicación; y celebrados y premiados por la industria musical) supone un capítulo fascinante donde la tradición de la cultura afroamericana y los elementos fundamentales de la estética del Rap se insuflan de modernidad, futurismo e inconformismo creativo para redefinir los parámetros del Hip Hop en la era contemporánea.

## A$AP MOB

ASAP Mob: nuevas estrellas.

Desde el corazón de Harlem, y fruto de la hiperactiva mente de un joven MC llamado Steven Rodríguez, pero conocido como A$AP Yams; en 2006 nació una inclasificable y creativa constelación de MCs, productores, artistas urbanos, diseñadores de moda, modelos, fotógrafos y directores de videoclips bajo el nombre de A$AP Mob. Adoptando el apodo A$AP (acrónimo de *Always Strive And Prosper*) como rasgo distintivo de cada uno de sus miembros (A$AP TyY, A$AP Nast, A$AP Bari, A$AP Twelvyy, A$AP Ferg, A$AP Snacks...), el colectivo se convirtió rápidamente en una de las más prometedoras canteras del Rap moderno y saltó a la primera línea de la vanguardia del Hip Hop contemporáneo en 2011 gracias a la publicación de *Live.Love.A$AP*, la *mixtape* con la que A$AP Rocky (el miembro más preeminente y con mayor repercusión comercial del colectivo) se coronaba como uno de los talentos más interesantes del panorama del Rap actual. *Lords Never Worry*, la primera *mixtape* de A$AP Mob como colectivo, lanzada en 2012 de forma gratuita como descarga digital, supuso la confirmación definitiva del disfuncional y misterioso grupo de brillantes inadaptados como algo más que una promesa.

Estructurados en forma de cruce entre un colectivo artístico y una logia masónica, A$AP Mob recogían el testigo del cripticismo fantasioso de Wu-Tang Clan y lo filtraban a través de una personal y fresca manera de entender el Hip Hop en los tiempos modernos; convirtiendo al colectivo (y a cada uno de sus miembros de forma individual, especialmente A$AP Rocky con sus indiscutibles discos *Long.Live.A$AP* y *At.Long.Last.A$AP*; y A$AP Ferg con *Trap Lord*) en un estilo en sí mismo a base de atmósferas oscuras y enigmáticas de ambientes retro, una personalísima interpretación del Trap y la electrónica más densa, y una estética cargada de simbolismo gótico y ocultista. Tras convertirse en colaboradores de las marcas de ropa Vlone y Blvck Scvle, la noticia en 2015 de la muerte por sobredosis de A$AP Yams, con veintiséis años, sacudió los cimientos del colectivo, que decidió rendir homenaje a su fundador utilizando una foto infantil de A$AP Yams como portada de *Cozy Tapes Vol.1: Friends*, el flamante debut oficial de A$AP Mob en 2016. *Cozy Tapes Vol.1: Friends* (con colaboraciones de Wiz Khalifa, Skepta o Tyler, The Creator), así como su continuación de 2017 *Cozy Tapes Vol.2: Too Cozy* (en el que aparecen RZA, Gucci Mane o Joey Bada$$); recibieron una respuesta entusiasta de público y medios, agradando el prestigio y reconocimiento general de A$AP Mob dentro de la comunidad Hip Hop y creando un sentimiento de anticipación ante la publicación de la tercera entrega de sus *Cozy Tapes*; un lanzamiento interrumpido por la fatalidad y la tragedia con la muerte en 2020, con pocos meses de diferencia, de dos de sus miembros más prometedores: el DJ A$Ap Snacks y la MC y modelo Chynna.

## EL HORROR

Una de las más sorprendentes encarnaciones del Hip Hop *underground* en los últimos años es la reconfiguración y adaptación a los nuevos tiempos de las tendencias más incómodas y crudas del Rap aglutinadas bajo el amplio término Horrorcore; en unos casos otorgándole una profundidad artística y un afán experimental inédito en el estilo, y en otros incidiendo en los aspectos más superficiales y morbosos de un subgénero que, alejado de cualquier enfoque comercial, ha pasado a gozar de un predicamento único tanto dentro del Hip Hop como en escenas relacionadas con el Metal, el Hardcore Punk, el Indie experimental o la música industrial.

Desde la soleada California, el cambio de década vio como en las páginas de publicaciones y medios de renombre (de *Pitchfork* a *Rolling Stone*, pasando por *NME*, *Uncut* o *The Source*) aparecían una serie de nuevos nombres que rompían con lógicas comerciales y tendencias de moda para llevar al Hip Hop a un terreno inexplorado donde la densidad tecnológica, la experimentación ruidista y el Rap más abstracto se cruzaban con la contundencia del Hardcore Punk, la frialdad asfixiante de la música industrial y los vértices más ariscos de la música concreta, la electrónica subterránea o el mundo del Metal. Bajo el amplio y nunca preciso paraguas de la etiqueta Horrorcore, en la segunda década de los dos mil surgen una serie de bandas que recogen el imaginario oscuro y el sonido abrasivo de veteranos como Dälek o El-P, y le dan una vuelta de tuerca añadiendo un cripticismo conceptual, una dimensión de reflexión artística y un acercamiento a los sonidos y la actitud del Hardcore Punk que resultan en una nueva manera de entender el Rap desde los extremos. Esta nueva fórmula de Horrorcore, en la que el Rap se codea con la música industrial de Ministry, el Death Metal de Slayer, las bandas sonoras de John Carpenter, el Digital Hardcore de Atari Teenage Riot o el Hardcore de Bad Brains; queda sublimada por tres de las más interesantes y complejas bandas que han surgido del universo del Rap inadaptado en los últimos años: Death Grips (en los que milita el batería Zach Hill, miembro de los inclasificables Hella), Ho99o9 (con Brandon Pertzborn, antiguo batería de Black Flag, entre sus filas) y Clipping (la suma de Daveed Diggs y los productores William Hutson y Jonathan Snipes).

En paralelo al universo *arty* de Ho99o9 o Clipping, y con un público mucho más joven; otra forma de Rap oscuro con estética ocultista ha cristalizado en los últimos tiempos, promovida principalmente desde las Redes Sociales y las plataformas de *streaming*. Enfocando la oscuridad y aspereza del Horrocore desde los sonidos actuales del Trap, e insuflando a su música de crudeza industrial, y a su estética y contenido lírico de una imaginería satánica y violenta; una nueva generación de mujeres ha emergido en los últimos años para dar forma a una escena de Hip Hop pesadillesco y Trap oscuro y denso que ha colocado a las norteamericanas The Buttress, Siiickbrain o Gurldoll; las canadienses Princessbri y Dana Dentata; o la australiana Zheani al frente de una de las tendencias más extremas, subterráneas y sorprendentes del amplio árbol genealógico del Hip Hop en la actualidad.

## CODEÍNA Y TATUAJES

Compartiendo elementos estéticos con la corriente Horrorcore, pero sin la profundidad de contenido y coartada artística de Death Grips o Clipping, en la segunda década del milenio una nueva tendencia se expande como la pólvora en el submundo digital de las derivaciones estilísticas del Trap bajo las confusas etiquetas de Dark Trap, Drill, Trap Metal o Death Trap. Recogiendo

City Morgue: pesadillas y sangre.

Suicide Boys: la oscuridad.

influencias del escabroso y sucio universo de cine Gore, pornografía, drogas y Metal de Necro, Three Six Mafia o Non Phixion; y reorientando el sonido del Horrorcore hacia terrenos de electrónica actual, nace una escena originada en los rincones más oscuros de internet y protagonizada por una legión de adolescentes que, desde el universo de las Redes Sociales, proponen un cruce improbable de Trap (y las diferentes variaciones de subgéneros surgidos de internet en los últimos años), con elementos de Metal extremo y música industrial; el resultado es un océano tenebroso de jóvenes de estética amenazante y discurso nihilista, que alternan los fraseos de cadencia Mumble y la electrónica de dormitorio con gritos, guitarras eléctricas, ritmos acelerados herederos del Hardcore Punk y un imaginario sangriento y oscuro que bebe del Death Metal, el ocultismo y el cine de terror.

El inglés Scarlxrd, con su fusión de Mumble y Nu Metal; Ghostemane y su Trap de estética Black Metal; o las pesadillas sangrientas y narcóticas de $uicideboy$ y Bones; son algunos de los nombres más populares de la reinvención del Horrorcore en la segunda década del siglo XXI, con vídeos que alcanzan cifras millonarias de visionados y canciones que revientan los índices de escuchas en las plataformas de *streaming*. Con los nuevos sonidos y estilos de la década, también surgen nuevas fuentes de inspiración dentro de esta escena, que suma a su imaginario habitual de violencia, pornografía y casquería una insana obsesión por las enfermedades mentales, la alienación, la ansiedad y la depresión; sumada al abuso de nuevas drogas de diseño, narcóticos con receta, opiáceos de todo tipo y la mezcla de jarabe para la tos, refrescos y chucherías que, con el nombre de *Lean*, se convierte en la bebida oficial del Trap. Denzel Curry y su colectivo Raider Klan (Chris Travis, Xavier Wulf, SpaceGhostPurrp, Yung Simmie...) capitanean la vertiente Dirty South del nuevo movimiento de adolescentes traperos obsesionados con las drogas, la decadencia, la muerte y el sexo más tóxico; mientras City Morgue, con Zillakami al

Scarlxrd: nuevos extremismos.

frente, encarnan la versión neoyorquina.

La obsesión morbosa por la muerte y la depresión forman parte de la estética de esta escena, de igual forma que las caras tatuadas o los pelos decolorados; la romantización del suicidio, el abuso de narcóticos y la violencia son temas comunes en una generación de jóvenes que destaca por el extremismo, no sólo a nivel musical y estético, sino tristemente aplicado a la vida real: XXXTentacion tenía veinte años cuando fue asesinado (habiendo sido previamente condenado por continuas y brutales agresiones a su novia embarazada); Kodak Black ha sido detenido y juzgado en numerosas ocasiones por violación y posesión de armas antes de cumplir veinticuatro años; Lil Loaded se suicidó a los veinte años mientras estaba siendo juzgado por homicidio; Smoke Dawg y Jimmy Wopo tenían veintidós y veintiún años respectivamente cuando fueron asesinados; Lil' Peep, Hella Sketchy y Juice Wrld murieron de sobredosis sin haber cumplido los veintidós; y 6ix9nine ha sido juzgado por estafa, violencia doméstica, pornografía infantil, tráfico de drogas y múltiples agresiones sin haber cumplido todavía treinta años.

## DRILL

Londres, dos de abril de 2018. En dos puntos diferentes del centro de la ciudad, y con pocos minutos de diferencia, mueren asesinados a tiros Tanesha Melbourne (17 años) y Amaan Shakoor (16 años). Al día siguiente, un joven de 18 años llamado Israel Ogunsola muere a machetazos en un barrio de la periferia. La siguiente noche, seis adolescentes de entre 13 y 17 años son apuñalados en un espacio de tiempo de tan sólo 90 minutos. Poco después, cinco jóvenes (uno de 21 años, dos de 16 y dos de 14) son detenidos por el secuestro y tortura de otro joven de 16 años. En todos estos casos, la policía utilizó vídeos publicados en Redes Sociales y en la plataforma Youtube como pruebas para detener y condenar a los culpables. Según datos de los cuerpos policiales británicos, sólo en el área metropolitana de Londres se produjeron más de 4000 apuñalamientos entre miembros de bandas callejeras adolescentes en 2018. Al año siguiente, la cifra superaba los 5000 casos, de los cuales 122 terminaron en homicidio. A petición de la policía metropolitana de Londres, Youtube accedió a retirar cientos de vídeos (a menudo con imágenes de enfrentamientos reales), que las autoridades consideran armas dentro de una guerra de bandas formadas por adolescentes (edad media 14-17 años), escondidos tras balaclavas y armados con machetes, que utilizan Youtube como plataforma para amenazar a rivales o para relatar actividades criminales (principalmente agresiones) mediante vídeos de un estilo musical de reciente aparición llamado UK Drill. Bajo el nombre de *Operation Domain*, la policía británica ha monitorizado más de dos mil vídeos en Youtube, estableciendo una relación directa entre el UK Drill y la escalada sin precedentes de violencia juvenil en el Reino Unido en los últimos dos o tres años. Fruto de esta ofensiva policial se han producido cientos de detenciones, decenas de condenas de cárcel y la prohibición expresa de la publicación o interpretación pública de canciones de UK Drill.

Caracterizado por un contenido lírico oscuro, violento y nihilista sobre bases minimalistas y a menudo genéricas; el Drill nace como subestilo del Trap en Chicago en 2010. Inicialmente encabezado por Chief Keef, Fredo Santana (fallecido en 2018) o Lil Reese (superviviente de dos intentos de asesinato, en 2019 y 2021); la formulación específica que el estilo adopta en el Reino Unido bajo el nombre de UK Drill ha desatado una alarma social en los últimos años. A medio camino entre bandas de música y organizaciones criminales, un archipiélago de grupos con nombres formados por números y siglas (normalmente en referencia a los códigos postales de diferentes barrios de Londres) ha inundado Youtube y diferentes Redes Sociales de vídeos de Trap con estética oscura y urbana, protagonizados por adolescentes protegiendo su identidad mediante máscaras y pasamontañas. En estos vídeos, los machetes emergen como accesorios fundamentales de una subcultura marginal en la que a través de las Redes Sociales se han llegado a otorgar puntuaciones en base a la gravedad de las heridas infligidas a los rivales.

Voces críticas con esta ofensiva anti UK Drill argumentan lo peligroso de moverse en la fina línea que separa la prevención de delitos con un ejercicio de censura; recordando los cambios legislativos introducidos en el Reino Unido en los noventa para criminalizar la cultura *Rave*, mediante los cuales se prohibía la reproducción pública de «*música caracteri-*

*zada por ritmos repetitivos*» en reuniones de diez o más personas; o la *Operation Trident*, que a principios de los dos mil relacionaba el aumento de la delincuencia juvenil en el Reino Unido con el nacimiento y expansión de la música Grime. Dichas voces defienden que criminalizar la música no soluciona el problema de la violencia, si no se abordan las causas materiales de la marginalidad a la que amplias zonas del área metropolitana de Londres se han visto abocadas en los últimos años debido a las políticas de austeridad, el abandono institucional y el impacto de las últimas crisis económicas.

UK Drill: la amenaza.

## NEW JAZZ (USA)

«Bebop y Hip Hop están conectados de muchas maneras; muchos raperos me recuerdan a los chicos del Bebop en términos de improvisación, ritmo y rimas. Mi sueño es ver el Hip Hop incorporado en la educación: tienes la juventud del mundo en la palma de tu mano». Cuando Quincy Jones hizo estas declaraciones, lo hizo desde la legitimidad y sabiduría ganadas por derecho propio como testigo privilegiado y actor fundamental del desarrollo de la cultura afroamericana en las últimas siete décadas. El componente sociológico enraizado en la tradición de la música negra que caracteriza a la cultura Hip Hop ha estado conectado desde siempre con el Jazz, como dos de los géneros musicales que mejor han sabido tomarle el pulso a la calle y recoger las inquietudes culturales, artísticas, sociales, espirituales o políticas de la comunidad negra en cada época. Desde el *sampleo* de clásicos del Jazz en los días dorados de A Tribe Called Quest o Gang Starr; a la incorporación de instrumentación real y el paso a colaborar con músicos de Jazz que Guru llevó a la perfección con su mítico *Jazzmatazz Vol.1* (fórmula recogida y expandida posteriormente por Digable Planets, The Roots o Lauryn Hill); la relación entre el Jazz y una parte importante del Hip Hop ha sido siempre tan estrecha como fructífera.

Robert Glasper: presente y futuro.

En la segunda década del siglo XXI, el surgimiento de nuevas corrientes renovadoras y experimentales dentro del Jazz, capitaneadas por una generación de jóvenes figuras llamadas a liderar los nuevos vientos de cambio de un estilo tan anclado en el clasicismo como abierto a la continua evolución, dará como resultado una nueva forma de interrelación entre Jazz y Hip Hop, difuminando las fronteras entre géneros y redefiniendo los elementos estéticos y sonoros de la corriente Jazz Rap para adecuarla a los nuevos tiempos. Robert Glasper se encargaría de sentar las bases de una nueva concepción del Jazz Rap con la publicación de los brillantes y premiados *Black Radio* (Blue Note, 2012) y *Black Radio 2* (Blue Note, 2013); dos discos con los que el pianista de Houston redefinía la suma de Rap y Neo Soul que Fugees o The Roots habían llevado a lo más alto de las listas de ventas durante la década anterior para insuflarla de influencias electrónicas y actitud de vanguardia. Erykah Badu, Lupe Fiasco, Mos Def o Common se sumaron al proyecto de Glasper; otorgándole una profundidad y unos niveles de lectura apasionantes, así como un indiscutible marchamo Hip Hop. Glasper ganó un Grammy gracias a *Black Radio*, y su relación con el mundo del Rap continuaría mediante colaboraciones habituales con Kendrick Lamar, Q-Tip, Mac Miller o Talib Kweli; así como con el excelente *August Greene* (August Greene, 2018), un proyecto en el que unía fuerzas una vez más con Common.

La presencia de Kamasi Washington (uno de los nombres mayúsculos del Jazz en el nuevo milenio) en *To Pimp A Butterfly* (Aftermath, 2015) o *Dawn* (Aftermath, 2017) de Kendrick Lamar, así como en *Run The Jewels 3* (Mass Appeal, 2016); la sorprendente y brillante unión del Wu-Tang Clan Ghostace Killah con el trío canadiense de Jazz vanguardista BadBadNotGood para dar forma a *Sour Soul* (Lex, 2015); o la inclasificable fusión de Jazz abstracto, Rap y música clásica contemporánea de Ambrose Akinmusire en su enorme e imprescindible *Origami Harvest* (Blue Note, 2018); son algunas de las joyas que la permeabilidad entre New Jazz y Hip Hop ha generado en los últimos años, expandiendo los horizontes creativos de ambos géneros y dando como resultado obras de una calidad musical superior y una relevancia cultural fundamental. Esta permeabilidad entre estilos adopta su vertiente más ecléctica y experimental en torno a sellos como International Anthem, hogar de un plantel de artistas (Jeff Parker, Jamie Branch, Sons Of Kemet, Irreversible Entanglements...) dedicados a dinamitar los corsés estilísticos para redefinir el concepto de Jazz, entre los que destaca el batería, productor y arquitecto de *beats* Makaya McCraven.

## NEW JAZZ (UK)

Makaya McCraven: Jazz y beatmaking.

Makaya McCraven, natural de Chicago y maestro del cruce entre *turntablism* y las grabaciones de jams de improvisación para dar forma a discos inclasificables donde el Jazz canónico se transfigura en Hip Hop abstracto herencia de J Dilla o DJ Shadow; sorprendió a propios y extraños con la publicación de *Where We Come From (Chicago x London Mixtape)* (International Anthem, 2018); una obra apasionante, compleja y críptica de New Jazz con factura electrónica y estética Hip Hop en la que se rodeaba de un batallón de jóvenes talentos (Nubya Garcia, Theon Cross, Emma-Jean Thackray, Kamaal Williams, Soweto Kinch, Joe Armon-Jones...) procedentes de la escena

Jazz *underground* del Reino Unido, estableciendo puntos de encuentro entre el universo de International Anthem y una nueva generación de jovencísimos y talentosos creadores que, con el cuartel general establecido en el sur de Londres, están redefiniendo los parámetros formales del Jazz, desde una perspectiva generacional formada tanto en aulas de conservatorio y jams de improvisación como en sesiones de Grime y Hip Hop.

Esta nueva hornada de talentos comparte un mismo impulso de urgencia creativa en el que los preceptos básicos de improvisación y creación colectiva característicos de la tradición del Jazz se enfocan hacia la demolición de fronteras entre estilos y sonoridades, dando como resultado una escena cultural apasionante nacida en el *underground* y con sentido comunitario, de actitud reivindicativa y estética urbana, respetuosa con la tradición pero con la mirada puesta en el futuro. Jazz moderno, electrónica de club, Afrobeat, Rap abstracto, Grime o Dub forman el caldo de cultivo principal del que bebe una escena en la que los rasgos éticos y estéticos del Hip Hop se funden con los del Jazz creando un universo propio que orbita en torno a sellos como Jazz Re:freshed y espacios como Church Of Sound (una antigua capilla en el este de Londres) o, sobretodo, Total Refreshment Center; epicentro físico de esta explosión artística y especie de laboratorio de creación multidisciplinar que sirve como elemento catalizador de toda una corriente creativa que transita con naturalidad del Jazz al Grime, el Hip Hop, la psicodelia o la electrónica en un derroche continuo de creatividad, experimentación y virtuosismo a partes iguales; una generación que nos ha regalado en los últimos años el cruce de Jazz, Funk y Hip Hop del teclista y DJ de origen taiwanés Kamaal Williams (miembro también de Yusseff Kamaal, junto al batería Yusseff Dayes); la colaboración de Kae Tempest con The Comet Is Coming (un trío de Jazz abstracto, capitaneado por el incombustible saxofonista Shabaka Hutchins, que mete sus pies en el Hip Hop y la psicodelia y que ha conseguido remover los cimientos de Impulse! Records); la abstracción electrónica de la trompetista y *beatmaker* Emma-Jean Thackray; el punto de encuentro entre Jazz, Hip Hop y los sonidos más ácidos del Funk y el Jazz psicodélico de los setenta de SEED Ensemble; el Jazz atravesado de Drum'n'Bass y House de Richard Spaven; el Soul nocturno cargado de Hip Hop ambiental de Alfa Mist; la colaboración de Loyle Carner con los eclécticos Ezra Collective; o el particular universo, a medio camino entre Miles Davis y Dizzee Rascal, del multipremiado y jovencísimo batería Moses Boyd.

## GENERACIÓN BREXIT

Slowthai: la nueva Inglaterra.

«*The only queen I know is my mum*» («*La única reina que conozco es mi madre*»), declaraba Tyron Kaymone Frampton, más conocido como Slowthai, en una entrevista concedida a *The Guardian* en 2019 con motivo de la publicación de su disco debut *Nothing Great About Britain*. Slowthai, natural de Northampton, había lanzado su primer single tres años atrás, coincidiendo con la votación para la salida del Reino Unido de la Unión Europea, y la campaña promocional de *Nothing Great About Britain* (frase que el joven MC lleva tatuada) incluía numerosas vallas publicitarias repartidas por todo Londres con datos sobre cambios sociales y económicos sufridos en Gran Bretaña desde el referéndum de mayo de 2016 (una de esas vallas decía: «Los delitos motivados por prejuicios registrados en el Reino Unido han aumentado un 123% en los últimos cinco años»). *The Guardian*, que calificó el Brexit como «un trágico error nacional», presentaba a Slowthai como una de las figuras más destacadas de la nueva generación de artistas que están tomando las riendas del Hip Hop británico en los últimos años, readaptando los parámetros estilísticos del género en los nuevos tiempos y dotando al Rap, Grime, UK Garage y demás ramificaciones del Hip Hop y la música electrónica en el Reino Unido de un contenido crítico social y un mensaje subversivo (tan marcado por el Brexit y la expansión de la Alt-Right como por el estallido de movimientos como Black Lives Matter o Antifa), que no sólo capta el espíritu de su tiempo sino que está expandiendo el interés por la política entre los jóvenes británicos. Slowthai, que acaparó polémicas y titulares al actuar en los prestigiosos Mercury Prize Awards sosteniendo en su mano la cabeza cortada de Boris Johnson, convierte su música en un retrato costumbrista y callejero de la cara B de una sociedad enfrentada a nuevos interrogantes sobre viejos antagonismos de clase, raza y sexo; que el Brexit ha reformulado añadiendo cuestiones demográficas, generacionales o geográficas (siendo las grandes núcleos urbanos, superpoblados y multiculturales, las zonas donde recibe menos apoyo).

«*The wrongs of our past have resurfaced despite all we did to vanquish the traces*» («*Los males de nuestro pasado han resurgido a pesar de todo lo que hicimos para borrar las huellas*»), declamaba la inabarcable Kae Tempest en la apocalíptica «Europe Is Lost», pieza fundamental en la carrera de una de las personalidades artísticas más imprescindibles que ha surgido en el mundo de la cultura británica en la última década. Tempest, pese a jugar en una liga propia, representa junto a Little Simz un enfoque del Hip Hop como radiografía certera de la sociedad y como plataforma de análisis crítico vehiculado a través de la música en la era del Brexit; un impulso contestatario que goza de una larga tradición en la escena Hip Hop del Reino Unido; desde las consignas antiracistas de Roots Manuva y la celebración de las raíces afrocaribeñas e indias tan presentes en el Hip Hop británico desde sus primeros días; hasta la estrecha relación del colectivo Roll Deep (Wiley, Dizzee Rascal, Skepta, Manga Saint Hilare...) con la organización Love Music Hate Racism.

Stormzy al grito de «*Fuck the government and Fuck Boris!*»; la improbable unión de Skepta con Mick Jagger en «England Lost» («*I went to see England, but England lost, and everyone said we were all ripped off*»; «*Fui a ver Inglaterra, pero Inglaterra perdió, y todos dijeron que fuimos estafados*»); o la contundencia de Bob Vylan en «I Heard You Want Your Country Back», con su lapidario «*The only place I know, stolen right under my nose by ignorant scum tryna lay claim to a land that ain't theirs anyway*» («*El único lugar que conozco, robado delante de mis narices por escoria ignorante intentando reclamar una tierra que de todas formas no es de ellos*»); son ejemplos de cómo ha cristalizado en los últimos tiempos la actitud crítica y analítica del Rap británico de nuevo cuño, comprometido con la realidad de las clases populares en un momento histórico con regusto a encrucijada.

## 15 artistas fundamentales del presente y futuro del Rap

### Kendrick Lamar
***Pasado, presente y futuro del Hip Hop***

El 30 de mayo de 2018, un rapero californiano de 31 años llamado Kendrick Lamar se convirtió en el primer músico no perteneciente al sector de la música clásica en recibir un premio Pulitzer. Dana Canedy, la primera mujer (y la primera afroamericana) en dirigir la organización Pulitzer, comentó al entregar el premio: «*Felicidades. Parece que ambos vamos a hacer historia este año*». La entrega del galardón no suponía únicamente el reconocimiento del Hip Hop como una forma artística elevada y relevante por parte de la élite cultural estadounidense: era también la confirmación de Kendrick Lamar como una de las figuras más importantes del arte y la cultura de la última década. Pese a su juventud, el corpus artístico de Kendrick Lamar le ha llevado a recibir, aparte del mencionado Pulitzer; 13 premios Grammy, una nominación a los Oscar, el reconocimiento y reverencia de la comunidad Hip Hop como uno de los nombres fundamentales en la historia del Rap, y la consideración general como figura imprescindible en el desarrollo de la tradición musical afroamericana en el siglo XXI.

Nacido en Compton en 1987, y relacionado desde pequeño con la comunidad Hip Hop y el universo de las bandas callejeras, Kendrick Lamar dio muestras de un genio inusual y un talento único desde el momento en el que publicó su primera *mixtape The Hub City Threat: Minor Of The Year*. Lamar tenía 16 años en ese momento, se hacía llamar K.Dot, y la brillantez de sus letras (tan crudas y callejeras como poéticas y literariamente elevadas), así como su imparable destreza rimando llamaron inmediatamente la atención del sello Top Dawg Entertainment. Tras numerosas *mixtapes* que le colocaron al frente del Hip Hop *underground* californiano del momento, y de formar el colectivo/superbanda Black Hippy junto a Ab-Soul, Jay Rock y Schoolboy Q; el debut oficial de Kendrick Lamar llegará con *Section 80* (Top Dawg, 2011); un disco conceptual centrado en torno a dos personajes ficticios (Tammy & Keisha) a través de los cuales Kendrick Lamar desarrollaba un retrato generacional de la juventud en el Compton actual. Section 80 recibió una respuesta entusiasta por parte de la comunidad Hip Hop; pero fue con *Good Kid, M.A.A.D City* (Top Dawg, 2012) cuando Kendrick Lamar se colocó en la cima del Rap en el siglo XXI.

La capacidad de Kendrick Lamar de aunar poesía, política, Funk, Soul, reflexiones profundas y críticas, narrativa elevada, electrónica, baile, chuleria, sensibilidad, espiritualidad, Jazz, conciencia e innovación; y conseguir que todo sonara a Hip Hop, y además hacerlo con una personalidad y una magia únicas e inconfundibles; le convirtieron gracias a *Good Kid, M.A.A.D. City* en la gran esperanza del Rap en la actualidad; una definición que se quedaría corta con el lanzamiento de *To Pimp A Butterfly* (Top Dawg, 2015); una de las obras de arte más profundas, complejas, exitosas y brillantes que jamás haya producido la cultura Hip Hop. A lo largo de *To Pimp A Butterfly*, Lamar se coronaba como un artista de un talento inusual e incontestable, capaz de condensar en un disco la tradición entera de la música negra, y colocarse a años luz de sus compañeros generacionales. 11 nominaciones a los Grammy después (ganando la de mejor disco); habiendo sido elegido el mejor disco del año por *Rolling Stone*, *Billboard*, *Pitchfork*, *Slant Magazine*, *Spin*, *The Guardian*, *Complex* o *Vice;* y con la consideración de mejor disco de la década por innumerables medios de comunicación y gran parte de la crítica especializada, *To Pimp A Butterfly* se vio completado con el igualmente exitoso *Untitled Unmastered* (Top Dawg, 2016); una colección de material inédito extraído de las sesiones de grabación de *To Pimp A Butterfly*.

Situado en lo más alto del Hip Hop moderno, con crítica y público rendidos a sus pies, y con su nombre grabado para siempre en la historia de la música norteamericana del siglo XXI; Kendrick Lamar decidió hacer saltar el tablero de nuevo con el apabullante *DAMN* (Top Dawg, 2017); otra obra de arte rotunda e indiscutible que, aparte del premio Pulitzer, se llevó también cinco premios Grammy. La multipremiada banda sonora de *Black Panther* (2018), en la que Kendrick Lamar se acompañaba de SZA, Vince Staples, James Blake, Future o Travis Scott; es el capítulo más reciente de uno de los relatos más apasionantes que ha ofrecido el Hip Hop a lo largo de su historia: el de un artista único e inalcanzable que condensa como nadie el presente; honrando el pasado, y escribiendo, de paso, el futuro.

## Nicki Minaj

***«I'm starting to feel like a dungeon dragon...»***

*«Empiezo a sentirme como un dragón en una mazmorra...»*

Nacida en Trinidad y Tobago, hija de dos cantantes de góspel, y de nombre real Onika Tanya Maraj, Nicki Minaj es uno de los nombres mayúsculos en el universo del Hip Hop comercial de los últimos tiempos, y una de las mujeres que más discos ha vendido en la historia. En un ascenso meteórico que en una década le ha convertido en la artista de Hip Hop más premiada de la industria; la MC, actriz, compositora y modelo sublima como nadie en los últimos años un cruce entre credibilidad Hip Hop y éxito *mainstream* masivo que le ha llevado de reina de las *mixtapes* a icono Pop global.

Minaj, criada en el barrio jamaicano de Queens desde los cinco años, compaginó desde joven el interés por la música y la actuación, publicando sus primeras canciones en Myspace y formando parte brevemente de Full Force hasta llamar la atención del sello Dirty Money Entertainment; con el que publicará las *mixtapes Playtime Is Over* en 2007, y *Sucka Free* al año siguiente. Ambas *mixtapes* (que incluían cameos de Lil Wayne, Gucci Mane, Jadakiss o Lil Kim) cosecharon un éxito inmediato, y Nicki Minaj acabó 2008 ganando el premio a mejor artista del año en los Underground Music Awards. Tras *Beam Me Up Scotty*, su tercera e igualmente exitosa *mixtape* de 2009, Nicki Minaj se convierte en una de las estrellas más gigantes del *mainstream* contemporáneo con la publicación de *Pink Friday* (Cash Money, 2010), su debut oficial. Con *Pink Friday*, Nicki Minaj daba un puñetazo sobre la mesa y se situaba en lo más alto del *mainstream* con su mezcla de diva Pop habitual de las alfombras rojas y los desfiles de moda, y MC callejera y confrontacional criada en las calles de Nueva York. *Pink Friday* aunaba de manera perfecta la vertiente salvaje de Minaj como MC agresiva, inventiva e incansable; con una dimensión Pop de ambientes azucarados y puntería comercial; resultando en un trabajo perfecto de Rap y Pop explosivo, infeccioso e inteligente; que convirtió a Nicki Minaj en una de las grandes estrellas del nuevo Hip Hop en la segunda década del siglo XXI.

Tras convertirse en colaboradora omnipresente en una colección impresionante de singles de éxito (Mariah Carey, Ludacris, Eminem, Christina Aguilera, Rihanna, Kanye West, Drake, Usher...), la confirmación de Nicki Minaj como icono Pop global vendrá con *Pink Friday: Roman Reloaded* (Cash Money, 2012); un segundo disco que debutó en el número uno de Billboard y que extremaba la propuesta de Minaj al estar dividido en una primera parte de Rap canónico y una segunda de canciones de Dance Pop edulcorado y comercial. *Pink Friday: Roman Reloaded* resultó un éxito comercial apabullante gracias a singles como «Starships» o «Roman In Moscow», y tras escandalizar a la Liga Católica Americana en la ceremonia de los Grammy, en la que Minaj aparecía escoltada por un Papa falso en la alfombra roja, su estatus de súper estrella quedó asentado al unirse a M.I.A. y Madonna para actuar en la Super Bowl.

A partir de ese momento, Nicki Minaj pasa a ser una presencia habitual en el mundo de la moda, el cine y la televisión, y mantiene su producción musical vía colaboraciones con Alicia Keys, Beyoncé o Justin Bieber; una hiperactividad creativa que desembocará en *The Pinkprint* (Cash Money, 2014). Precedido por el imparable single «Anaconda» (cuyo videoclip acumuló veinte millones de visionados en las primeras 24 horas, rompiendo un récord Guinnes), *The Pinkprint* suponía un alejamiento del Pop Dance y mostraba a una Nicki Minaj más seria, profunda y visceral que nunca, en una vuelta al Rap histriónico y peleón con el que había brillado en sus primeras *mixtapes*. Coronadada por los medios como la nueva Reina del Rap en los tiempos modernos, la vuelta al Hip Hop esencial que supuso *The Pinkprint* (el título homenajea al mítico *The Blueprint*, de Jay-Z), y las capas de profundidad añadidas al contenido del discurso de Nicki Minaj, fueron aplaudidas tanto por la crítica como por la comunidad Hip Hop.

Según la revista *Rolling Stone*, el último disco (por el momento) de Nicki Minaj; el excesivo, irregular y a la vez brillante *Queen* (Cash Money, 2018), presentaba «un nuevo personaje de Nicki Minaj: la monarca regia y altiva, una mujer que insiste en las rimas afiladas como espadas como prerrogativa de la excelencia». Desde la publicación de *Queen*, la actividad musical de Nicki Minaj ha disminuido, entregando de forma puntual nuevos singles y colaboraciones (David Guetta, Ariana Grande...) y centrándose más en sus incursiones en el cine y la televisión, manteniendo siempre el rumor constante y las expectativas disparadas acerca del siguiente paso en una carrera tan personal como apasionante y exitosa.

## Chance The Rapper
### *Góspel para el siglo XXI*

Muchos son los motivos para considerar a Chancelor Jonathan Bennett, o Chance The Rapper, como una de las figuras más importantes del Hip Hop contemporáneo. Con tan sólo tres *mixtapes* y un disco oficial publicados, su peso como uno de los grandes renovadores del Rap estadounidense en la segunda década del siglo XXI le ha llevado a situarse al frente de la nueva generación de creadores que han saltado desde el *underground* al *mainstream* en los últimos años para tomar las riendas del Hip Hop y abanderar su evolución hacia nuevas fórmulas estéticas y expresivas. Junto a Kendrick Lamar, Tyler The Creator, Little Simz o A$ap Rocky (por citar a unos pocos), Chance The Rapper personifica el futuro de una cultura en continua expansión.

Natural de Chicago y criado en una familia con fuertes vínculos con la política (el padre de Chance The Rapper, asesor del Partido Demócrata, ha colaborado en numerosas campañas de Barack Obama o del alcalde de Chicago Rahm Emanuel), Chance The Rapper sorprendió a la comunidad Hip Hop con la publicación de su primera *mixtape 10 Days* en 2012. Compuesta y grabada durante un periodo de diez días en los que Chance The Rapper fue expulsado del instituto por posesión de marihuana, y lanzada como descarga digital gratuita, *10 Days* mostraba el potencial enorme del que fue calificado por la revista *Complex* como «uno de los 10 nuevos raperos de Chicago a tener en cuenta». El revuelo despertado por *10 Days* no hizo más que confirmarse al año siguiente con la publicación de su segunda *mixtape Acid Rap*. Tras colaborar como estrella invitada en *Royalty*, de Childish Gambino, el lanzamiento de *Acid Rap* supuso un reconocimiento general de crítica y público para Chance The Rapper, llamando la atención de la industria (es famosa la negativa de Chance The Rapper a firmar con ningún sello discográfico), y pasando a ser nombre referencial gracias a sus colaboraciones con SZA, James Blake, Lil' Wayne o Justin Bieber.

La creciente popularidad generada por la entusiasta recepción de *Acid Rap*, así como el marchamo de artista profundo y comprometido alcanzado por el de Chicago (en paralelo a su meteórica carrera, Chance The Rapper va profundizando en su vertiente activista; liderando diferentes proyectos culturales relacionados con la juventud de Chicago, y colaborando activamente con organizaciones como Empowerment Plan o SocialWorks; centradas en programas de ayuda a personas sin hogar) harán que definitivamente quede obsoleta la etiqueta de «joven promesa» para asentarle firmemente como uno de los talentos más sólidos y respetados del Hip Hop de nuevo cuño. Tras deslumbrar a medio planeta con su trabajo en *The Life Of Pablo*, de Kanye West, 2016 será el año en el que Chance The Rapper haga saltar por los aires el universo del Hip Hop con la publicación de *Coloring Book*, su tercera *mixtape*. Con *Coloring Book* Chance The Rapper sublimaba con un nivel de genio creativo incontestable su particular estilo versátil y emocional, de poso profundo y ambientes calmados y reflexivos, lleno de luz por momentos y profundamente marcado por el Soul y el Gospel. Tan propenso a rapear como a cantar, Chance The Rapper envolvía *Coloring Book* en melodías de sensibilidad Jazz y grandes coros y armonías de Gospel, sobre las que desplegaba un discurso espiritual sobre la fe, el cristianismo y la paternidad. Rematado por las aportaciones de Kanye West, Lil Wayne, Jamila Woods, Young Thug, Noname o Future; Coloring Book no sólo supuso el encumbramiento definitivo de Chance The Rapper como uno de los artistas más interesantes y relevantes de su generación, sino que se convirtió en el primer disco publicado únicamente en *streaming* en ganar un Grammy (en la gala de entrega de 2017, Chance The Rapper acabó llevándose tres estatuillas, de siete nominaciones).

Tras colaborar activamente con la Fundación Obama en diversos proyectos sociales; y de aparecer en el debut de Cardi B *Invasion Of Privacy*; en 2019 Chance The Rapper publicó *The Big Day*, su disco debut oficial: un trabajo sobrio y maduro centrado en su matrimonio, en el que Chance The Rapper se hacía acompañar de John Legend, Nicki Minaj, Death Cab For Cutie, Megan Thee Stallion o el mismísimo Randy Newman para entregar una obra en la que el Hip Hop se expande hacia el Pop, la espiritualidad Gospel, el R&B moderno y el Neo Soul, agrandando aún más la dimensión de Chance The Rapper como artista imprescindible en el presente de la música negra.

## Drake
### *De niño prodigio a estrella global*

Canadá no ha sido nunca un país de referencia en lo que a Rap se refiere. Son contados los nombres canadienses que han alcanzado verdadera relevancia en la historia del Hip Hop; sin embargo, Toronto es el lugar de nacimiento de una de las más gigantes estrellas del Hip Hop contemporáneo: Drake. Figura imprescindible en el Rap *mainstream* de la última década, y uno de los artistas con mayor éxito comercial de los últimos tiempos, Drake ejemplifica como pocos un equilibrio perfecto entre artista respetado y relevante; y celebridad global firmemente asentada en la fama más absoluta.

Aubrey Drake Graham ya era un ídolo juvenil gracias a su papel en la serie *Degrassi: The Next Generation*, cuando decidió dar el salto al mundo del Rap con una serie de *mixtapes* que le valieron el reconocimiento y apoyo de Lil Wayne, Kanye West o Jay-Z en la segunda mitad de los dosmiles. *Room For Improvement* (2006), *Comeback Season* (2007) o *So Far Gone* (2009) mostraban a un veinteañero con un potencial enorme para construir artefactos perfectos de Rap estricto y peleón con una certera vocación Pop y puntería comercial; que llamó de forma inmediata la atención del sello Young Money. El ex niño prodigio e icono adolescente debutó de forma oficial con *Thank Me Later* (Young Money, 2010); un éxito automático de crítica y público que se convirtió en disco platino y situó a Drake en el punto de mira de la cultura Hip Hop y la industria musical. A partir de ese momento, la carrera de Drake se convierte en una sucesión imparable de aciertos comerciales; así como una progresiva confirmación de su estatus de artista profundo y respetado, más allá de la consideración de advenedizo con la que tuvo que lidiar en sus inicios debido a su estatus de «estrella de culebrón adolescente que se pasa al Rap».

*Take Care* (Young Money, 2011) y *Nothing Was The Same* (Young Money, 2013) supusieron el punto y final a cualquier duda que pudiera existir acerca del talento del canadiense. Acompañado de figuras de la dimensión de Kendrick Lamar, Rihanna, Lil Wayne, Kanye West, Nicki Minaj, Andre 3000, Jay-Z, Sampha o The Weeknd; *Take Care* y *Nothing Was The Same* eran dos trabajos completísimos de Rap moderno imbuido de R&B y Pop con los que Drake sublimaba su estilo a medio camino entre el rapero peleón (nunca jugando abiertamente a ser un malote; la imagen de «chico bueno» es indisociable de Drake); y el artista vulnerable, introspectivo y sensible capaz de transitar sin problemas del Pop más emocional al R&B más sofisticado y elegante. Con ambos discos copando desde el momento de su publicación los puestos más altos de las listas de ventas, y con el reconocimiento tanto de público como de la crítica más general (*Take Care* le supuso su primer Grammy); Drake bajará revoluciones y profundizará en los aspectos más densos y menos inmediatos de su música con las *mixtapes If You're Reading This It's Too Late* y *What A Time To Be Alive* (construida mano a mano con Future), ambas publicadas en 2015 y certificadas platino; y se convertirá en colaborador omnipresente en hits de alcance mundial de nombres como Mary J. Blige, Timbaland, A$ap Rocky, Justin Bieber, Travis Scott, Bad Bunny, Chris Brown, Meek Mill, Snoop Lion, DJ Khaled o Big Sean, entre muchos otros.

*Views* (Young Money, 2016), un trabajo con el que Drake amplió sus horizontes musicales; abriéndose a influencias jamaicanas (Dancehall principalmente) y Afrobeat; recibió una tibia respuesta por parte de la crítica pese a acabar convirtiéndose en uno de los discos más vendidos en la carrera del de Toronto. Los habituales relatos de desamor, amistad y traición de Drake; así como su polivalencia creativa alcanzaron su dosis más alta de ambición con la publicación de su, de momento, último trabajo, el excesivo y brillante *Scorpion* (Young Money, 2018); un disco doble dividido en una primera mitad de Rap ortodoxo pasado por el personal filtro de sensibilidad marca de la casa; y una segunda mitad en la que Drake se entrega sin complejos (obteniendo excelentes resultados) al R&B más comercial y romántico, así como al Pop de resonancias más *mainstream*; demostrando que la consideración como una de las mayores estrellas del mundo de la música actual es de sobras merecida para un artista con un futuro que, visto lo alcanzado y el alto nivel artístico logrado sin haber abandonado aún la treintena, no augura más que maravillas.

**Little Simz**
***«I'm a boss in a fucking dress.»***
*«Soy una jefa en un jodido vestido.»*

Uno de los grandes nombres en la renovación del Hip Hop contemporáneo, y una de las figuras más innovadoras, creativas e interesantes de la música británica en la última década; Little Simz aúna como nadie la herencia combativa de Missy Elliott, el poso de profundidad de Lauryn Hill y el ingenio callejero inequívocamente británico de Mike Skinner para erigirse como principal abanderada del Hip Hop en el Reino Unido en la actualidad. Sin haber cumplido la treintena, en una década escasa de actividad Little Simz ha pasado rápidamente de ser una de las grandes promesas del Rap a una artista consagrada que ocupa merecidamente un puesto de honor en lo más alto del Hip Hop de nuestros días.

Londinense de origen nigeriano, los primeros pasos de Simbi Ajikano (o Lil' Simz en ese momento) se remontan a 2010 con la publicación gratuita (de forma paralela a su trabajo como actriz en las series *Spirit Warriors* y *Youngers*) de diversas *mixtapes*, una de las cuales (*Black Canvas*) llamará la atención de Jay-Z, poniendo el foco de atención de los medios especializados sobre Little Simz como una de las MCs más prometedoras de la nueva generación de Rap en el Reino Unido. Tras una serie de ep's con los que Little Simz va afianzando su nombre y reputación en el Hip Hop *underground* londinense, y habiendo sido galardonada por el mítico Gilles Peterson como Artista Revelación de 2015, Little Simz dará la campanada con la publicación (en su propio sello) de su primer disco oficial; el sorprendente *A Curious Tale Of Trials + Persons* (Age 101, 2015). El debut de Little Simz mostraba a una joven MC con un nivel de ingenio verbal y una versatilidad técnica impropia de su edad, armada además con un discurso crítico y reflexivo acerca de la raza, el sexo, la clase, el materialismo y el papel de la mujer en la industria musical. Dos años de intensas giras después (abriendo para Gorillaz y participando en su disco *Humanz*), el retorno discográfico de Little Simz; el poliédrico y experimental *Stillness In Wonderland* (Age 101, 2017), supuso la confirmación definitiva de la londinense de etnia Yoruba como una de las voces más importantes del panorama musical británico del momento. En *Stillness In Wonderland* Little Simz se mostraba igual de incontestable en los terrenos del Rap más combativo y contestatario; en los territorios de la electrónica experimental con filtro Grime; o como justa heredera de la herencia Neo Soul de Lauryn Hill o Erykah Badu.

En las listas de mejores discos de 2019 de la inmensa mayoría de medios musicales de medio mundo se podía encontrar un elemento en común: la inclusión en los primeros puestos de *GREY Area* (Age 101, 2019); el incuestionable tercer disco de Little Simz: una de las mejores obras que ha ofrecido el Hip Hop contemporáneo en los últimos tiempos. *GREY Area*, nominado a mejor disco del año en los Mercury Prize, muestra a una artista en estado de gracia creativo. Little Simz maneja a lo largo de su tercer trabajo el Rap estricto, la tradición Neo Soul, el Jazz moderno y el R&B contemporáneo con la misma soltura y los mismos niveles de acierto e ingenio que el Grime callejero o la electrónica abstracta; creando un caleidoscopio de estilos y sonoridades ecléctico y siempre sorprendente, sobre el que despliega con mayor puntería y niveles de profundidad que nunca un relato confesional y contestatario cargado de reflexiones afiladas en un ejercicio de análisis social con perspectiva feminista y poso político.

*Drop 6* (AWAL, 2020); un trabajo de cinco canciones con el que Little Simz retomaba su serie de ep's lanzados en 2014 y 2015; y los explosivos singles «Introvert», «Woman» y «Rollin Stone» son las de momento últimas muestras del talento único y en plena expansión de Little Simz, a la espera de la publicación del disco *Sometimes I Might Be An Introvert*, compuesto durante el confinamiento por el Covid-19 y anunciado para algún momento de 2021.

## Run The Jewels
### *Las joyas de la corona*

En 2012, se publicaron con pocos meses de diferencia *R.A.P Music*, el cuarto disco del MC de Atlanta Killer Mike; y *Cancer 4 Cure*, el tercer trabajo del productor de Brooklyn El-P. *R.A.P Music* estaba producido por El-P, y *Cancer 4 Cure* contaba con la colaboración de Killer Mike, y tras girar juntos para promocionar sus respectivos discos, los dos veteranos raperos (auténticos pesos pesados del Hip Hop) tomaron la decisión de publicar un disco colaborativo con el nombre de Run The Jewels (expresión sacada de una canción de LL Cool J). El resultado, titulado *Run The Jewels* (Fool's Gold Records, 2013) y lanzado como descarga gratuita, marcaba el nacimiento de una de las trayectorias más explosivas, populares y apasionantes que ha ofrecido el Hip Hop en la última década. El superduo resultante de la fusión entre Killer Mike y El-P sublimaba con su disco debut las mejores virtudes de dos de las personalidades más complejas y talentosas del Rap en los últimos tiempos, y las reformulaba en una propuesta fresca, contundente, urgente y combativa de Hip Hop moderno con filtro clásico y una imbatible actitud tan socarrona como peleona.

La atención mediática recibida tras su primer trabajo, y la consideración de Run The Jewels como la nueva gran promesa de la renovación del Hip Hop en los tiempos actuales quedaron plenamente justificadas con la publicación de *Run The Jewels 2* (Mass Appeal, 2014); una coctelera perfecta e incendiaria de Rap Hardcore, electrónica oscura y chulería Dirty South plagada de diversión, agresividad, reflexiones sociales, vacile sano, futurismo distópico y mucho sentido del humor; que recibió el reconocimiento unánime de crítica y público y que fue considerado el mejor disco del año por Pitchfork. La colaboración con DJ Shadow en «Nobody Speak», single de adelanto del último disco del californiano, lanzado justo antes de las elecciones presidenciales de 2016 (con un espectacular videoclip en el que actúan El-P y Killer Mike); fue el preludio de *Run The Jewels 3* (Run The Jewels INC, 2017). Publicado de forma gratuita (como todos los discos de Run The Jewels), el tercer trabajo del incombustible dúo profundizaba en los aspectos más oscuros y políticos de su música y contaba con las colaboraciones de Danny Brown, Kamasi Washington, Trina, Tunde Adebimpe (TV On The Radio) y Zach De La Rocha (que repetía tras aparecer en Run The Jewels 2). «Legend Has It», uno de los singles de *Run The Jewels 3*, se incluyó en el tráiler promocional de la película *Black Panther*, alcanzando los 89 millones de visionados en las primeras 24 horas de su emisión. *Run The Jewels 3* alcanzó el número uno en Billboard, y la colaboración con Dangermouse y Big Boi «Chase Me» les reportó una nominación a los Grammy en 2018.

Firmemente establecidos como uno de los nombres imprescindibles del panorama del Hip Hop actual, gozando de niveles de popularidad enormes a nivel global (con un público diverso proveniente del Hip Hop pero también del Indie), y cada vez más volcados en la faceta más crítica y politizada de su música (tanto Killer Mike como El-P han hecho campaña públicamente a favor de Bernie Sanders); Run The Jewels decidieron hacer coincidir la publicación de su cuarto trabajo, *RTJ4* (BMG, 2020), con las últimas elecciones presidenciales en Estados Unidos. *RTJ4*, un disco atravesado por la pandemia y la explosión del movimiento Black Lives Matter, volvía a ser un artefacto indiscutible de Rap de alto voltaje, ingenio y puro talento creativo; que se enriquecía con las aportaciones de DJ Premier, 2Chainz, Pharrell Williams, Mavis Staples, Josh Homme y, una vez más, el imprescindible Zach De La Rocha; y que inauguraba la nueva década confirmando a Run The Jewels como una de las más felices realidades del Hip Hop con la mirada puesta en el futuro.

## Mac Miller
### *Talento malogrado*

Seis discos oficiales, dos ep's, dos discos en directo, cuarenta y dos singles y decenas de *mixtapes*; sorprende lo prolífico e influyente del corpus artístico de Mac Miller, teniendo en cuenta que su carrera duró una década escasa antes de su interrupción en 2018 con la trágica noticia de su muerte por sobredosis. Miller tenía tan sólo veintiséis años cuando una mezcla de fentanyl, alcohol y cocaína truncó una trayectoria que llevó al eterno adolescente inadaptado de Pennsylvania a lo más alto del Hip Hop

contemporáneo, convirtiéndole en un mártir para toda una generación de jóvenes que crecieron con sus relatos descarnados de desamor, sexo, amistad, depresión, drogas y esperanza. Enésimo ejemplo de artista superdotado consumido antes de tiempo por la parte más oscura de una personalidad tan brillante en lo creativo como autodestructiva en lo personal, Mac Miller siempre será recordado como un personaje apasionante con un talento único del que, visto el nivel del trabajo entregado en vida, sólo pudimos vislumbrar un breve atisbo.

Pittsburgh no es, y nunca ha sido, una ciudad especialmente prolífica en lo que a Hip Hop se refiere; siempre al margen de los circuitos oficiales del Rap en Estados Unidos, seguramente Mac Miller y Wiz Khalifa (amigos de la infancia) sean los dos nombres principales que la ciudad ha aportado a la cultura Hip Hop. Nacido en el seno de una familia judía de clase media, Mac Miller mostró un talento precoz e inquieto desde pequeño, tocando de forma autodidacta el piano, la batería, la guitarra y el bajo con tan sólo seis años. Debutó en el universo de las *mixtapes* (con el apodo Easy Mac) con tan sólo quince años, destacando automáticamente dentro de la hornada de jóvenes raperos surgidos bajo la amplia etiqueta de Cloud Rap, pasando a ser uno de los nombres principales de la vertiente más emotiva y sensible del nuevo Rap digital nacido en Redes Sociales y plataformas de *streaming*. Tras sucesivas y exitosas *mixtapes*, ya como Mac Miller, su fichaje por Rostrum Records y la publicación de *K.I.D.S.* (Rostrum, 2010) marcan un punto y aparte en su carrera. Sus relatos introspectivos sobre amor, aislamiento, existencialismo adolescente y oscuridad revientan índices de descargas y ventas digitales (*Best Day Ever*, su quinta *mixtape*, lanzada en 2011, fue certificada platino), y poco a poco la popularidad de Miller va aumentando hasta publicar *Blue Slide Park* (Rostrum, 2011); su primer disco oficial, el primer lanzamiento independiente en coronar Billboard desde 1995. A partir de ese momento, cada nuevo paso en su meteórica carrera supone una evolución artística fascinante con la que el joven canalla y tierno cubierto de tatuajes se destapa como un creador tan talentoso como original. Tras fundar el sello REMember Music y colaborar en el disco debut de Ariana Grande, la publicación de *Watching Movies With The Sound Off* (Rostrum, 2013) confirmó el excelente estado de forma creativo de un Mac Miller cada vez más interesado en explorar las vertientes más Soul y Funk de su música. Las colaboraciones con Schoolboy Q, Ab-Soul, Earl Sweatshirt, Tyler, The Creator o Action Bronson otorgaban una profundidad y un marchamo de seriedad inéditos a un disco excelente en el que Miller anticipaba su cada vez mayor interés por cantar, aparte de seguir rapeando con su personal estilo relajado y meloso.

*GO:OD AM* (Warner Bros, 2015), *The Divine Feminine* (Warner Bros, 2016) y *Swimming* (Warner Bros, 2018) suponen una sucesión imbatible de éxitos (sumada a la constante publicación de *mixtapes*, que Miller nunca abandonará) que colocan definitivamente a Mac Miller como una de las figuras más populares y queridas del nuevo Rap. Su música cada vez se expande más hacia terrenos R&B, Pop o Dance, y se convierten en habituales sus colaboraciones con Thundercat, Anderson .Paak, CeeLo Green, Kendrick Lamar, Robert Glasper, Jon Brion o Flying Lotus, entre otros. La fama, la depresión y el abuso de drogas marcarán de forma cada vez más intensa la vida de Miller, y justo un mes después de la publicación de *Swimming*, una sobredosis acabó de forma triste y abrupta con la carrera de un artista maldito y fascinante, tan querido como respetado. *Circles* (Warner, 2020), publicado de forma póstuma, ponía punto final a una trayectoria brillante, trágica, breve e influyente como pocas han habido en el mundo del Hip Hop en los últimos tiempos.

## Danny Brown
### *Reinando en el underground*

El Rap *underground* estadounidense encontró en Daniel Dewan Sewell, o Danny Brown, uno de sus más brillantes e inquebrantables representantes en la segunda década del milenio. Emergiendo en la segunda mitad de los dos mil gracias a una impecable sucesión de *mixtapes* con las que se convirtió en una de las voces más personales y esquivas del nuevo Rap de raíces fuera de los focos del *mainstream;* Danny Brown ha construido con pulso firme y actitud incorruptible un universo propio en el que los fundamentos clásicos del Rap se imbuyen de todo tipo de influencias contemporáneas para dar forma a una de las discografías más sorprendentes y explosivas de los últimos años. Con una habilidad técnica pasmosa como MC histriónico y versátil; una estética salvaje y callejera; y una actitud ruda, inteligente e impredecible, que apela tanto al público del Hip Hop estricto como a la escena hipster de sensibilidad más indie; una pista para entender el carácter multidimensional de Danny Brown y hasta dónde llega su reputación como artista único poseedor de un talento irrepetible es echar una breve ojeada a la lista de personalidades que han contado con él para construir un batallón de hits indiscutible en la última década; desde un «Quién es quién» del Hip Hop contemporáneo en el que entran gigantes como Eminem, Kendrick Lamar, Childish Gambino o Run The Jewels, y autores de culto como J Dilla, The Alchemist, MF Doom, El-P o Busdriver; a nombres alejados del Hip Hop como Insane Clown Posse, Charlie XCX, The Avalanches, Alt-J, Portugal The Man, Vampire Weekend o Gorillaz.

Criado en las calles de Detroit, relacionado con el Hip Hop desde que aprendió a hablar, y después de pasar una temporada en la cárcel por tráfico de drogas, Danny Brown deslumbró a la escena *underground* de Detroit con una serie de *mixtapes* (entre las que destacan los cuatro volúmenes de *Detroit State Of Mind*) que le llevaron a debutar de forma oficial con *The Hybrid* (Rappers I Know, 2010). *The Hybrid* mostraba a un joven talento con una voz propia y una energía imparable, y el mismísimo Q-Tip sería responsable directo del fichaje de Danny Brown por Fool's Gold Records, con quien publicaría su segundo e incontestable trabajo *XXX* (Fool's Gold, 2011). *XXX* era un trabajo oscuro, denso e incluso triste; con el que Danny Brown desarrollaba un discurso conceptual acerca de su Detroit natal y el declive y decadencia de una ciudad inmersa en un proceso de precarización y miseria. El afán experimental de Brown y su versatilidad como MC colocaron *XXX* en las listas de mejores discos del año en la prensa especializada, y el nombre de Danny Brown quedó asociado inmediatamente con el *underground* más creativo y excitante de los nuevos tiempos. *Old* (Fool's Gold, 2013); un ambicioso disco doble con una primera cara de Rap ortodoxo y callejero con latido Boom Bap, y una segunda en la que Brown se aventuraba en los más diversos laberintos de música electrónica de última generación; supuso el encumbramiento definitivo de Danny Brown. Acompañado por Freddie Gibbs, Schoolboy Q, Ab-Soul, Charlie XCX y A$ap Rocky (entre otros); Brown desplegaba a lo largo de *Old* una muestra de genio creativo que cautivó de igual manera a crítica y público.

El fichaje de Danny Brown por el reputado sello Warp supuso un giro de tuerca en el afán experimental y expansivo de la personalísima interpretación de Danny Brown del Hip Hop, entregando dos apasionantes (y exitosos) discos de Rap futurista y profundo, imbuido de oscuridad Post-Punk, beligerancia callejera, extremismo industrial, humor críptico y electrónica alucinatoria: el laureado *Atrocity Exhibition* (Warp, 2016), y *U Know What I'm Sayin?* (Warp, 2019); un completísimo trabajo producido por Q-Tip, JPEGMafia y Flying Lotus que supone de momento la última entrega de una de las personalidades más inclasificables del *underground* en la actualidad.

### Cardi B
### *Gangsta Bitch Music*

Belcalis Marlenis Almánzar, más conocida como Cardi B, hija de un dominicano y una trinitiense y criada en las calles de South Bronx, es uno de los nombres de mayor impacto y relevancia comercial en el Hip Hop de los últimos años. Con tan sólo un disco oficial publicado, los niveles de popularidad y reconocimiento de Cardi B en la industria musical actual sólo son equiparables a los de Nicki Minaj (con la que mantuvo un sonado enfrentamiento físico en la New York Fashion Week de 2018), y entre sus triunfos se cuentan varios récord Guinnes, infinidad de galardones (entre ellos un Grammy a mejor álbum de Rap), cifras estratosféricas de descargas y visionados, y la calificación como *Mujer del año* por parte de Billboard en 2020.

Tras una adolescencia marcada por su pertenencia a la banda callejera de los *Bloods* (ingresó en la banda con tan sólo 16 años), y después de ejercer de *stripper* durante una temporada, la creciente popularidad de Cardi B como celebridad de internet por sus vídeos en Vine e Instagram le llevó a unirse en 2015 al reality show de la cadena *VH1 Love & Hip Hop: New York*, convirtiéndose automáticamente en la estrella revelación del programa. El personaje explosivo de Cardi B en *Love & Hip Hop: New York*; así como su actitud de confrontación, directa, inteligente y sobra-

da de autenticidad callejera; convirtieron rápidamente a la joven MC del Bronx en una de las más prometedoras nuevas estrellas del Rap estadounidense con la publicación de *Gangsta Bitch Music Vol. 1* y *Gangsta Bitch Music Vol. 2*; dos *mixtapes* en las que Cardi B daba rienda suelta a su *flow* agresivo y peleón, cargado de Trap, influencias caribeñas y Drill, y repleto de relatos de empoderamiento, sexo, superación y lucha; que le llevó en 2017 a igualar a Kendrick Lamar y DJ Khaled en número de nominaciones en los BET Awards.

Durante el Summer Jam Festival de 2017, Cardi B fue invitada a unirse a Queen Latifah, Remy Ma, The Lady of Rage, MC Lyte, Young M.A., Monie Love y Lil' Kim para interpretar «U.N.I.T.Y.», de Queen Latifah, como homenaje al papel de la mujer en la historia del Hip Hop. La inclusión de Cardi B en ese cartel confirmaba el prestigio ganado dentro de la comunidad Hip Hop como una de las MC's más interesantes del momento gracias a sus dos *mixtapes*; respeto que quedaría ampliamente confirmado con la publicación de *Invasion Of Privacy* (Atlantic, 2018): un disco debut con el que Cardi B ascendió al Olimpo del Rap contemporáneo a base de rimas sucias e ingeniosas, mensajes combativos, Trap lascivo, sonidos Drill, Rap agresivo y una puntería comercial que se alzó con el Grammy a mejor disco de Rap. «Bodak Yellow», el single que precedía el lanzamiento de *Invasion Of Privacy*, convirtió a Cardi B en la única rapera de la historia en conseguir un single con calificación de diamante (también supuso la primera vez que una rapera alcanzaba el número uno de Billboard desde que lo hiciera Lauryn Hill con «Doo Woop (That Thing)» en 1998). La revista *Variety* calificó *Invasion Of Privacy* como «uno de los discos debut más poderosos del milenio», y tras romper récords de escuchas en las plataformas de *streaming*, Cardi B se convirtió en la primera artista femenina en tener todas las canciones de un disco certificadas como oro o superior en Estados Unidos.

El estatus de celebridad alcanzado con el éxito planetario de *Invasion Of Privacy* convierte desde ese momento a Cardi B en estrella invitada en numerosos singles de impacto gigantesco en el *mainstream* (Bruno Mars, Maroon 5, Megan Thee Stallion, DJ Khaled...); así como en colaboradora habitual en el mundo de la moda y el maquillaje junto Marc Jacobs o Tom Ford. Tras participar activamente en diversas campañas a favor del control de armas y en contra de la política de inmigración de Donald Trump (Cardi B ha hecho campaña públicamente a favor de Bernie Sanders, primero, y Hillary Clinton después), y de debutar en el cine en 2019 junto a Jennifer López en la película *Hustlers*; en 2020 se anunciaba la próxima publicación (en algún momento de 2021) del esperado segundo trabajo de Cardi B, precedido por el lanzamiento de los singles «WAP» y «Up».

## A$ap Rocky
### *Un nuevo tipo de estrella*

Cabeza visible y estandarte principal del colectivo/logia A$ap Mob; la ascensión de A$ap Rocky a la cima del universo del Hip Hop contemporáneo es paradigmática de la aparición de una nueva forma de estrella del Rap en los tiempos actuales. Una amplia base de fans muy jóvenes proveniente de las Redes Sociales y las plataformas de vídeo; una concepción ecléctica de la composición y el sonido que se nutre de la tradición del Hip Hop de igual forma que recoge y resignifica todo tipo de tendencias estéticas actuales; una actitud polifacética que aúna un poso callejero y vacilón de herencia Gangsta con una imagen y personalidad propia de *influencer*; y un éxito comercial rotundo en el que el diseño de moda o el cultivo de seguidores en Redes Sociales a menudo juegan un papel tan importante como la música en sí: A$ap Rocky, junto a compañeros generacionales como Odd Future o la familia Black Hippy, representa la formulación que el concepto de estrella del Rap adopta en los tiempos presentes. Según la revista *Cryptamag*; «A$AP Rocky supone un arquetipo que se repetirá a partir de ahora con mucha frecuencia. Gusta a varios movimientos sociales: al rapero cuadriculado de siempre, al moderno y al *hipster*, al melómano, al mitómano, al que le gusta la música negra en general, al amante de la electrónica... en definitiva; al joven urbano, de clase media, media-alta, con ciertos intereses culturales e inclinación a las tendencias, y en definitiva: con dinero».

Uno diría que Rakim Athelaston Mayers, o A$ap Rocky, estaba predestinado a convertirse en un nombre importante del Rap: natural de Harlem, le llamaron Rakim en referencia al mítico MC de la Era Dora-

da, y empezó a rapear con nueve años. Marcado por el universo de Mobb Deep y Wu-Tang Clan; y dedicado al trapicheo de crack desde los doce años (tras el asesinato de su hermano en las calles de Harlem y el encarcelamiento por narcotráfico y posterior muerte de su padre); la vida de Mayers cambió en 2007 con el nacimiento de A$ap Mob; un colectivo de MC's, DJ's, productores, diseñadores de ropa y directores de vídeo que propició la publicación en 2011 de la primera *mixtape* de A$ap Rocky; la multipremiada y enormemente exitosa *Live. Love.A$AP*. En su primera *mixtape* (precedida por el éxito de los singles «Peso» y «Purple Swag»); A$ap Rocky ofrecía un calcidoscopio de Dirty South, Trap, Grime, Electrónica densa, Rap de nuevo cuño, chulería, incorrección política, masculinidad testosterónica y vacile callejero que sonaba tan fresco y nuevo como oscuro y adictivo. Tras colaborar con Schooolboy Q y Rihanna; el despegue definitivo de A$ap Rocky llegará con su incontestable debut oficial *Long.Live.A$AP* (A$ap Worldwide, 2013); un golazo comercial plagado de colaboraciones de lujo (Kendrick Lamar, Schoolboy Q, Drake, 2 Chainz, Joey Bada$$, Danger Mouse, Danny Brown...) que debutó en el primer puesto de Billboard y acabó alcanzando el doble platino.

La continuación natural de su debut; el igualmente ambicioso y expansivo *At.Long.Last.A$AP* (A$ap Worldwide, 2013); que contaba de nuevo con los talentos de Danger Mouse y Kanye West (entre otros) a las labores de producción; y se enriquecía esta vez con las aportaciones de M.I.A., Future, Mos Def o Mark Ronson; le supuso a A$ap Rocky repetir la certificación de platino y la conquista del primer puesto de Billboard. Los siguientes años verán como A$ap Rocky se establece firmemente como celebridad volcada tanto en el mundo del Rap como en el de la moda y las tendencias; y su nombre pasará a ser obligado en el universo de las colaboraciones en la cima del Hip Hop más *mainstream* (de Raekwon a Selena Gómez; pasando por Alicia Keys, Vince Staples, Frank Ocean, Tierra Whack, Kid Cudi, Skepta, FKA Twigs, Tyler, The Creator...); así como en las campañas publicitarias de todo tipo de marcas y diseñadores.

El último trabajo oficial entregado por A$ap Rocky; el experimental, esquivo, oscuro y brillante *Testing* (A$ap Worldwide, 2018); que contaba con las colaboraciones de Moby en el single «A$AP Forever», y de Skepta en «Praise The Lord (Da Shine)»; resultaba una muestra apasionante de inquietud creativa y búsqueda de nuevas formas dentro del Rap contemporáneo con el que el de Harlem se situaba a la vera de Kendrick Lamar, Little Simz o Chance The Rapper como una de las más firmes realidades del Hip Hop en los nuevos tiempos.

## Future
### *Trap, vicio, éxito y exceso sureño*

Con su singular *flow* a medio camino entre el murmullo y la fluidez melódica, y sus relatos oscuros y sucios plagados de drogas y sexo tóxico, Future emergió a principios de la década de dos mil diez como una de las piezas fundamentales del sonido Trap de Atlanta con una serie de *mixtapes*, álbumes de alto nivel, singles certificados platino e incontables colaboraciones como artista destacado en una colección de hits comerciales apabullante.

Alumno aventajado del colectivo Dungeons Family (una conjunción de estrellas del Dirty South que incluía a Outkast y Goodie Mob), y con los míticos Organized Noise como mentores (ellos le bautizaron como Future), Nayvadius Wilburn destacó en el circuito *underground* de su Atlanta natal con una serie de *mixtapes* lanzadas a lo largo de 2010 y 2011 en las que sobresalía como una de las voces más interesantes de la pujante escena Trap que vino a redefinir el sonido del Rap sureño en la segunda década del milenio. Su primer disco oficial, *Pluto* (Epic, 2012), precedido por el éxito del single «Turn Out The Lights», debutó en el segundo puesto de Billboard, y a partir de ese momento la carrera de Future se convierte básicamente en una sucesión continua de aciertos comerciales que le convierten en poco menos que una celebridad. *Honest* (Epic, 2014), con los singles «Move That Dope» (con Pharrell Williams y Pusha T) y «I Won» (junto a Kanye West), confirmó el estatus de nueva estrella ganado con *Pluto*, y tras múltiples *mixtapes* y los trabajos colaborativos *Beast Mode* (con Zaytoven) y *What A Time To Be Alive* (con Drake), Future se dedicará durante la segunda mitad de la década a entregar una serie de discos y singles de Trap sucio y obsesivo; plagado de visiones en forma de pesadillas, drogas y sexo; que le llevarán a lo más alto de las listas de éxitos.

*DS2* (Epic, 2015), con el arrasador single «Fuck Up Somme Commas»; *Evol* (Epic, 2016), publicado sin anuncio previo y debutando directamente en el primer puesto de Billboard; *Future* (Epic, 2017) y *HNDRXX* (Epic, 2017) son todos discos de platino con los que Future no solamente se coronó como uno de los nombres imprescindibles en el universo del Rap contemporáneo, sino que ofrecían un interés artístico y una profundidad musical fresca y personal a un estilo, el Trap, plagado de lugares comunes y fórmulas genéricas (según Pitchfork, «Future muestra milagrosamente que todavía es posible que el Autotune sea una herramienta artística interesante"). El tratamiento del sonido (voces filtradas, bases minimalistas y oscuras, ambientaciones fantasmales, rapeos murmurados con melodías monótonas y obsesivas...); la oscuridad de contenido (adicciones, depresión, sexo...); y la agudeza verbal de Future le convierten en una de las figuras más interesantes de la generación Trap, y en colaborador omnipresente en multitud de discos y singles de enorme repercusión comercial (entre su lista de colaboraciones encontramos a Ludacris, Lil Wayne, Taylor Swift, DJ Khaled, Tyga, Rick Ross, Ariana Grande, Timbaland, Travis Scott o Justin Bieber, entre muchos otros).

Tras colaborar con Kendrick Lamar en «King's Dead» para la banda sonora de *Black Panther* (canción que ganó un Grammy), y coproducir *Superfly* (participando también en la banda sonora), Future lanzará una serie de álbumes colaborativos junto a Young Thug (*Super Slimey*), Juice Wrld (*Wrld On Drugs*) y Lil Uzi Vert (*Pluto x Baby Pluto*) antes de publicar los dos últimos capítulos de su imparable carrera: *The Wizrd* (Epic, 2019) y *High Off Life* (Epic, 2020), dos discos con el mismo éxito masivo que caracteriza desde sus inicios la trayectoria de un artista tan controvertido como fundamental en la ramificación más actual de la música Rap.

## Tyler, The Creator
### *Oscuridad, surrealismo y genio creativo*

Cabeza pensante y principal motor creativo detrás del fascinante colectivo Odd Future (junto a otros luminarias como Frank Ocean o Earl Sweatshirt); el MC, productor, actor, cómico, artista visual y diseñador californiano Tyler Gregory Okonma, más conocido como Tyler, The Creator, ha ido poco a poco labrándose un camino desde el *underground* hasta la vanguardia del Hip Hop contemporáneo que, en una década escasa, ha dado como fruto un corpus artístico tan fresco y original como tremendamente popular. En menos de diez años, Tyler, The Creator ha entregado seis discos oficiales, una *mixtape*, e innumerables producciones y colaboraciones con lo más florido del Rap actual, convirtiéndole en uno de los personajes más completos e inclasificables del Hip Hop estadounidense de hoy en día.

Tyler, The Creator, natural de Los Ángeles y relacionado con la composición y la producción musical desde la infancia (tras pasar por doce escuelas diferentes en sus doce años de escolarización; Tyler aprendió a tocar el piano y empezó a desarrollar una afición por el diseño con tan sólo 14 años). En 2007, el joven skater con inquietudes artísticas fundó Odd Future, encargándose a partir de ese momento de las labores de producción de gran parte del material publicado por el colectivo o por sus miembros en solitario (Tyler es responsable de las *mixtapes* firmadas por Odd Future; así como de discos multipremiados de sus compañeros; como *Earl*, de Earl Sweatshirt; o *Channel Orange*, de Frank Ocean). Tras publicar su primera *mixtape Bastard* en 2009, y después de dirigir el videoclip de la canción de Odd Future «French» (que recibió millones de visionados y colocó el estilo oscuro, críptico y fragmentario de Odd Future en la primera línea del Rap más joven e innovador); Tyler hizo saltar por los aires el panorama del nuevo Hip Hop con dos trabajos perfectos de Horrorcore actual y Rap moderno, denso, políticamente incorrecto, difícil de clasificar e irremediablemente adictivo: *Goblin* (XL Recordings, 2011) y *Wolf* (Odd Future, 2013). Con sus dos primeros discos; plagados de surrealismo, influencias electrónicas de todo tipo, sentido del humor grosero y absurdo, relatos callejeros y juveniles llenos de sexo y drogas, y Rap futurista con regusto Gangsta; Tyler se coronaba como una de las personalidades más completas y prometedoras del Hip Hop en el nuevo milenio; así como se rodeaba de las más diversas polémicas por el

contenido a menudo homófobo, violento y misógino de sus letras (que le llevaron a la prohibición de entrar en el Reino Unido; así como a protagonizar sonoras controversias por el contenido violento de diferentes campañas publicitarias para Mountain Dew y Pepsi dirigidas por Tyler; y a ser detenido después de provocar disturbios en su actuación en el festival South By Southwest en 2014). En paralelo a su imparable ascensión a lo más alto del Rap actual (y por consiguiente, la de Odd Future); Tyler destacará como uno de los productores más visionarios y talentosos de la década recién estrenada; colaborando con figuras de la talla de Pusha T, Solange Knowles, Mac Miller, Westside Gunn, Schoolboy Q o The Internet, entre otros.

*Cherry Bomb* (Odd Future, 2015) marcaba una evolución del sonido de Tyler, The Creator, dedicado cada vez más a la expansión de su particular forma de hacer y entender el Rap; bajando revoluciones e incluyendo de influencias Jazz, R&B y Gospel a su personal Hip Hop oscuro y denso de ambientes narcóticos y voz profunda. El eclecticismo iniciado con *Cherry Bomb* se verá sublimado con la publicación del apabullante *Flower Boy* (Columbia, 2017); un caleidoscopio de Rap psicodélico y esquivo; imbuido de Trap, Soul, experimentación electrónica y actitud rebelde y peleona que fue nominado a mejor disco del año en los Grammy y confirmó definitivamente a Tyler, The Creator como uno de los creadores imprescindibles del momento a ojos del público y la crítica especializada. *Igor* (Columbia, 2019); ganador del Grammy a mejor disco de Rap; y *Call Me If You Get Lost* (Columbia, 2021) son las entregas más recientes del talento incombustible e irreverente de Tyler, The Creator; una de las figuras más completas, inteligentes, creativas y polémicas del Hip Hop en los últimos tiempos.

## Travis Scott
### *Juventud y éxito*

Con treinta años recién cumplidos, asomarse al currículum de Travis Scott produce vértigo: tres discos oficiales editados, y gracias a ellos más de 120 millones de copias vendidas; siete nominaciones a los Grammy; un Billboard Music Award; un Grammy Latino; colaboraciones con James Blake, Kendrick Lamar, Kid Cudi, Bon Iver, Rosalia, M.I.A., Schoolboy Q o Ed Sheeran; y participaciones estelares como productor de Kanye West, Rihanna, Jay-Z, Madonna, Drake o John Legend.

Criado en un suburbio de Houston y de nombre real Jacques Webster, el talento precoz de Travis Scott le llevó a publicar su primera demo (con el nombre de The Graduates) con tan sólo dieciocho años. Tras producir los discos debut de The Graduates y de The Classmates (su siguiente banda), y después de abandonar el instituto, Scott se mudó a Los Ángeles para dedicarse a su carrera en solitario, siendo automáticamente apadrinado por Kanye West, que le convirtió en productor habitual para su sello GOOD Music. En 2013, la publicación de la *mixtape Owl Pharaoh* (que contaba con colaboraciones de Bon Iver y 2 Chainz) pondrá a Travis Scott en primera línea de las nuevas estrellas emergentes del Rap, estatus confirmado por su papel como productor en el éxito apabullante de Rihanna «Bitch Better Have My Money». El debut oficial de Travis Scott, *Rodeo* (Epic, 2015), supuso un éxito inmediato de crítica y público, y fue certificado platino. *Rodeo*, con su inacabable lista de colaboradores (Future, Kanye West, The Weeknd, Justin Bieber, Pharrell Williams, Young Thug...) mostraba el particular talento de Scott para sonar versátil, fresco y personal dentro de unos parámetros, los del Trap, tendientes en muchas ocasiones a la uniformidad y lo genérico.

Tras numerosos retrasos, la publicación de *Birds In The Trap Sing McKnight* (Epic, 2016) supuso la confirmación de Travis Scott como una estrella por derecho propio en el universo del Trap más ecléctico. Los habituales relatos crípticos, hedonistas y a menudo absurdos de Scott brillaban con una inventiva especial a lo largo de un segundo disco plagado otra vez de nombres mayúsculos (en esta ocasión se sumaban Kendrick Lamar, Kid Cudi o André 3000, entre muchos otros), en el que el universo sonoro del de Houston se expandía hacia terrenos experimentales, tan desestructurados y oscuros como efectivos en un sentido comercial. La música de Travis Scott, si bien anclada firmemente en el Trap

(tempos lentos, voces filtradas y atmósferas brumosas), poco a poco va asimilando influencias Dance, Pop y Ambient, y va adquiriendo un tono psicodélico que le colocan en un lugar propio, a años luz de la mayoría de sus compañeros generacionales; lo que quedará patente con *Astroworld* (Epic, 2018): su flamante y laureado tercer disco.

*Astroworld*, valedor de varias nominaciones a los Grammy y considerado por multitud de publicaciones el mejor álbum de Rap de 2018, suponía un paso de gigante en la carrera de Travis Scott y era una muestra rotunda de talento y madurez por parte de un artista que llevaba su fórmula de Trap oscuro con flow a medio camino entre lo recitado y lo cantado a otro nivel. Apoyado en esta ocasión por Frank Ocean, Tame Impala, Thundercat o James Blake; Travis Scott convirtió su tercer disco en un viaje alucinatorio y mareante de Rap tecnológico de última generación, Trap inquietante y sensibilidad Pop, y con ello se convirtió en una estrella global.

Firmemente establecido como una de las figuras principales del *mainstream* actual (con gigantescos contratos publicitarios con Nike, Play Station o McDonald's), los últimos años vendrán marcados por el estreno del documental biográfico de Netflix sobre Travis Scott *Look Mum I Can Fly*; su participación en las bandas sonoras de la serie *Juego de Tronos* y la película de Christopher Nolan *The Tennet*; así como continuas colaboraciones (Rosalia, M.I.A., Young Thug), agrandando la leyenda de un personaje que, visto lo meteórico de su ascenso y la solidez de su éxito con la treintena recién cumplida, va a dar mucho que hablar en el futuro.

## Common
### *La conciencia*

Casi treinta años separan el primer disco de Common de su más reciente trabajo. A lo largo de esas tres décadas de actividad artística ininterrumpida y activismo político constante, Common ha ido afianzando su rol como una de las figuras fundamentales en la evolución del Rap, hasta alcanzar el consenso general respecto a su estatus de auténtica leyenda y figura imprescindible para entender el desarrollo de la cultura Hip Hop y su vertiente más comprometida y concienciada; pero incluir a Common en un listado de artistas fundamentales de la actualidad no responde a un ánimo de homenajear una de las trayectorias más brillantes e influyentes del Rap (que también); es una certificación de la relevancia que sigue manteniendo en nuestros días una figura que siempre ha sabido mantenerse al frente de una cultura, fiel a una forma incorruptible de hacer las cosas, al margen de modas y tendencias pasajeras.

Los inicios en el mundo del Hip Hop de Lonnie Rashid Lynn, conocido inicialmente como Common Sense, se remontan al Chicago de finales de los ochenta, y a una banda llamada C.D.R., con la que Common llegaría a telonear a N.W.A y Big Daddy Kane. Centrado en su carrera en solitario, los dos discos publicados como Common Sense; *Can I Borrow A Dollar?* (Relativity, 1992) y *Resurrection* (Relativity, 1994) llamaron la atención de la escena *underground* de Chicago y colocaron los focos de atención sobre el joven MC y su mezcla de profundidad de contenido con actitud callejera. Ya establecido como Common, la publicación de *One Day It'll All Make Sense* (Relativity, 1997); un trabajo plagado de colaboraciones de lujo (Lauryn Hill, De La Soul, Q-Tip, Black Thought...); supuso la confirmación definitiva de Common como una de las figuras más talentosas del nuevo Rap alternativo heredero de Native Tongues. Tras mudarse a Nueva York e integrarse en el colectivo Soulquarians, los primeros éxitos comerciales de Common llegarán con *Like Water For Chocolate* (MCA, 2000) y *Electric Circus* (MCA, 2002); dos discos de Hip Hop ortodoxo, Jazz Rap y mensajes politizados. Tras ganar su primer Grammy gracias a su colaboración con Erykah Badu «Love Of My Life (An Ode To Hip Hop)», la estrecha relación entre Common y Kanye West dará forma a *Be* (GOOD Music, 2005) y *Finding Forever* (GOOD Music, 2007); otros dos éxitos comerciales que le otorgarán a Common su segundo Grammy por «Southside». Con una cada vez más exitosa carrera en el mundo del cine,

y tras *Universal Mind Control* (GOOD Music, 2008), Common se coronará como uno de los ejes principales del Hip Hop alternativo, espiritual y político en los nuevos tiempos, publicando los imprescindibles *The Dreamer, The Believer* (Think Common Music, 2011); *Nobody's Smiling* (Def Jam, 2014); *Black America Again* (Def Jam, 2016); la colaboración con Robert Glasper y Karriem Riggins *August Greene* (August Greene, 2018) y *Let Love* (Loma Vista, 2019).

Common terminará la década con decenas de nominaciones a los Grammy; dos libros de memorias publicados; un Oscar por «Glory» (junto a John Legend) y otra nominación a los Oscar por «Stand Up For Something» (junto a Diane Warren); incontables colaboraciones con prácticamente todas las figuras relevantes del Rap en los últimos tiempos; una incesante labor social al frente de la *Common Ground Foundation* (y participando activamente en proyectos de reinserción social, ayudas a la juventud y asistencia legal y cultural a la población encarcelada; así como en campañas de apoyo a Barack Obama y Bernie Sanders); y unos niveles de energía y genio creativo que, después de casi tres décadas de excelencia, se vieron confirmados con más fuerza que nunca con la publicación de *A Beautiful Revolution, Pt. 1* (Loma Vista, 2020); un impresionante compendio de Jazz Rap y Hip Hop tradicional que tomaba el pulso de la actualidad en plena pandemia para radiografiar con intención crítica y espíritu luminoso y pacifista el presente con la mirada puesta en el futuro.

## Kae Tempest
### *El poder de la palabra*

Resulta inusual y sorprendente que para definir una carrera artística se citen como influencias principales a Samuel Beckett, William Blake y Wu-Tang Clan. Según *The Guardian*, cuando hablamos de Kae Tempest nos estamos refiriendo a «uno de los talentos más brillantes que existen hoy en día. Su spoken word tiene la métrica y el oficio de la poesía tradicional; la agitación cinética del Hip Hop; y la intimidad de un susurro de corazón a corazón... Tempest trata valientemente con la pobreza, la clase y el consumismo, de una manera que no solo evita las trampas de sonar trivial, sino que también logra ser hermosa, basándose en la mitología antigua y la cadencia de los sermones para contar historias de la vida cotidiana». Tempest es una de las personalidades más relevantes, profundas e imprescindibles que ha ofrecido la cultura británica en el siglo XXI; seis poemarios, tres obras de teatro, una novela, un ensayo y tres discos forman de momento el corpus artístico de un personaje tan excepcional como irrepetible; capaz de aunar el pulso de la calle y la elevación académica para captar el *zeitgeist* del presente y ofrecer interrogantes y reflexiones con un peso artístico y un carácter filosófico que le sitúan en un universo tan único y personal como brillante.

Nacida en Londres en 1985, Kate Tempest (en 2020 se declararía persona no binaria y pasaría a llamarse Kae Tempest) dio sus primeros pasos en el mundo del Rap con tan sólo 16 años, participando en noches de micro abierto en tiendas de Hip Hop del sur londinense. La dualidad poeta/rapera y un dominio inusual en el manejo del lenguaje, así como una inteligencia fuera de lo común, convirtieron desde el primer momento a Tempest en un personaje que, si bien tenía los pies plantados en la tradición del Hip Hop y la cultura Grime, escapaba con mucho a cualquier encasillamiento. La excelencia en diversas disciplinas artísticas es el principal rasgo diferencial de Kae Tempest, y su desarrollo como artista de Hip

Hop va unido a su crecimiento en el terreno de la poesía, la dramaturgia, la novela o el ensayo. Tras su debut discográfico (al frente de los efímeros y brillantes Sound Of Rum) *Balance* (Sunday Best, 2011); una pequeña joya *underground* de Rap orgánico e intimista, con filtros Jazzísticos y sensibilidad indie, en el que Tempest desarrollaba un relato urbano y costumbrista plagado de referencias mitológicas y reflexiones filosóficas profundas; Tempest recibió el primer reconocimiento por parte de la esfera de la alta cultura británica al convertirse en la primera persona menor de cuarenta años en recibir el prestigioso premio Ted Hugues de poesía por su obra *Brand New Ancients*. El reconocimiento de la Poetry Book Society, que en 2014 otorgó a Tempest el galardón de N*ext Generation Poet*, precedió al lanzamiento de su carrera musical en solitario con *Everybody Down* (Big Dada, 2014); un trabajo conceptual protagonizado por un personaje ficticio (Becky) que establecía una narrativa urbana con perspectiva literaria sobre composiciones de electrónica heredera del UK Garage, que logró una nominación a los premios Mercury Prize.

El ingreso en la Royal Society of Literature en 2015, así como la unanimidad de crítica y público al considerar *Everybody Down* como una de las obras más frescas e interesantes del UK Rap de la última década situaron a Tempest en el centro de atención mediática como una de las figuras más destacadas del panorama cultural británico; consideración que se vería sobradamente justificada en 2016 con la publicación de su primera novela *The Bricks That Built The Houses* (que resultó un best seller) y el lanzamiento de *Let Them Eat Chaos* (Caroline, 2016); una apabullante muestra de talento con el que Tempest redefinía el Hip Hop británico a base de electrónica oscura y un discurso politizado que analizaba con certera quirúrgica la realidad de las clases populares en la sociedad capitalista europea en la era digital. «Europe Is Lost» o «Ketamine For Breakfast» son ejemplos fascinantes de la fusión de reflexión sociológica y narrativa literaria que hacen de Tempest una figura imprescindible; una fusión que alcanzaría su más alto nivel de excelencia con *The Book Of Traps And Lessons* (American Recordings, 2019); un trabajo inabarcable en el que Tempest unía fuerzas con Rick Rubin para dar forma a una obra de arte que escapa a definiciones y se sitúa en un universo propio en el que nadie le puede hacer sombra.

## 25 discos imprescindibles del presente y futuro del Rap

**Nicki Minaj** - ***Pink Friday*** (Cash Money, 2010)
Después de dejar a medio planeta boquiabierto con una serie de *mixtapes* indiscutibles, Nicki Minaj tomó por asalto la industria musical con la publicación de su primer disco oficial, que le hizo pasar de la noche a la mañana de reina de las *mixtapes* y los más diversos *featurings* a icono Pop, codeándose de repente con Beyoncé o Madonna. *Pink Friday* es un álbum imparable de Rap comercial de orientación generalista *mainstream* que funciona como un mecanismo de precisión. Con actitud de diva que se maneja igual de bien en las alfombras rojas que en el asfalto neoyorquino, Nicki Minaj consigue combinar con inteligencia y talento a lo largo de su debut oficial las dos caras de un personaje excesivo y fascinante; aunando la suavidad melosa de composiciones Pop y R&B con producción azucarada para todos los públicos como «Your Love» o la adictiva «Fly» (con Rihanna); con la credibilidad Hip Hop en temas como «Did It On'em», «Roman's Revenge» (junto a Eminem) o «Moment 4 Life»; momentos en los que Minaj se destapa como una MC inventiva, ruda e impenitente que recoge lo más confrontacional y descarado del legado de Lil Kim o Foxy Brown y lo lleva a otro nivel.

**Drake** - ***Take Care*** (Cash Money, 2011)
El segundo disco del canadiense, convertido ya en una estrella global tras el éxito del impecable *Thank Me Later*, supone una bajada de revoluciones en pos de un sonido mucho más próximo al R&B y las atmósferas relajadas, que supuso la confirmación de Drake como un artista polivalente, profundo y multidimensional. *Take Care* es un trabajo redondo de Rap del siglo XXI con vocación Pop, lleno de tempos lentos, texturas apagadas y melancólicas, y un tono introspectivo roto en puntuales ocasiones por arrebatos de agresividad y explosiones de energía («Under Ground Kings» o «Make Me Proud», con Nicki Minaj). A lo largo de *Take Care*, Drake desgrana un imaginario emocional e intimista plagado de desamor y pérdida, que otorga a canciones como «Look What You've Done», «Marvins Room» o «Crew Love» una profundidad y un encanto irresistibles. Los aportes de Rihanna, The Weeknd, Kendrick Lamar, Lil Wayne o André 3000 no hacen más que redondear un disco con el que Drake demostraba, una vez más, su habilidad para combinar el éxito más comercial con la profundidad de contenido y el prestigio artístico.

**Death Grips** - ***The Money Store*** (Epic, 2012)
La improbable unión entre el batería Zach Hill (conocido en los círculos del Rock independiente más extremo por ser parcialmente responsable de esa bomba de relojería Math Rock llamada Hella), el teclista Andy Morin (productor de The Bug o los mencionados Hella) y el multifacético MC Ride, bajo el nombre de Death Grips, da forma a una de las más inclasificables, adictivas y esquivas formaciones de Rap experimental del siglo XXI. Death Grips ofrecen en su debut oficial una descarga inmisericorde de Rap crudo y agresivo insuflado de electrónica ruidista, ramalazos Hardcore Punk y toneladas de densidad industrial. No hay espacio para el oxígeno ni para la luz a lo largo de *The Money Store*, de igual forma que no caben concesiones a la comercialidad ni a la amabilidad; los de Sacramento exprimen su concepción abrasiva del sonido hasta convertir canciones como «Lost Boys», «Hustle Bones» o «Fuck That» en auténticas pesadillas tecnológicas de Rap agresivo, oscuro y cargado de paranoia y ansiedad. *The Money Store* es un disco difícil, incómodo y áspero; y a la vez es una muestra de creatividad y talento fascinante.

**Danny Brown** - ***Old*** (Fool's Gold, 2013)
El tercer disco de Danny Brown, una de las cimas de una trayectoria impecable entendida como una carrera de fondo, es un trabajo fresco, variado y profundo, estructurado en dos partes, correspondientes a las respectivas caras de un vinilo, en el que la primera cara representa la vertiente más profunda y clásica de Brown y sus historias de barrio narradas con pulso de veterano y regusto noventero. A modo de homenaje a la Era Dorada del Rap; la infecciosa «Wonderbread», los ambientes cargados de marihuana de «Lonely» o los aportes de Freddie Gibbs y Schoolboy Q brillan en una primera mitad de disco impecable que transita hacia una segunda parte futurista, expansiva y canalla que no hace más que confirmar el altísimo nivel creativo de un trabajo que explota en mil direcciones diferentes y acierta en cada nuevo quiebro del camino; «Dubstep» «Break It» o «Smokin & Drinkin» son rompepistas que convierten el tramo final de *Old* en una fiesta adrenalínica a la que se suman Ab-Soul, A$ap Rocky y Charlie XCX para acabar de redondear un disco excelente donde pasado y futuro caminan de la mano.

**A$ap Rocky** - ***Long.Live.A$AP*** (RCA, 2013)
El debut oficial de A$ap Rocky, después de numerosas y exitosas *mixtapes*, es un despliegue de imaginación y puntería tan sólido, variado y bien estructurado, que situó al veinteañero de Harlem al frente del Hip Hop contemporáneo junto a figuras fundamentales como Kendrick Lamar o Chance The Rapper. *Long.Live.A$ap* es un trabajo denso, oscuro y apasionante que requiere de una lenta digestión; los ritmos son calmados e hipnóticos, las cadencias arrastradas y brumosas, y las explosiones de euforia resultan imparables (como en la adictiva y bailable «F**kin' Problems», junto a Drake, Kendrick Lamar y 2 Chainz; las incursiones Dubstep y Techno de «Wild For The Night» cortesía de Skrillex y Birdy Nam Nam; o el Rap estricto y callejero de «1Train», al que se suman Danny Brown, Joey Bada$$, Action Bronson y Big K.R.I.T, aparte de Kendrick Lamar). El discurso abstracto de A$ap Rocky, plagado de imágenes crípticas y fanfarronería gangsta, descargado sobre atmósferas espesas de arreglos tecnológicos, brilla con un ingenio y una capacidad de inventiva apasionantes en joyas de Rap moderno como «Suddenly», «Goldie» o «Hell».

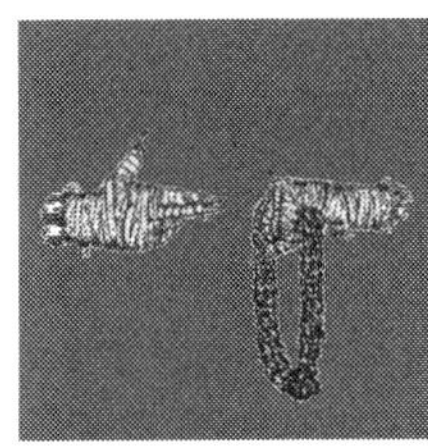

**Run The Jewels** - ***Run The Jewels 2*** (Mass Appeal, 2014)
El segundo asalto de Run The Jewels dentro de una carrera que por el momento no ha mostrado fisura ninguna con cada nuevo lanzamiento, es una suma perfecta de todos los rasgos diferenciales que hacen de la suma entre Killer Mike y El-P una de las formaciones imprescindibles para entender el Rap en el siglo XXI. Tras un debut que dejó a medio planeta con la boca abierta, el segundo disco de Run The Jewels sublima la fórmula de Rap oscuro, tecnológico, festivo, agresivo, vacilón y confrontacional con el que se dieron a conocer al mundo para ofrecer algunos de los momentos más inspirados e indiscutibles de su carrera. «Blockbuster Night, Pt. 1» o «Close Your Eyes (And Count To Fuck)» (con la colaboración de Zach de La Rocha) colocaron a *Run The Jewels 2* en la cima de las listas de los mejores discos del año, y su mezcla irresistible de diversión, crítica social, chulería, sentido del humor, seriedad de contenido y Rap estricto lo convierte en uno de los discos imprescindibles del Hip Hop en la última década.

**Shabazz Palaces** - ***Lese majesty*** (Sub pop, 2014)
La primera banda de Hip Hop en publicar discos en Sub Pop, Shabazz Palaces es el misterioso y abstracto resultado de la suma del percusionista Tendai «Baba» Maraire e Ishmael Buttler (el que fuera líder de los imprescindibles Digable Planets bajo el apodo de Butterfly). Moviéndose continuamente en terrenos vanguardistas y con la experimentación y la huida de la forma concreta como bandera, su segundo disco *Lese Majesty* (continuación del

celebrado *Black Up*, su debut de 2011) es un trabajo enigmático y denso cargado de ambientes narcóticos, atmósferas brumosas y una estética afín al Jazz vanguardista y expansivo de Sun Ra Arkestra o Pharoah Sanders, en el que el dúo de Seattle despliegan un imaginario imposible de funk psicodélico, Hip Hop abstracto, electrónica cerebral, poesía críptica y coartada *arty* filosófica con pretensiones elevadas. «Forerunner Foray», «#Cake» o «Motion Sickness» son composiciones ambiciosas, inclasificables y profundas con las que Shabazz Palaces se sitúan fuera de cualquier coordenada susceptible de ser categorizada, para sonar únicamente a ellos mismos en un viaje hacia el futuro, con texturas retro y un indefinible pero siempre presente marchamo de credibilidad Hip Hop.

**Future** - ***DS2*** (Epic, 2015)
*«I just took a piss and i seen codeine comin' out»* (*«acabo de mear y he visto salir codeina»*), proclama Future en la apertura de DS2; una obra tan inquietante como oscura y adictiva, con la que el de Atlanta reventaba el mercado en 2015 (debutó directamente como número uno en Billboard y alcanzó el doble platino). DS2 es un trabajo denso y excesivo de Trap vicioso y nocturno, nihilismo e historias sucias de química y sexo, en el que brilla como nunca el característico *flow* arrastrado y agónico de Future, transformado en lamento por momentos, arropado a la perfección por un colchón de arreglos casi minimalistas capaces de crear unas atmósferas extrañamente emocionales a base de pianos, cuerdas y bases electrónicas repetitivas que le dan al conjunto general un tono decadente y casi nostálgico. La suciedad (valga la redundancia) del Dirty South encuentra en manos de Future un espacio donde hay cabida para la sofisticación; «F*ck Up Some Commas», «Colossal», «Rich $ex» o «Slave Master» son golazos de Trap obsesivo y asfixiante que suponen una especie de viaje alucinado y narcótico al interior de una mente tan brillante como disfuncional.

**Ghostface Killah & BadBadNotGood** - ***Sour Soul*** (Lex, 2015)
Los continuos ejercicios de reinvención que con el paso de los años han convertido a Ghostface Killah en uno de los más inquietos y efectivos miembros de la familia Wu-Tang alcanzan su punto álgido con *Sour Soul*; la sorprendente e inspiradísima unión del veterano de Staten Island con BadBadNotGood, un trío canadiense de Jazz experimental que sobresalen como una de las formaciones más interesantes del Jazz contemporáneo. A lo largo de *Sour Soul*, los canadienses ofrecen un despliegue de grooves añejos y composiciones cinématicas y elegantes que nos trasladan a las bandas sonoras setenteras de las películas de James Bond y al Funk más sinuoso de la época Blaxploitation; ofreciendo un colchón instrumental plagado

de pianos, vibráfonos, arreglos de aires orquestales y Jazz de regusto Soul; sobre el que Ghostface Killah despliega un arsenal de habilidades y recursos al micro que nos recuerda el porqué de su estatus de MC legendario. A la compenetración y la química que Ghostface Killah y BBNG muestran en canciones como «Tone's Rap» o «Food» se le suman, para acabar de redondear un disco único y apasionante, las colaboraciones de Danny Brown en «Six Degrees», y MF Doom en «Ray Gun», dos de los momentos estelares de uno de los álbumes de Rap más interesantes de la década.

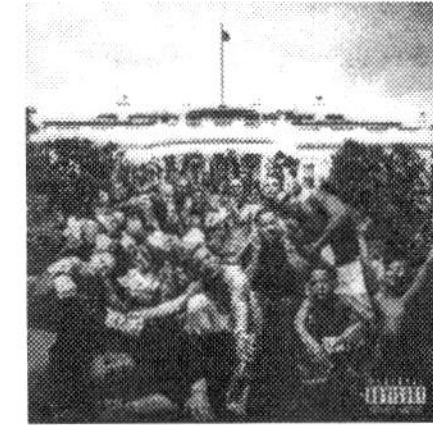

**Kendrick Lamar** - ***To Pimp A Butterfly*** (Aftermath, 2015)
Hay obras que traspasan géneros, épocas y contextos para establecerse fuera del espacio y el tiempo, convirtiéndose en eternas. Dentro del universo del Hip Hop, *To Pimp A Butterfly* (como pasó en su día con *It Takes A Nation Of Millions To Hold Us Back*, *Illmatic*, *The Miseducation of Lauryn Hill* o *My Beautiful Dark Twisted Fantasy*) es uno de esos maravillosos ejemplos. *To Pimp A Butterfly* ofrece Rap canónico y callejero, Soul futurista, Funk espiritual, vacile Gangsta elegante, reflexiones sociales profundas y cortantes como cuchillas de afeitar, Jazz vanguardista, introspección, baile, modernidad tecnológica, acierto comercial, tradición retro y talento e ingenio a raudales. El joven prodigio de Compton aunó en un sólo disco la honestidad brutal y el talento salvaje de Tupac Shakur; la habilidad narrativa de Nas; la elegancia y sofisticación de Lauryn Hill; la seguridad imbatible de Jay-Z; la creatividad explosiva y desconcertante de Kanye West; la tradición Soul y Funk filtrada por la modernidad de The Roots; la urgencia combativa de Chuck D...y lo más importante de todo: Kendrick Lamar logró todo esto sonando único, original e irrepetible en cada compás del disco. Cada canción de *To Pimp A Butterfly* es una celebración de la cultura afroamericana; con sus triunfos, sus derrotas, sus virtudes y sus pecados; y el resultado es un collage inabarcable que adquiere más profundidad y relevancia a medida que pasan los años. La última gran obra de arte que ha generado la cultura Hip Hop.

**Chance The Rapper** - ***Coloring Book*** (2016)
Tras brillar por derecho propio a lo largo de *Life Of Pablo*, de Kanye West, Chance The Rapper entregó con *Coloring Book* una obra indiscutible e inabarcable que recogió el aplauso general de crítica y público y ganó el Grammy al mejor disco de Rap del año. *Coloring Book*, la tercera *mixtape* del de Chicago (primer lanzamiento exclusivamente en *streaming* en ganar un Grammy y alcanzar los primeros puestos de Billboard), es un despliegue apasionante de talento puro en el que Chance The Rapper se descubre como uno de los artistas más polivalentes

y complejos del Hip Hop actual: en *Coloring Book* hay Rap moderno, Soul y Gospel; hay arreglos de Jazz, coros infantiles, autotune y luminosidad Pop a raudales; hay colaboraciones de Kanye West, Lil Wayne, Jamila Woods, Noname, Future o Anderson .Paak entre muchos otros; hay canciones enormes de Gospel Rap como «FinishLine/Drown», «All We Got» o «No Problem»; y hay, por encima de otras consideraciones, una brillantez constante por parte de un Chance The Rapper en estado de gracia que canta tan bien como rapea, con un discurso reflexivo y confesional sobre la fe y la paternidad que resulta profundo, urgente y relevante.

**Schoolboy Q** - ***Blank Face*** (Interscope, 2016)
El cuarto disco del Black Hippy Schoolboy Q es un viaje introspectivo y oscuro a través de un abanico de estilos y texturas tan heterogéneo como inexplicablemente cohesivo. *Blank Face* es un disco que plantea retos constantemente, plagado de electrónica psicodélica y pasajes alucinados, que alcanzó el oro en ventas y una nominación a los Grammy. Schoolboy Q ofreció con la continuación de su excelente *Oxymoron* una obra madura, diversa, de tono calmado y actitud chulesca, en la que la agresividad y densidad de «Groovy Tony/Eddie Kane»; la oscuridad onírica de «That Part» (junto a Kanye West); el pulso discotequero de «Whateva U Want»; los aportes a la producción de Tyler, The Creator, The Alchemist o Pharrell Williams; las acertadas colaboraciones con SZA, Vince Staples, Tha Dogg Pound o Anderson .Paak; la oscuridad cinemática de «Torch»; o la elegancia Jazzística de «Kno Ya Wrong» suman un conjunto general tan brillante y efectivo como esquivo y difícil de asimilar en unas pocas escuchas.

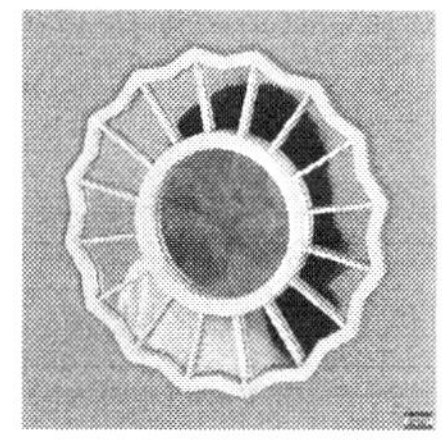

**Mac Miller** - ***The Divine Feminine*** (Warner, 2016)
«*I open up your legs and go straight for your heart*» («*Abro tus piernas y voy directo a tu corazón*»), confiesa Mac Miller a modo de resumen esencial de un disco que funciona como compendio de todas las virtudes que hacen del de Pittsburgh una de las figuras más interesantes y tristemente recordadas del Rap contemporáneo. Con una seguridad en sí mismo apabullante y un estado de forma creativo envidiable (en contraposición a una vida personal cada vez más tóxica y descontrolada), el malogrado Mac Miller entregó con *The Divine Feminine* una de las obras más serias y sólidas dentro de una carrera tan prolífica y brillante como desgraciadamente breve. En su cuarto disco oficial, Miller se muestra maduro, vulnerable, introspectivo y emocional como nunca; y sus relatos confesionales atravesados por la depresión y el abuso de drogas adquieren un tono melancólico y doloroso a lo largo de un trabajo impecable de Funk cálido, Dance ambiental y

R&B elegante y sofisticado, que se crece con las aportaciones de CeeLo Green, Ariana Grande, Kendrick Lamar, Thundercat o Robert Glasper. *The Divine Feminine* habla de amor, soledad, pérdida y traición; habla de drogas, fama, escapismo y arrepentimiento; habla de ser joven y estar superado por la velocidad de la vida en la era digital; y Miller brilla como siempre y canta como nunca, haciendo de sus contradicciones virtudes y entregando una de sus obras cumbre.

**Tyler, The Creator** - ***Flower Boy*** (Columbia, 2017)
El cuarto trabajo de uno de los fundadores de Odd Future es una delicia de Rap complejo y ecléctico construido sobre un paisaje sonoro de atmósferas acarameladas plagadas de sintetizadores, pianos, tempos relajados con bases rítmicas ralentizadas, y mucho Soul. Tyler, The Creator desgrana con su voz profunda y grave un relato caótico y desestructurado sobre la soledad, la incomunicación y la alienación donde hay cabida tanto para el amor como para el odio, y el resultado es a la vez el disco más completo e inclasificable de su prolífica y apasionante carrera. A modo de crooner posmoderno, Tyler suena profundo, inteligente y emocional por momentos, y en otros se pierde en analogías sobre la conducción y la vida, convirtiendo los coches rápidos en metáforas confusas que le añaden a la pulida y cuidadísima producción del disco un elemento de extrañeza surrealista tan interesante como efectiva. *Flower Boy* suena a muchas cosas, y a la vez es un trabajo esquivo que cuesta encajonar en parámetros demasiado definidos, en el que brillan los ambientes Neo Soul de «Pothole» o «Garden Shed»; la rudeza verbal y oscuridad instrumental de «Who Dat Boy» (con A$ap Rocky); «See You Again», una canción de amor positiva y luminosa, adornada con xilófonos, cuerdas, vientos y rimas azucaradas; o el puñetazo en la mandíbula en el que se convierte la adictiva «I Ain't Got Time!».

**Ho99o9** - ***United States Of Horror*** (999 Deathkult, 2017)
El debut de Ho99o9 es una pesadilla industrial plagada de oscuridad y densidad tecnológica, con la que los californianos plantean un viaje alucinado y paranoide de Horrorcore sangriento y crudo del que es muy difícil salir indemne. *United States Of Horror* es un artefacto abrasivo de Rap incómodo y subterráneo, que bebe tanto de Dälek o El-P («Splash», «Moneymachine»), como del Hardcore canónico de Bad Brains o Black Flag («Street Power», «City Rejects»). En cuarenta y seis minutos asfixiantes, a lo largo de los cuales no hay momentos de respiro ni rendijas de luz, Ho99o9 descargan una arrolladora amalgama de Rap industrial con actitud Punk y ninguna cesión a la comodidad que los coloca al frente de la vanguardia más extrema del Hip Hop actual.

**Cardi B** - ***Invasion Of Privacy*** (Atlantic, 2018)
El debut oficial de Cardi B es un golazo comercial de Rap peleón y moderno; tan hedonista, sexual, fiestero y descarado como, sobre todo, divertido. Recogiendo el testigo de Lil' Kim, y compartiendo trono en el Rap *mainstream* con Nicki Minaj, Cardi B entregó con *Invasion Of Privacy* un compendio perfecto de Rap callejero puramente neoyorquino trufado de Trap, R&B futurista y vocación Pop que fue certificado disco de oro el día de su estreno, ganando el Grammy a mejor álbum de Rap del año. Debido a los elevados índices de *streaming*, todas las canciones del álbum consiguieron entrar en el *Billboard Hot 100* en la semana debut del disco, y las revistas *Time* y *Rolling Stone* lo calificaron como mejor disco de 2018, coronando a Cardi B como una de las grandes divas del Hip Hop en la segunda década del nuevo milenio. A lo largo de Invasion Of Privacy, Cardi B se acompaña de Chance The Rapper, SZA o Migos para completar un trabajo de Hip Hop comercial tan redondo como moderno, en el que incluso hay cabida para el Trap de regusto latino vía colaboraciones de J Balvin y Bad Bunny.

**August Greene** - ***August Greene*** (August Greene LLC, 2018)
La unión de Common, Robert Glasper y Karriem Riggins bajo el nombre de August Greene dio como resultado en 2018 uno de los mejores discos de Jazz Rap de los últimos tiempos, y una de las cimas de la más que celebrada carrera de Common a lo largo de las últimas décadas. *August Greene* es un disco elegante, orgánico, que tiende puentes entre la tradición Jazz y la modernidad logrando un equilibrio y un nivel de brillantez sólo al alcance de unos pocos elegidos: «Black Kennedy», «Practice» o «Aya» se encuentran entre las mejores composiciones de cada uno de sus protagonistas, y a lo largo de los cincuenta minutos que dura el viaje propuesto por *August Greene* encontramos a un Common adulto, profundo, reflexivo; concienciado como siempre e inspirado como nunca. La excelencia instrumental alcanzada por Robert Glasper y Karriem Riggins como escuderos perfectos de Common dotan a este disco de una magia y una profundidad únicas, convirtiéndolo en una de las mejores y más completas muestras de talento que el Hip Hop alternativo ha ofrecido en las últimas décadas, al margen de tendencias y modas. Madurez, bendito tesoro.

**Travis Scott** - ***Astroworld*** (Epic, 2018)
Tirando de brocha gorda y simplificando las cosas hasta el extremo, podemos resumir el de momento último lanzamiento oficial de Travis Scott como «un disco de Trap para los que no escuchan Trap». Precedido por el éxito de los avances «Watch» (con Kanye West y Lil Uzi Vert) y «Sicko Mode» (el

primer número uno de Billboard en la carrera meteórica de Scott), *Astroworld* es un disco nocturno y narcótico, con los pies anclados en el Dirty South más tórrido y el Trap más oscuro, construido con la ayuda de una inacabable lista de productores y colaboradores, que alcanzó la certificación de triple platino y fue nominado a mejor disco de Rap en los Grammy. Aunando todos los lugares comunes del Trap, incluido su abuso del auto tune y los ritmos repetitivos y minimalistas, Travis brilla a lo largo de *Astroworld* con un nivel de inventiva y frescura que le permite evitar constantemente el cliché para ofrecer un festival de Rap moderno y tecnológico, plagado de ambientaciones fantasmales y melodías inequívocamente Pop que le otorgan un irresistible atractivo comercial. «Butterfly Effect», «Coffee Bean» o «R.I.P. Screw» son muestras perfectas del talento de Travis Scott para manejar elementos por lo general genéricos y acabar sacando oro donde otros caen irremisiblemente en el cliché más manido.

**Little Simz** - ***GREY Area*** (Age 101, 2019)
La confirmación de Little Simz como uno de los más ilusionantes y firmes valores del Rap en la actualidad es un disco catártico, expansivo, tan personal y brillante como valiente. Aparcando el uso de *samplers* en favor de la instrumentación real, *GREY Area* está plagado de cuerdas, pianos, guitarras, aromas jamaicanos y un filtro elegante de Jazz y Neo Soul que convive perfectamente con influencias Grime; sobre ese caleidoscopio Little Simz esgrime un nivel de inventiva y seguridad impropios de su edad, erigiéndose como una de las figuras más creativas e interesantes de su generación. «*I'm a boss in a fucking dress*» («*Soy una jefa en un jodido vestido*») grita en «Boss», y esa contundencia marca el tono general de un discurso, tan reivindicativo como confesional, en el que la rapera londinense aborda con puntería e inteligencia temas como la salud mental, la alienación, la soledad y el papel y la lucha de la mujer en el mundo del Rap y de la industria musical en general.

**Kate Tempest** - ***The Book Of Traps And Lessons***
(American Recordings, 2019)
Kate Tempest vio confirmado su estatus de artista inalcanzable y necesaria con la publicación de *The Book Of Traps And Lessons*, su disco más profundo y complejo. El equilibrio entre música y literatura en el que tan bien se maneja la inglesa se decanta esta vez hacia la dimensión literaria: salvo puntuales momentos en los que ritmos *downtempo* de electrónica sutil dotan al disco de una ambientación Hip Hop, en esta ocasión la voz es protagonista omnipresente, y el silencio pasa a ser un instrumento más. El fraseo irresistible de Tempest, a medio camino entre el Rap y el spoken word, se convierte esta vez en

un profundo monólogo en primera persona que nos sumerge en cincuenta minutos de intensidad emocional de los que es difícil salir ileso. Como telón de fondo, violines y arpegios obsesivos, *beats* monolíticos, música de feria de sabor añejo, oscuridad electrónica, delicados acordes de piano, y el vacío más absoluto: los paisajes adecuados para que la declamación de Tempest alcance cotas de emoción desgarradoras en un alegato desesperado en defensa de la empatía, y como ocurre con el arte cuando este importa de verdad, uno es una persona diferente al final del trayecto: una persona mejor, en este caso.

**Rapsody** - ***Eve*** (Jamla, 2019)
Tras aunar el reconocimiento general de crítica y público con su excelente segundo trabajo *Laila's Wisdom*, la rapera de Carolina del Norte confirmó su paso de joven promesa del Hip Hop actual a una de las artistas más interesantes y profundas del Rap de nuevo cuño con *Eve*, su tercer y por el momento último trabajo. *Eve* es una suma de Boom Bap, R&B y Neo Soul en la que Rapsody toma el testigo de la mismísima Lauryn Hill para desarrollar un artefacto en el que arte y política van de la mano. Cada canción de *Eve* lleva el nombre de una mujer negra («Ibtihaj», «Nina», «Hatshepsut» «Maya» o «Whoopi» entre ellas), y el conjunto del disco es un alegato reivindicativo y honorífico con perspectiva de clase, crítica feminista y beligerancia politizada en el que Rapsody se muestra más expansiva, contundente y segura de sí misma que nunca. Las colaboraciones de Queen Latifah, D'Angelo, J. Cole o GZA; así como la impecable producción de 9th Wonder; no hacen más que agrandar los aciertos de un disco tan inteligente y fresco en lo musical como tristemente necesario en lo conceptual.

**JPEGMAFIA** - ***All My Heroes Are Cornballs*** (Caroline, 2019)
Experimentación, riesgo, futurismo y una huida constante hacia adelante son los elementos clave con los que JPEGMAFIA se enfrentó a la ardua tarea de superar *Veteran*, su excelente disco debut. *All My Heroes Are Cornballs* recoge el sonido abrasivo y el enfoque rupturista de la composición anticipado en *Veteran*, y lo multiplica en un ejercicio extenuante de Rap oscuro e industrial que en esta ocasión ofrece planteamientos melódicos y ambientaciones oníricas de aires psicodélicos inéditas en el universo desestructurado y críptico de JPEGMAFIA. «Jesus Forgive Me, I Am A Thot», «PTSD», «Beta Male Strategies» o «Grimy Waifu» expanden el extraño y nihilista universo sonoro y lírico de JPEGMAFIA hacia terrenos donde el Rap electrónico, la densidad industrial, la agresividad cargada de crítica social y el cripticismo más desconcertante se dan la mano para dar forma a un disco tan fascinante como agotador.

**Slowthai** - ***Nothing Great About Britain***
(Method Records, 2019)
Desde las calles de un Northampton hundido, olvidado y precarizado hasta el extremo, el debut de Slowthai recoge como pocos discos el *zeitgeist* de la era Brexit y lo condensa en un compendio perfecto de Grime, orgullo de clase, costumbrismo chav y Rap con espíritu Punk. Recogiendo el testigo conceptual de The Streets y musical de Dizzee Rascal, y sumándole el *macarrismo cervecero* de Sleaford Mods, *Nothing Great About Britain* es un retrato de la Inglaterra actual y del rompecabezas contradictorio de la era del Brexit, tan agresivo y sucio como reflexivo y emotivo, cargado de humor y de crudeza a partes iguales, con el que Slowthai demuestra una capacidad brillante como narrador. «*I Swear I'm Proud To Be Brittish*» («*Juro que estoy orgulloso de ser británico*») asegura Slowthai en el arranque de un disco cuyo título podría llevar a malentendidos, y ese equilibrio entre el amor y el odio da forma a una de las más completas e interesantes obras que el Rap en Inglaterra ha ofrecido en los últimos años.

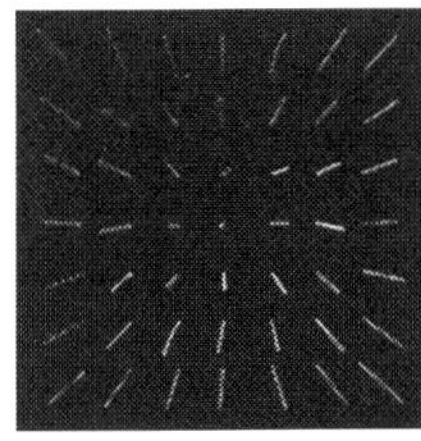

**Clipping** - ***There Existed An Addiction To Blood***
(Sub Pop, 2019)
*There Existed An Addiction To Blood* supone una vuelta de tuerca en el peculiar tratamiento de la tensión, el misterio y la densidad al que Clipping viven consagrados hace años. En la senda de otros especialistas en forzar los límites del Rap más incómodo y oscuro, como los también angelinos Ho99o9, Clipping no tienen ninguna intención de poner las cosas fáciles; este es un disco extremo, excesivo, violento y tan adictivo como difícil de digerir. En gran parte del disco Clipping se sumergen en brumas de sonido y ruido, espesas e industriales, que ofrecen un colchón alucinado y asfixiante sobre el que dan rienda suelta a un imaginario de pesadilla y urbano que se nutre del Horrorcore y la violencia y el vértigo de la vida en las calles de Los Ángeles. El resultado final es espectacular si uno es capaz de entrar y disfrutar del estado mental psicótico e intoxicado al que te arrastran unas canciones («Nothing Is Safe», «Club Down», «The Show», «Blood Of The Fang»...) construidas para provocar cualquier cosa menos indiferencia.

**Common** - ***A Beautiful Revolution Vol. 1*** (Loma Vista, 2020)
Coincidiendo con una campaña electoral con unos niveles de polarización y tensión como no se recordaban en tiempos recientes, el incansable e insobornable Common le recordaba al mundo, una vez más, el porqué de su estatus de MC de culto y figura imprescindible en la historia del Hip Hop con la publicación de su decimotercer (y de momento último) disco A *Beautiful Revolution Vol. 1*. Acompañado de las poetas Morgan Parker y Jessica Care Moore; sus escuderos inseparables Robert Glasper y Karriem Riggins; así como de figuras de la talla de Black Thought, Lenny Kravitz, Chuck D o el mismísimo Stevie Wonder; Common entregaba en 2020 una obra madura, profunda y multifacética a la altura de los discos que encumbraron al de Chicago durante los noventa y los dos miles. A lo largo de *A Beautiful Revolution Vol. 1* aparecen el asesinato de Breonna Taylor; el Covid-19, la pandemia, el confinamiento y las polémicas respecto a las vacunas; el clima de violencia en la sociedad norteamericana a raíz de las protestas masivas de Antifa o Black Lives Matter; o el auge del supremacismo blanco en la recta final del mandato de Donald Trump. Common radiografía con su último trabajo el presente más inmediato y construye una narrativa espiritual, luminosa, bienintencionada, pacifista y reflexiva envuelta en atmósferas relajadas y elegantes que beben del Soul, el Gospel, la tradición Jazz Rap y el Hip Hop clásico y comprometido que, después de tres décadas de creación ininterrumpida, Common sigue defendiendo y sublimando sin perder ni un ápice de relevancia.

# 5. RAP EN ESPAÑOL

*«No es un quiero y no puedo, es un quiero y lo he hecho.»*

**Frank T**

## LOS FELICES AÑOS NOVENTA

Finales de los ochenta. El ecuador de la era Felipe González, y apogeo máximo de las consecutivas mayorías absolutas del PSOE. Todavía faltan unos años para que el desgaste acumulado tras innumerables casos de corrupción, y con el oscuro asunto de los G.A.L ocupando el centro del debate político, llegue a su fin el periodo más largo de un jefe de Gobierno de la democracia en España. El cambio de década entre los ochenta y los noventa se define por la consolidación definitiva del modelo de sociedad orquestado a partir de la Transición y lo que se vino a denominar *Régimen del 78*. La fotógrafa Sylvia Polakov resumía de esta manera los aires de cambio con los que España, y su recién estrenada democracia, habían entrado en la modernidad europea: «París estaba en decadencia, Londres era una mierda y en Roma no se podía estar por los secuestros, había un clima político terrible. Entonces muchos jóvenes europeos miramos hacia Madrid. No había ya dictadura, la gente era guapa, nunca cenabas antes de las once de la noche, todo el mundo que conocías estaba creando algo diferente...Había necesidad, hambre de mezclarse». Esa *necesidad* y ese *hambre de mezclarse* dio como resultado durante los sucesivos gobiernos de Felipe González la España de la *Beautiful People*; «el país en el que es más fácil hacerse rico», en palabras del entonces ministro Carlos Solchaga. El cambio de década y el arranque de los años noventa vienen marcados por un ambiente social efervescente: es la España de las Olimpiadas de Barcelona, la Exposición Universal de Sevilla, los Tours de Francia de Miguel Induráin, el nacimiento del IBEX 35, el Oscar a *Belle Epoque*, los yates y coches de lujo en Puerto Banús, y los trece baños de Villa Meona (la mansión del por aquel entonces ministro socialista Miguel Boyer y su esposa Isabel Preysler, a la que la revista *¡Hola!* dedicó una sonadísima portada y 31 páginas de reportaje exhaustivo).

CPV: de cacería.

En el mismo año en el que canciones como «Aquí no hay playa», de Los Refrescos; «Mujer contra mujer», de Mecano; o «Mi novio es un zombi», de Alaska y Dinarama; alcanzaban el número uno en la lista de Los 40 principales; dos lanzamientos discográficos pasaron relativamente desapercibidos por los medios generalistas, pero a la vez supusieron de alguna manera los cimientos del desarrollo de la cultura Hip Hop en España: *Madrid Hip Hop* (Troya, 1989) y *Rap'in Madrid* (Ariola, 1989). Ambos recopilatorios (que incluían a MC Randy & DJ Jonco, Sweet, Jungle Kings, Sony & Mony, Sindicato del crimen, DNI o Estado Crítico, entre otros) documentaban los primeros pasos del Hip Hop en Madrid, y suponían las primeras muestras de Rap español. El tono ligero y festivo de esa primera hornada de artistas de Rap en España, herederos del Hip Hop ochentero estadounidense de la vieja escuela, daría un salto gigantesco de seriedad y calidad, tanto en la forma como en el fondo, con la irrupción pocos años después de un amenazante colectivo de raperos madrileños, encapuchados y enfadados, que bajo las siglas CPV (El club de los poetas violentos) hicieron saltar el tablero de juego, concediéndole al Hip Hop español la mayoría de edad.

## LA ZONA BRUTA

En el Madrid del cambio de década, los anuncios de prosperidad unidos a los proyectos de desarrollo urbanístico de José María Álvarez del Manzano escondían otras realidades, mucho menos amables y alejadas del glamour decadente de los últimos estertores de la Movida Madrileña; las realidades de las clases populares en una ciudad con brechas económicas profundas y una progresiva centrifugación de habitantes hacia la periferia. En la segunda mitad de los ochenta, las bases militares norteamericanas en suelo español pasan a ser los principales núcleos difusores de una música inédita en el país hasta ese momento; con los jóvenes soldados destinados en bases como la de Torrejón de Ardoz (Madrid), llegaban a España las primeras muestras del universo del Hip Hop, y con ellas el nacimiento de una escena artística y cultural subterránea que retrataba con precisión quirúrgica el entorno social y económico del que se nutría; una escena que dialogaba con su tiempo con la urgencia del que siente que están pasando demasiadas cosas en ese preciso instante como para pensar en el pasado o en lo que está por llegar. Imbuidos de la cultura, la mística, el sonido y la estética de leyendas como KRS-One, EPMD o Public Enemy; desde las plazas, bloques y solares de los barrios más humildes, una generación de jóvenes retrataba con sus rimas un Madrid diferente al mostrado en la prensa del corazón: el Madrid de los Ultras Sur y el Frente Atlético; del asesinato a tiros de la dominicana Lucrecia Pérez; de las Bases Autónomas; de las palizas mortales a Hassan Al Yahami y Jesús Sánchez Rodriguez; o de las reuniones de skinheads en la Plaza de los Cubos y en los Bajos de Argüelles. Con la fuerza de un puñetazo en la mandíbula; El Club de los Poetas Violentos (CPV), y cada uno de sus miembros en solitario posteriormente, irrumpirían en el panorama musical español en 1994 con una obra que quedaría para siempre grabada con letras de oro en la historia del Hip Hop. El disco se titulaba *Madrid Zona Bruta*; y venía cargado de una agresividad y una seriedad de contenido para la que nadie estaba preparado. Frente a las rimas amables, el sonido colorido y la actitud festiva e inocente de los recopilatorios *Madrid Hip Hop*, *Rap'in Madrid* o *Rap de Aquí*; CPV sentaban un nuevo canon de Rap con sonido Hardcore, chulería madrileña, códigos adaptados del Hip Hop de Nueva York y fraseos incendiarios y memorables («*Yo soy tan grande que hay sitio para todo y todos caben dentro: qué pequeña que es tu patria que no caben ni los moros, ni los sudacas, ni los negros*», «*En el micro siempre manda Madrid: la zona bruta*», «*Yo soy más español que el flamenco y que el vino, soy mejor en la escena que el mismo Al Pacino. Empecé tirando piedras y ahora soy un asesino, tengo más rabia dentro que un niño palestino*»).

El Chojín: veteranía.

De igual forma que Nas había logrado condensar la esencia de Nueva York a principio de los noventa con el eterno *Illmatic*, tomando el pulso de sus calles y sabiendo leer el espíritu del momento; CPV ofrecían con su disco debut un retrato de Madrid tan afilado y crudo como el de Luis Martín-Santos y su *realismo dialéctico*, treinta años antes, en su novela inmortal *Tiempo de silencio*. Con *Madrid Zona Bruta* se puede empezar a hablar en serio de Rap español, y de Madrid como una de sus grandes capitales. El estilo rudo, sin florituras; de discurso simple y afilado; con actitud combativa y perspectiva social; y sonido anclado en la tradición de bases monolíticas y *sampleos* de Funk de Eric B. & Rakim o las producciones de The Bomb Squad; que CPV sublimaban con su ópera prima, se convertiría en rasgo diferencial del Hip Hop madrileño; que gracias a nombres seminales como VKR (Verdaderos Kreyentes de la Religión del Hip Hop), Los Trovadores de la Lírica Perdida, Krazé Negrozé, o Jazz Two (con Dobleache entre sus filas), primero; y El Chojín, Duo Kie, 995, Hermanos Herméticos o La Excepción, después; quedaría firmemente asentado como una de las principales y más sólidas escuelas de la historia del Rap español, encarnada hoy en día por figuras como Iván Nieto o los incombustibles Natos y Waor, una de las formaciones más populares del Rap de nuevo cuño en España.

## VOLANDO ALTO

Un MC veinteañero, conocido como Mucho Muchacho, que pasaría a la historia del Hip Hop en español como uno de los artistas más personales, brillantes y populares del género al frente de los legendarios 7 Notas 7 Colores; afirmaba a mediados de los noventa desde las calles de El Prat de Llobregat; «*En el barrio volamos alto*». La frase podía prestarse a múltiples interpretaciones, pero en El Prat de Llobregat; una ciudad de la periferia de Barcelona que aloja el aeropuerto de la capital catalana; la idea del vuelo como analogía de la huida, de igual manera que el observar aviones alzando el vuelo hacia destinos inciertos mientras se mata el tiempo en la plaza del barrio, adquirían una resonancia especial. Aquella frase escondía aspiraciones y esperanzas; precariedades y vicios; autoafirmación, arrogancia y sentido del humor. *Hecho, es simple*; el disco con el que 7 notas 7 colores se presentaban oficialmente al mundo; reunía todos esos elementos y mil virtudes más, y no sólo consiguió una

Mucho Muchacho. Misión: partir la madre.

repercusión comercial inaudita, sino que también colocó a Barcelona en el mapa. Mucho Muchacho, que descargaba «*rimas sobre ritmos así como si estuviera hablando, pero diciendo algo duro, nada blando, como jodiendo, molestando*» con una mezcla única de talento, inteligencia, chulería y sabiduría de calle; narraba con prosa afilada el día a día de la Barcelona olímpica; una ciudad enamorada de sí misma en unos años marcados por un empuje cosmopolita y un lavado de cara urbanístico y propagandístico iniciado a mediados de los años ochenta, con la candidatura de la ciudad para acoger los Juegos Olímpicos de 1992. En el cinturón industrial barcelonés; formado por ciudades de tradición obrera con altos índices de población inmigrada del campo durante las décadas de los cuarenta y cincuenta (de Andalucia y Extremadura principalmente); los nietos de aquellos inmigrantes, jóvenes charnegos, recogieron esos aires de modernidad y esa apertura de la ciudad al mundo y, filtrándolos a través de una realidad en la que, como decía Mucho Muchacho, «*Hay días que hasta los cordones de las bambas parece que estén vivos, los hijos de puta*»; sentaron las bases de la cultura Hip Hop en Cataluña.

En los mismos años en los que desde la cercana Gerona se afianzaban figuras seminales e influyentes como los combativos y políticos Geronación o la imprescindible Arianna Puello; en torno a Barcelona surgían BZN, Fuerza de Choque y el colectivo Alto Voltaje, Akemarropa, Caso Abierto, Psicohiphopatas, Voz en Off o Jauría de Rimas. A lo largo de los noventa, las discotecas Jamboree y Sowetto se convertirán en centros neurálgicos del Rap en Barcelona, y nombres como Elements, Magnetiz (formados por los hermanos ZPU y Soma), Falsalarma (y el colectivo La Placka) o Juan Profundo, primero; y El Disop, Marco Fonktana o El Gremio, después; darán forma a una escena sólida y fértil de Rap independiente, con espíritu autogestivo y textura Boom Bap. Con la llegada de los dosmiles, esa escena vivirá una renovación en su faceta más cercana al baile y la cultura de club con Flavio Rodríguez o la unión de los productores Professor Angel Dust, DJ Caesar y Danny Brasco bajo el nombre de Pachecos y su sello R.I.C.O Entertainment (Pachecos, Kunta K, Dilema...).

En paralelo al éxito de 7 notas 7 colores, el extrarradio de la ciudad condal será también el entorno perfecto para el nacimiento de otro nombre legendario del Hip Hop en español: Sólo los Solo. La inigualable y añorada unión de Juan Solo y Griffi (integrantes del colectivo Funkomuna, junto a Quiroga, Tremendo y Payo Malo) marcaba un antes y un después en el Rap producido en España. Sólo los Solo se alejaban del Rap Hardcore, bajaban revoluciones respecto a sus compañeros generacionales e insuflaban su música de luminosidad fumeta, experimentación libre, sentido del baile y buen humor; y su mezcla inimitable de energía positiva, innovación técnica, vacile sano, complejidad instrumental, inteligencia gamberra y rimas canallas sigue siendo uno de los capítulos más coloridos y respetados en el ya largo relato del Hip Hop hispanoparlante.

## EL SUR

Veintiún años tenía Mala Rodríguez cuando sacudió los cimientos de la industria musical con una obra que supondría una de las cimas comerciales de la historia del Hip Hop en español. Su disco debut era una declaración de intenciones que quitaba el aliento; desde el título (*Lujo Ibérico*) hasta la frase con la que arrancaba la primera canción: «*A mí no me saques tu genio, que te lo mato*». *Lujo Ibérico* era un trabajo indiscutible, que cautivó al público generalista y colocó a la jovencísima MC en la cima del *mainstream* hispanoparlante. Todo funcionaba a la perfección en aquel disco; las letras corrosivas, las bases contundentes, el acento andaluz, la jerga de polígono, los aires aflamencados, la actitud ganadora y el sonido rudo. Con su opera prima, Mala Rodríguez reventó el mercado español, conquistó el latino e inscribió su nombre con letras de oro en la historia del Hip Hop; coronándose como la figura de mayor repercusión comercial surgida de una escena, la del Rap en Andalucía, que llevaba ya años firmemente asentada como una de las escuelas más fecundas y populares en los años de explosión y esplendor del Hip Hop en la segunda mitad de los noventa.

Discurso autoafirmativo, sobrado de ego e ingenio lírico; energía peleona con sentido de la diversión; actitud de batalla y competición; so-

Mala Rodríguez: sacándole jugo a una castaña.

nido Hardcore Rap anclado en la tradición; y un imaginario estético y conceptual autoreferencial y plagado de códigos enraizados en los cuatro elementos fundacionales de la cultura Hip Hop: el Rap en Andalucía comparte en sus primeros días los mismos cimientos que en el resto del estado, pero las influencias del flamenco y la cultura calé, así como la inconfundible dicción sureña convertían al Rap andaluz en un estilo propio, con un marcado carácter unitario que en la segunda mitad de los noventa gozó de niveles de popularidad enormes (y que actualmente encarnan los granadinos Ayax y Prok). Desde Sevilla, formaciones seminales como La Gota que Colma o La Alta Escuela sentarán durante los noventa las bases del sonido Hardcore que hará célebre a la ciudad. Miembros fundadores de La Alta Escuela como Juaninacka o, sobretodo, ToteKing, se convertirán en pesos pesados del Rap español y, junto a otras figuras imprescindibles como Shotta (hermano de ToteKing), Dogma Crew, y la explosiva unión de Zatu y Acción Sánchez bajo el nombre de SFDK (otro de los nombres gigantes del Rap andaluz), la capital sevillana se coronará como una de las mecas de la cultura Hip Hop en España. La respuesta a la escena sevillana, desde la vecina Málaga, daba un giro de tuerca al Hardcore Rap y le añadía oscuridad de contenido para acercarse al universo Horrorcore de Non Phixion o Jedi Mind Tricks o la actitud Gangsta de la Costa Oeste: la agresividad y las referencias al cine de terror, el universo de los cómics y la ciencia ficción de los pioneros Nazión Sur darían como fruto el nacimiento de Triple XXX y, especialmente, Hablando en Plata; otro de los nombres legendarios en la tradición clásica del Rap hecho en Andalucia.

## NOBLEZA BATURRA

Si bien Madrid, Barcelona y Andalucia se pueden considerar los principales núcleos irradiadores de la cultura Hip Hop en España en sus primeros días, y mecas indiscutibles del Rap en los años (aproximadamente el periodo comprendido entre 1995 y 2005) en los que el género abandona el *underground* para establecerse como una escena firme, fértil y tremendamente popular; la hegemonía de ese tridente geográfico se ve enriquecida en esos años dorados por figuras como La Puta Opepé, desde Mallorca, o el alicantino Nach; pero es en Aragón, y concretamente su capital Zaragoza, donde nacerá la otra gran escuela de Rap español; que producirá una generación de MCs y productores que se convertirían en leyendas. Fuck Tha Posse, de los que surgirían Sharif o el imprescindible Rapsusklei; Gran Purismo; o Xhelazz, Hazhe, Erik B y Fuethefirst (cada uno en solitario o uniendo fuerzas en Cloaka Company); forman parte de una escena cohesionada y particular de Hip Hop tradicional con sonido Hardcore.

Doble V: genios.

De las cenizas de proyectos seminales y pioneros como Bufank o Gangsta Squad, desde Zaragoza surgirá uno de los nombres mayúsculos de la era dorada del Rap español, y una de las bandas más populares y recordadas del género: Doble V. La unión de Kase O, R de Rumba, SHOHAI y Lírico sigue ejerciendo una influencia destacable en gran parte del Rap en español heredero de la tradición en la actualidad (especialmente en la renovación del Hip Hop de Zaragoza que abanderan Flowklorikos, Lone, Dr. Loncho o Cosa Nostra, entre otros). Doble V (o Violadores del Verso) eran Rap Hardcore estricto y sin concesiones; de bombos y cajas como puñetazos y dotado de una magia irresistible para mantener un equilibrio perfecto entre el ego desmedido, los códigos tradicionales de los cuatro elementos y una inteligencia afilada que le añadía credibilidad, sentido del humor y sabiduría callejera a sus relatos etílicos de buscavidas y antihéroes. De igual forma que declaraban «*Ballantains como estilo de vida*», avisaban que «*El ser demasiado bueno no va conmigo*». Con unos niveles de contundencia y compenetración con pocos rivales en el Hip Hop español, Doble V sonaban arrogantes, divertidos, macarras, ingeniosos, serios y, por encima de otras consideraciones, destilaban autenticidad. Los tres discos oficiales que dejaron grabados, así como las exitosas carreras en solitario de SHO-HAI, Lírico, R de Rumba y, sobretodo, Kase O, son historia de la cultura Hip Hop en español.

## INDUSTRIA Y CULTURA

Sólo se puede calificar como profético, o visionario, el impulso que llevó a un tal Sergio Aguilar en 1994 a materializar una idea empresarial tan arriesgada como irresistiblemente atractiva. Su idea cobró forma bajo el desafiante nombre de Yo Gano; y con ello se abrió una caja de Pandora de repercusiones insospechadas para el mercado y la cultura musical en español. Yo Gano, la primera aventura discográfica española centrada en el Hip Hop, cambiaría para siempre la historia de la música hispanoparlante con la publicación de tres discos que no solamente consiguieron una repercusión comercial inédita en el género; sino que acabarían convirtiéndose en obras de culto con un peso cultural y unos niveles de influencia que se mantienen incólumes hoy en día: *Madrid Zona Bruta*, de CPV; *Hecho, es simple*, de 7 Notas 7 Colores; y *Lujo Ibérico*, de Mala Rodríguez. Poco después, desde Madrid, dos nombres con un empeño inagotable, un sentido de la oportunidad único y una determinación profesional imbatible le darían un vuelco histórico a la comunidad Hip Hop: Nieves Villar y Sonia Cuevas (integrante de las pioneras Sony & Mony) dieron forma a Zona Bruta, el sello discográfico con la escudería más solvente del Hip Hop español en su época dorada. La marca Zona Bruta pasa a convertirse automáticamente en sello de calidad y prestigio en un momento en el que el Hip Hop en España deja de nutrirse únicamente del universo de los fanzines y las maquetas en casete para dar un salto de profesionalización abismal. Las producciones ganan en profundidad y calidad de sonido, los MCs son técnicamente muy superiores a los de la primera hornada de Rap de finales de los ochenta, y las escenas regionales interactúan y se desarrollan creando una red sólida con un público cada vez más numeroso. Zona Bruta sabe captar el momento en el que una tendencia estética y musical importada de Estados Unidos se convierte en la nueva expresión cultural de la juventud española, cristalizando en una comunidad con códigos y formulaciones propias, y un mercado potencial que no cuenta con una industria preexistente. Los años de eclosión del Hip Hop español y de consolidación de algunas de sus más grandes estrellas son los años en los que Zona Bruta publica discos decisivos como *La saga continúa* o *Grandes Planes*, de CPV; *Gancho Perfecto* o *13 razones*, de Arianna Puello; *Hasta la Viktoria* o *En las calles*, de VKR; *Siempre Fuertes* o *2001 Odisea en el Lodo*, de SFDK; *A sangre fría* o *Supervillanos de alquiler*, de Hablando en Plata; o *Cata Cheli* o *Aguantando el tirón*, de La Excepción.

En el hasta ese momento desierto terreno discográfico especializado en música Rap en España, junto a Zona Bruta emerge BOA como otro de los sellos gigantes de Rap en español, asentando el estilo (que rápidamente se expandirá y ejercerá su influencia en América Latina también) con discos tan populares y relevantes del sonido Hardcore de escuela española como *Un tipo cualquiera* o *T.O.T.E*, de ToteKing; *Regreso al futuro*, de La Puta Opepé; *Poesía Difusa* o *Ars Magna - Miradas*, de Nach; *Sangre* o *Flowesía*; de Shotta; o *21 centímetros* o *De Cerebri Morti*, de Dúo Kie. El impulso autogestivo de Rap Solo (*Genios* o *Vicios y Virtudes*, de Doble V) o Del Palo (*Quimera* o *Todo el mundo lo sabe*, de Sólo los Solo) engrosan el vasto tejido cultural y artístico del Hip Hop español en una época irrepetible de efervescencia y esplendor, en la que el Rap pasa de las calles y las salas de pequeño aforo a los escenarios de los principales festivales del país, ganando un público proveniente del Pop, el Rock, el Indie o el Metal; en las páginas de la prensa musical se normaliza la presencia de figuras del Hip Hop nacional; nacen propuestas editoriales como la mítica revista Hip Hop Nation (dirigida en su segunda etapa por Dobleache, y auténtico referente de la cultura Hip Hop en España y Latinoamérica), Serie B o Hip Hop Life; en Televisión Española nace el programa *Ritmo Urbano* (presentado por El Chojín); y el añorado Jota Mayúscula pasa a la historia de la radio, junto al incombustible Frank T, con el legendario programa *El Rimadero*.

## BORINQUEN

Nueva York, finales de los sesenta. The Red Garter Club se ha convertido en el epicentro de una explosión de ritmos latinos y bailes frenéticos a base de músicas importadas por las comunidades caribeñas, que desde los años treinta se han ido asentando en diferentes barrios del Bronx. La Salsa, el Mambo y los ritmos afrocubanos viajan desde Puerto Rico,

Cuba y República Dominicana hasta el centro de Nueva York, como parte intrínseca e indisociable de la rica tradición cultural de generaciones de inmigrantes procedentes de las islas caribeñas; y el *son*, el *tumbao*, las congas y las pailas dejan de pertenecer exclusivamente a La Habana, Santo Domingo o Trujillo y pasan a formar parte del explosivo y colorido universo cultural del Nueva York de los setenta. El empresario de Brooklyn Jerry Masucci y el músico dominicano Johnny Pacheco supieron captar el momento con una decisión visionaria que cambiaría el rumbo de la música latina para siempre; la creación del sello Fania Records, y como consecuencia de ello, el nacimiento de la superbanda Fania All Stars. En paralelo a la explosión de la música disco, la Salsa de Fania All Stars se extenderá como la pólvora y convertirá en leyendas a Celia Cruz, Joe Bataan, Ray Barreto, Héctor Lavoe, Willie Colón, Rubén Blades o Cheo Feliciano, entre muchos otros.

La Salsa se convertirá rápidamente en la principal expresión artística de la comunidad latina asentada en Nueva York a lo largo de los setenta, y el carácter popular y callejero de la cultura *Nuyorican* (la diáspora puertorriqueña en y alrededor de Nueva York) propiciará nexos de unión con la comunidad Hip Hop desde los primeros días del movimiento; que en la década de los noventa darán como resultado el Rap bilingüe de Hurricane G, Big Pun, Mesanjarz Of Funk o Angie Martínez. Pero esta relación entre la comunidad puertorriqueña y el Hip Hop calará de manera profunda y adoptará una formulación propia con la llegada del Rap a la isla de Puerto Rico. Desde sus primeros días, el Rap en Puerto Rico ha estado unido a la Salsa, el Reggae en español importado de Panamá, el folclore boricua y la larguísima tradición de músicas afrocubanas. Figuras seminales del Hip Hop puertorriqueño como Vico C, DJ Negro o Ivy Queen se encargaron de importar a la isla Borinquen el Rap que en ese momento estaba viviendo una era dorada en Estados Unidos y, adaptando el Boom Bap monolítico a las cadencias y poliritmias latinas y a las texturas del Reggae o el Dub, dieron forma a una interpretación única e inequívocamente puertorriqueña del estilo, que con los años acabaría deviniendo en un género en sí mismo; el Reguetón. Las temáticas habituales del Hip Hop de la Costa Este (estampas callejeras, miseria, delincuencia, drogas, machismo...) adquirirán en el Rap boricua un trasfondo crítico y politizado debido a la controvertida relación entre Estados Unidos y Puerto Rico como Estado Libre Asociado, que se puede interpretar como una relación colonial *de facto* (este rasgo político y socialmente comprometido del Hip

Hop boricua alcanzará su expresión más contundente años después con Calle 13); de igual forma que el hedonismo y la socarronería G-Funk de la Costa Oeste se verán imbuidos del carácter festivo y exultante de la tradición de la Salsa, y el estilo de vida, el clima y los paisajes del Caribe.

## REGUETÓN

Wisin y Yandel: el asalto del reguetón.

Si bien los orígenes del Reguetón están firmemente enraizados en la cultura Hip Hop y, por consiguiente, en la música Rap; el desarrollo del género y su expansión global como una de las corrientes musicales más populares y exitosas de los últimos tiempos ha supuesto su asentamiento como género en sí mismo; que mantiene un nexo de unión (principalmente estético) con el Hip Hop, pero que ha generado una cultura y unos códigos propios. De forma similar a lo sucedido con el Trap, el Reguetón pasa de ser una rama más en el árbol genealógico del Rap a establecerse por cuenta propia como un género aparte.

La consolidación del Reguetón como la principal expresión de la música latina en los nuevos tiempos (a modo de continuación natural de la Salsa o el Merengue), provocará una explosión global del género durante los dosmiles; convirtiendo a sellos como Pina Records en gigantes editoriales; y colocando en la cima de la industria musical hispanoparlante a figuras como Wisin & Yandel, Héctor el Father, Don Omar o Daddy Yankee, primero; y Bad Bunny, Ozuna, J Balvin, Natti Natasha, Becky G o Nicky Jam, después: de la noche a la mañana, los reguetoneros se codean con gigantes del Pop latino como Shakira o Alejandro Sanz.

Bajo la cada vez más confusa y ambigua etiqueta de *música urbana*, y en paralelo a la explosión del Reguetón, a partir de la década de los dosmiles una nueva generación de artistas tomarán las riendas del universo *mainstream* latino a base de Hip Hop imbuido de Reguetón, Salsa, Raggamuffin o Rock; y nombres imprescindibles como Tego Calderón, Gente de Zona, Orishas, Control Machete o, sobretodo, Calle 13 emergerán como abanderados de una corriente de Hip Hop latino alejado de los tópicos temáticos y la uniformidad de sonido característicos del Reguetón, cargado de contenido crítico y profundo, y dotado de una infecciosa e imbatible vocación de fiesta y baile.

## CHICANOS

Cypress Hill: orgullo chicano.

1993. Tres raperos californianos de ascendencia hispana ponen a bailar al planeta entero con un infeccioso hit de título «Insane In The Brain». Al grito de *«Don't You Know I'm Loco?»*, Cypress Hill no sólo consiguieron una de las canciones de mayor éxito comercial de la historia del Rap, sino que ponían en la primera línea del Hip Hop de la Era Dorada un estilo que, bajo la etiqueta de Chicano Rap y con epicentro en los guetos latinos de Los Ángeles (aunque no exclusivamente), se convertiría en una de las tendencias más populares dentro de la familia del Rap de la Costa Oeste. Mellow Man Ace, un cubano emigrado a California a los cuatro años, ya había llamado la atención de la comunidad rapera de origen latino varios años antes con su «Mentirosa»; un éxito *underground* construido sobre un *sample* de Santana y repleto de jerga callejera en *spanglish* (*«Check this out, baby; tenemos tremendo lio»*). Antes de Mellow Man Ace, el legendario Kid Frost (considerado padre del Rap chicano, y una de sus figuras de mayor éxito) ya hacía años que venía practicando la peculiar mezcla de español, jerga mexicana e inglés con canciones hoy en día consideradas seminales como «La Raza» (*«Yo soy jefe matón, yes The Big Boss»*). Tanto Kid Frost como Mellow Man Ace (así como el colectivo Latin Alliance) recogían el testigo de los Pachucos (la cultura juvenil surgida en los años treinta en la frontera mexico-estadounidense) y resignificaban el argot y la estética de aquellos jóvenes, adaptándola a los códigos de la cultura del Hip Hop. Pero es con la llegada de la Era Dorada del Rap cuando el Hip Hop chicano vive una explosión que lo convierte en parte indispensable del universo Gangsta de la Costa Oeste.

Cypress Hill, Delinquent Habits, Psycho Realm o Lighter Shade Of Brown emergerán como buques insignias de un tipo específico de Hardcore Rap que a partir de los noventa recoge el imaginario Gangsta de N.W.A, Tupac Shakur y compañía, y lo pasa por el filtro único de la cultura chicana: estética Lowrider, tatuajes, ropa deportiva, camisas de cuadros con un sólo botón abrochado, pintura de aerógrafo y coches modificados, imágenes religiosas, marihuana, elementos de la cultura Tex Mex, iconografía tradicional mexicana, *sampleo* de rancheras y narcocorridos; y una ambientación pandillera que, de igual forma que situaba en el trasfondo de la cultura Gangsta negra a bandas como Crips y Bloods, se nutría del clima de crimen y violencia entre bandas latinas como La eMe, Nuestra Familia o Sureños.

Sellos como Dope House, H.O.L.A Recordings (*House Of Latin Artists*) o Hi Power (fundado por Mr. Capone-E y hogar de Mr. Criminal) se establecerán a lo largo de la década de los noventa como principales núcleos irradiadores de la particular manera de entender el Hip Hop de generaciones de jóvenes estadounidenses (raperos *cholos* y *pochos*) que recuperaban con orgullo las tradiciones culturales de sus antepasados; y nombres como Funky Aztecs (que colaboraron con 2Pac), Kinto Sol, Los Marijuanos, Latin Assasin, DJ Payback García, El Chivo, Akwid, Juan Gotti o Jae-P se convertirán en abanderados del Rap fronterizo que sirve de banda sonora para gran parte de la cultura juvenil chicana en las últimas décadas.

## LAS VENAS ABIERTAS

Cuando Calle 13 lanzaron al mundo su canción «*Latinoamérica*» en 2011, consiguieron aunar en un conjunto de estrofas y un estribillo memorable el sentir de un pueblo. Cuando Residente declamaba «*La Operación Cóndor invadiendo mi nido; perdono pero nunca olvido, oye!*», la posible interpretación autobiográfica o individual de la canción quedaba dinamitada; los versos de esa canción, con sus descripciones de paisajes y su rabia anticolonial, se convertían en un grito común que se entendía perfectamente a lo largo y ancho de América latina. El México fronterizo, la inmensidad del Cono Sur, las islas caribeñas, la vasta columna vertebral de Los Andes, cada barrio de centroamérica; aquella canción sintonizaba

Calle 13: éxito y compromiso.

a medio continente en un único sentimiento de orgullo y protesta al grito de *«Soy un pedazo de tierra que vale la pena»*.

Históricamente el Rap ha servido (no exclusivamente, pero sí de forma esencial y constante a lo largo de las décadas) como medio de expresión, resistencia y autorreconocimiento. Más que un género musical concreto, suscrito a unas convenciones estéticas y formales determinadas; el carácter crítico, articulado en forma de narrativa realista y a menudo confrontacional es un rasgo fundamental de la gran parte de la cultura Hip Hop. En unos casos, ese espíritu toma forma de individualismo; en otros, se convierte en la voz de grupos vulnerables. Al igual que en Estados Unidos, primero, y el resto del planeta después, el Rap latino funciona como un amplificador de realidades sociales concretas; anclado a un presente material inestable y en continua efervescencia; y permeable a las heridas históricas específicas (regímenes militares, profundas brechas económicas, colonización, racismo, saqueo de recursos naturales, narcotráfico, marginalización de culturas indígenas) que atraviesan el mapa latinoamericano. Junto a las expresiones más lúdicas del género, el Hip Hop se desarrolla en América latina desde sus primeros días como foco de resistencia desde el que se otorga al Rap una condición de herramienta de combate y de análisis social.

Cartel de Santa: realismo sucio.

El Rap pandillero de poso Gangsta e imaginario de violencia y drogas de los mexicanos Santa Grifa, C-Kan o Cartel de Santa («*En mi ciudad es muy fácil observar cómo un niño de la calle se convierte en criminal*»); la crudeza callejera de espíritu Boom Bap de pioneros como Gotas de Rap, JHT o La Etnnia desde Colombia; el Hip Hop político de Buenos Aires Subterráneo o Daniel Devita desde argentina; el mestizaje bienintencionado de Clan Urbano desde Perú; el *underground* y la lucha contra la censura de los cubanos Los Aldeanos; la conciencia social de Facto, Lírika Podrida o Boca Floja desde México; el Hip Hop bolivariano de Área 23, Hijo de Lobo Caza o Muchocumo en Venezuela; la heterodoxia de los uruguayos La Teja Pride; los relatos confesionales de calle y miseria de los venezolanos Canserbero y Gregory Palencia; o la elegancia del Boom Bap político trufado de Jazz y Soul del colectivo Demosapiens y Makiza (con Ana Tijoux entre sus filas) desde Chile; a partir de versos crudos, sonidos urbanos y profundas herencias culturales tradicionales, el Rap en latinoamérica huye de encorsetamientos estilísticos para contar historias comunes de violencia, orgullo, miseria, identidad, tradición, injusticia, resistencia, mestizaje, opresión y esperanza.

## ANTIPATRIARCA

«*Hoy hay más celulares que expectativas de vida*», sentenciaba la mexicana Jezzy P en 2015 como amargo y certero análisis de la lacra social de los feminicidios en América latina; un tema que desgraciadamente atraviesa de forma transversal el desarrollo del Hip Hop hecho por mujeres en latinoamérica desde sus inicios en la década de los noventa. Si bien es imposible establecer criterios estilísticos comunes en un género que en cada país adopta formulaciones propias (normalmente adaptan-

Ana Tijoux: la insurgencia.

do y fusionando el Hip Hop a las tradiciones musicales y culturales autóctonas; bebiendo del folclore y las tradiciones indígenas en muchos casos); sí se pueden observar temas de fondo que resultan comunes, o por lo menos sobrevuelan de forma constante el Rap en español hecho por mujeres a lo largo de las décadas. Los feminicidios, la violencia sexual, la intersección de desigualdades entre raza y sexo, las condiciones materiales de vida de las mujeres en sociedades con índices de miseria y violencia disparados; los grandes ejes del feminismo latinoamericano dan un sentido unitario al Rap producido por mujeres en América latina. La reivindicación feminista y el Hip Hop entendido como trinchera son los rasgos en común de una corriente que a lo largo y ancho del continente se imbuye de electro, cumbia, salsa, dancehall, techno, folclore o pop.

Jezzy P es, junto a Ximbo, una de las grandes pioneras del Hip Hop mexicano. En activo desde hace más de veinte años, a principios de los dosmiles dieron forma al colectivo multidisciplinario Mujeres Trabajando, que impulsa el trabajo artístico autogestionado y comunitario de las mujeres en la comunidad Hip Hop mexicana, además de abrir espacios para artistas emergentes y ejercer de plataforma de activismo social y reivindicación feminista. Recogiendo el testigo de Universal Zulu Nation, la labor de Mujeres Trabajando fue fundamental para el nacimiento y desarrollo de una nueva generación de mujeres activistas haciendo Rap combativo y feminista en México, como Cat Lira, Audry Funk, Afromega, Hispana a.k.a. Mamba Negra, Niña Dioz o Mare Advertencia Lírika, entre otras. Remontándonos a la década de los noventa, las argentinas Actitud María Marta (encabezadas por Malena D'Alessio y Alika, protagonistas de exitosas carreras en solitario de Hip Hop de herencia Raggamufin durante los dosmiles) pueden ser consideradas también uno de los referentes principales del Rap latinoamericano hecho por mujeres en los inicios de la cultura Hip Hop en el continente. Rebeca Lane desde Guatemala; con su mezcla de poesía, pensamiento anarquista, indigenismo y Rap ecléctico («*No soy pacifista, no me exijan cosas que no ofrezco*»;

«*Soy negra como mi bandera y valiente, en nombre mío y en el de todas mis bisabuelas*»); es otro de los nombres imprescindibles en la tradición de Rap mestizo y politizado, inequívocamente latinoamericano, que vivió una explosión en el arranque de los dosmiles; una tradición que sublimará la francochilena Ana Tijoux («*No sumisa ni obediente, mujer fuerte insurgente*»), estableciéndose como alumna aventajada de Lauryn Hill y Violeta Parra, y afianzando una manera de hacer y entender el Hip Hop en latinoamérica que se ha convertido en una escuela en sí misma, en la que destacan Diana Avella desde Colombia y su confesional «*Mujer nací en un mundo para machos; de güevas, de pantalones, de golpes, de maltrato*»; el poso Old School callejero de las venezolanas Gabylonia o Anarkía Ruiz; la contundencia Hardcore de Nakury o La Voz Nativa desde Costa Rica; la bonaerense Miss Bolivia al grito de «Paren de matarnos» («*Si tocan a una nos tocan a todas, el feminicidio se puso de moda*»); el Hip Hop insuflado de Reggae, Jazz y Soul de la cubana Danay Suárez; el Rap cumbiero y luminoso de Mary Hellen o el Neosoul elegante de Lianna, ambas desde Medellín; el cruce de electrónica y tradición andina quechua de la peruana Renata Flores; la chilena Belona MC y su Boom Bap con aromas noventeros; el desprejuiciado eclecticismo bailable cargado de electrónica de Sara Hebe o Delfina Dib desde Argentina; o la mezcla entre español y quechua de la ecuatoriana Taki Amaru al frente de La Mafiandina.

## GAMBERROS EN LA NUEVA ERA

El estreno oficial de Chirie Vegas en 2004; el brillante, polémico y rompedor *Vintage*; marca a su vez el nacimiento del sello Gamberros Pro; una de las piezas ineludibles en el mapa del Rap español en el siglo XXI, y punto referencial de un momento de cambio, evolución y renovación en una escena con la vista puesta en las nuevas formulaciones del Hip Hop estadounidense del nuevo milenio, y no tanto en las convenciones genéricas que habían convertido al Rap español en un género en sí mismo la década anterior. A modo de vía alternativa a sellos gigantes como Zona Bruta o BOA; Gamberros Pro emergía desde el *underground* madrileño como centro aglutinador de una serie de propuestas que, salvando las diferencias estilísticas entre sí, compartían un mismo espíritu disidente respecto a la tradición, siendo hijas de ésta. Los *GP Boyz* (con Chirie Vegas, Costa o Romo como buques insignia; y David Unison, Sendy o Ikki como principales arquitectos de un nuevo sonido en la escena española) traían una forma de entender el Hip Hop inédita hasta ese momento, con aroma neoyorquino y chulería estilosa, que suponía una ruptura en forma y fondo con el canon de Rap español asentado durante los noventa. Con espíritu independiente y el foco de interés alejado de las convenciones clásicas sobre las que se había edificado el género en España (Hardcore Rap, los cuatro elementos, Boom Bap, producciones crudas, herencia Old School...); la familia GP ofrecía un universo de sofisticación callejera, oscuridad temática y códigos referenciales que bebían de la mística urbana de Mobb Deep; la pátina de lujo y modernidad de Jay-Z; o la agresividad cargada de testosterona de 50 Cent y G-Unit. Viseras New Era, ropa cara, vacile de aires Jiggy, *Doo Rags*, producciones pulidas y bases elegantes, relatos urbanos del siglo XXI, electrónica de nuevo cuño y videoclips con armas y botellas de Moët Chandon; Gamberros Pro representaba un giro en el Hip Hop español en el que se rompían los tabús sobre drogas y *dealing*, y se adoptaban códigos y estéticas alejados de la ortodoxia. El enfoque del sello (en el que cohabitan la crudeza Gangsta de Costa en *Chocolate*; el clasicismo subterráneo de Hermanos Herméticos en *Leyendas Legales*; la elegancia cinemática de Chirie Vegas en *Shadows*; o el futurismo distópico de Erik Urano en *Cosmonautica*) planteaba una alternativa fresca, transgresora y polémica a base de independencia musical, un fuerte sentido estético y una ausencia total de prejuicios o dogmas.

En el recién estrenado milenio, el subsuelo madrileño se convertirá en una fértil cantera de Rap moderno y disidente, que explosionará con las nuevas formas de producción, comunicación y consumo surgidas de internet y el nacimiento de las Redes Sociales; los años en los que Gamberros Pro rompen la baraja del Rap nacional son los años de Toscano y Guante Blanco; del colectivo multidisciplinar Ziontifik (con Acqua Toffana y Dano al frente); de las influencias Dirty South con aroma Gangsta de Mitsuruggy y el influyente colectivo subterráneo Uglyworkz (con Madrid Pimps, Latex Diamond, Trad Montana o Sholo Truth); o de los primeros pasos del imprescindible colectivo Agorazein, que a base de sonidos *Chillwave*, voces filtradas por Autotune, regusto Trap y electrónica reposada; con un joven Crema rebautizado como C. Tangana al frente; anunciarían el advenimiento y la hegemonía absoluta de la *música urbana* al arrancar la década de 2010.

## URANO PLAYERS

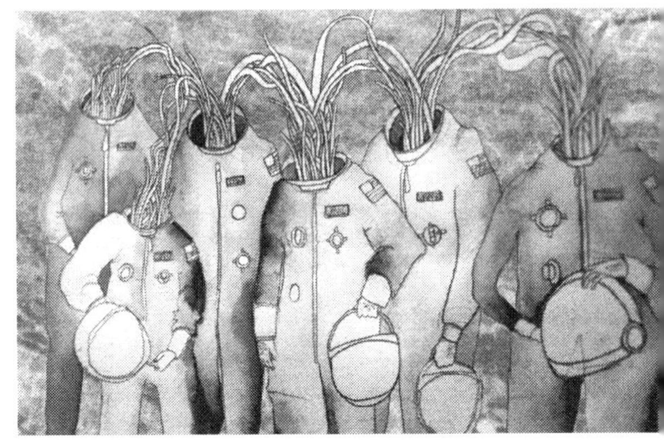
Urano Players: de otra galaxia.

Una de las más fascinantes rarezas que ha producido jamás el Hip Hop en España irrumpió en la escena con el arranque del nuevo milenio en forma de colectivo de MCs y productores con visión futurista, y Valladolid como base central de operaciones. El nombre de la misteriosa agrupación de talentos era Urano Players, y con ellos nacía uno de los capítulos más interesantes del Hip Hop español contemporáneo. Envueltos en cripticismo y simbología; emergiendo del *underground* y manejándose desde la más absoluta independencia; con actitud esquiva y contenidos (líricos y musicales) a años luz de cualquier tipo de Rap que se hubiese hecho antes (o después) en España; la suma de Erik Urano, Miguel Grimaldo, Edu Omega, akaQvmore, Zar1 y DJ Porre en forma de entes independientes conectados por una extraña mente colmena ha generado un universo propio y una forma de hacer y entender el Hip Hop tan personal como inédita en el universo del Rap en español. Alejada del foco de lo comercial, la propuesta de Urano Players gravitaba en torno a la frialdad tecnológica y un tratamiento denso y oscuro de la electrónica; sintetizadores, ambientaciones pesadillescas, ritmos monolíticos, y un enfoque del sonido tan conectado con Kraftwerk como con el universo Definitive Jux o la escena Grime. La música de Urano Players sonaba a otra galaxia; y la cosmogonía de códigos ocultos, imágenes distópicas, alegorías espaciales, referencias culturales profundas, estética de ciencia ficción, y puro genio creativo en la que desarrollaban su Hip Hop abstracto y fantasmal resultaba fascinante. En el mundo de Urano Players lo cósmico servía de alegoría de lo cotidiano; y la estética urbana y callejera se fusionaba con iconografía de aires masónicos y electrónica industrial oscura y cinemática. Tras el debut de Erik Urano con *Ácido y Oxígeno*; Miguel Grimaldo (como Mikez Maus) con *Cría Cuervos*; y Foxies Entertainment con *Hi tek lo fi*; en 2009 vio la luz el expansivo y experimental *Voyager Rock's*; único trabajo como Urano Players publicado por el momento. A partir de ahí, y siempre manteniendo un punto de conexión vía colaboraciones en los trabajos individuales de cada miembro del colectivo, el universo de Urano Players se ramifica en una serie de discos y proyectos que conforman un corpus creativo imprescindible para entender el Hip Hop contemporáneo en España; Edu Omega y su *Evolución Mecánica*; Miguel Grimaldo y los imprescindibles *El gato de Schrödinger*, *Entropía* y *Trip Ass*; la magia de Erik Urano y Zar1 en *Energía libre*, *Cosmonautica* o *Neovalladolor*; o las conexiones tangenciales del colectivo con otras figuras fundamentales del nuevo Hip Hop independiente como Agorazein, Niño, ColdChain, Manul, Diploide o Energy Man; representan algunos de los momentos más inspirados de la historia reciente de la cultura Hip Hop en España.

## DISIDENTES

Con el nuevo milenio, el malagueño Elphomega y su inconfundible Rap amable, sofisticado, cargado de referencias de la cultura popular e influencias *Chillwave*, *Glo-Fi* o *Synth Pop*; se consolidó como una de las voces más personales e interesantes dentro de una renovación generacional en el Hip Hop español que generó una escena fascinante de artistas, alejados de la ortodoxia (o adaptándola a los nuevos tiempos), que construyeron carreras disidentes y marcaron una época de apertura sonora y conceptual tan rupturista como creativa. El *underground* español en el recién estrenado siglo XXI se convierte en un laboratorio de ideas del que surgieron innumerables proyectos independientes, originales y alejados de la tradición nacional; dando forma a una escena heterogénea y brillante de personalidades y concepciones del Hip Hop tan dispares como profundas y respetadas. Los misteriosos y fascinantes MDE Click, desde Miranda de Ebro (Burgos), con su Hip Hop plagado de iconografía mesopotámica, espiritualismo islámico y tinieblas tecnológicas; y sus atmósferas místicas y oscuras deudoras de Wu-Tang Clan y las enseñanzas de la Nación del 5% («*Doce joyas entre faraones muertos; ciento veinte lecciones, conócete por dentro. Si lo siento, represento; mi vida el movimiento 5%*»); se establecerán como uno de los valores más firmes del Hip Hop subterráneo español del nuevo milenio, en los mismos años en los que el bilbaíno El$$o Rodríguez da forma a su personal universo cinemático y callejero de Rap sucio e incómodo, crónicas urbanas y costumbrismo de antihéroe («*En mi epitafio: Aquí yace un cretino*»); y que el alicantino Elhombreviento construye un mundo ecléctico y multidisciplinar (en solitario o uniendo fuerzas con Suite Soprano o Juancho Marqués) de arreglos delicados de violín y piano sobre electrónica elegante.

En paralelo a la eclosión del Trap y la explosión de la nueva música urbana como la expresión popular más extendida en la cultura juvenil actual, capitaneada por Yung Beef, Bad Gyal, Cecilio G, Pimp Flaco o La Zowy; la década de 2010 es también un momento de expansión creativa sin precedentes en el terreno del Hip Hop abstracto y la electrónica más inconformista y experimental. El oscuro y electrónico *Agoraphobia* (Architechts Records, 2013), del bacelonés DJ Swet; la densidad *arty* de *Vida en tránsito* (Hollow Out, 2013), de los madrileños Infinitum; las misteriosas y desestructuradas dos partes de *Twin Talk* (Autoeditadas en 2013 y 2017, respectivamente), del productor sevillano Lost Twin; o el expansivo *Moonchies* (Helsinkipro, 2020), del *beatmaker* de Zaragoza Skyhook; son muestras fascinantes de los terrenos más avanzados, iconoclastas e innovadores de un universo, el del Hip Hop español contemporáneo y disidente, que en la última década nos ha permitido disfrutar de la lírica culta, poética y feminista de la añorada Gata Cattana; el submundo de ocultismo, teorías de la conspiración y *beats* de tempos lentos e iconografía reptiliana del malagueño Foyone; el Rap canalla y colorido, imbuido de Reguetón, Trap y aromas tropicales de los canarios Bejo, Don Patricio y su proyecto conjunto Locoplaya; el revival Hardcore noventero de las catalanas Anier, Las Ninyas del Corro y Santa Salut, o las madrileñas Candela Cuore o Laura Siyahamba (y el colectivo de raperas FreeSisMafia); el clasicismo del vigués Hard GZ (y su alter ego trapero Lil GZ); la ascensión a la cima del *freestyle* y las batallas de gallos de la canaria Sara Socas; el *Rap Quinqui* madrileño de El Coleta, alejado de la tradición norteamericana y asentado en un imaginario heredero de los barrios marginales de la España de la Transición; la brillantez esquiva e inclasificable de Malandromeda, desde Galicia; el Boom Bap de influencias Dembow y R&B de la argentina asentada en Barcelona Sofía Gabanna (hermana de Nathy Peluso); o la crudeza lumpen confesional de los relatos de delincuencia y miseria de El Jincho, desde Madrid.

## NO TE METAS EN POLÍTICA

*«En el Rap hay dos formas o estilos: una es el vacileo y otra la reivindicación. Todos los raperos han hecho denuncia social en algún momen-*

Los Chikos del Maíz: Rap y política.

*to, pero aquí dieron un paso más allá y se metieron en política»*, comentaba Francisco Reyes (profesor de la Universidad Complutense de Madrid, coautor junto a El Chojín del libro *Rap: 25 años de rimas* (Viceversa, 2010), y director del programa de RTVE *Ritmo Urbano*) respecto a una nueva formulación de Rap español, surgida al albor de la explosión de la burbuja inmobiliaria, la crisis económica y social de 2008, y el clima generalizado de protestas y hartazgo ciudadano ejemplificado por el movimiento 15M. En el convulso periodo que abarca la última legislatura de José Luis Rodríguez Zapatero y el arranque de la era de Mariano Rajoy, se consolida en España una escena de Rap político y militante con el punto de mira apuntando a la corrupción política, la Corona, las políticas neoliberales y el conservadurismo; una escena de la que emergen desde Valencia como principales abanderados Los Chikos del Maíz. El incombustible *estilo Faluya* de Toni el Sucio y Nega; encarnando a Los Chikos del Maíz o junto a la banda madrileña de Hardcore Punk Habeas Corpus para dar forma a Riot Propaganda, una aventura de Rap Metal combativo que ha dado como fruto los celebrados y polémicos *United Artists of Revolution* (Potencial HC, 2013) y *Agenda Oculta* (BOA, 2017); se ha convertido en los últimos tiempos en una de las formaciones más exitosas del Rap español contemporáneo, con su propuesta de Rap Hardcore, *sampleos* Funk, sentido del humor, contundencia en la línea de Jedi Mind Tricks o Immortal Technique, dialéctica marxista, herencia Punk, republicanismo, referencias cinéfilas, poso Old School callejero y un firme posicionamiento antifascista. La progresiva popularidad de Los Chikos del Maíz gracias a los incendiarios *Pasión de Talibanes* (BOA, 2011), *La estanquera de Saigón* (BOA, 2014) y *Comanchería* (BOA, 2019); ha generado un interés cada vez más extendido por propuestas *underground* de Rap politizado; como la del asturiano Arma X y su Rap de la cuenca minera cargado de conciencia de clase y proclamas leninistas en *Anticonstitucional* (Autoeditado, 2011) o *Primera Sangre* (Autoeditado, 2017); o la de los gallegos Ezetaerre y sus festivos y combativos *Aspiracións mínimas e urxentes* (Santa Guerrilla, 2017) y *Pólvora e Tormenta* (Kasba Music, 2018).

Machete en boca: a degüello.

De este impulso antifascista y militante del nuevo Rap político en España, ha emergido en la última década una escena sólida y heterogénea; con fuerte asentamiento en un público joven crecido y educado en el mundo de Internet y las Redes Sociales (tan próximo al Rap como a la música urbana de última generación); de bandas que centran el potencial del Hip Hop como instrumento de comunicación y denuncia política en la lucha feminista. Desde Madrid, IRA («*Esas brujas de tu barrio se están juntando: peligro, peligro!*») encarnan la vertiente más enraizada en el Rap ortodoxo (con los autoeditados *Arte y Terrorismo* (2016), *Rap Save The Queen* (2018) y *El Duelo* (2020)) de una nueva escena que planta cara al machismo generalizado en gran parte de la escena urbana actual; en el que demasiado a menudo, como las propias IRA dicen; «*No sabrán reconocer que revientas el panorama sin esa coletilla de: está buena, la pava*». Junto a IRA, en estos últimos años hemos vivido en la escena española el feliz asentamiento (y un aumento de popularidad exponencial) de una serie de propuestas que articulan la reivindicación feminista a través de Hip Hop mestizo, recogiendo el legado combativo de Gata Cattana e insuflándolo de Dancehall, Salsa, Trap o Reguetón; como Machete en boca («*Porque no aguanto a capullos; llevo el machete en la piel*»), desde Valencia, con su *A Machete Voy Vol.3* (Autoeditado, 2018); las barcelonesas Tribade («*¡Larga vida a la Gata!*») y su *Las desheredadas* (Propaganda Pel Fet, 2019); o el colectivo madrileño Tremenda Jauría («*Flow contrapoder: Reguetón o barbarie*») y su Rap filtrado por las texturas de la electrocumbia y la electrónica reguetonera en *Mordiendo* (Stepper Music, 2016).

## RAP, ARAÑAS Y BORBONES

Evaristo Páramos, cantante de La Polla Records y uno de los letristas más lúcidos e incisivos de la historia de la música española, arrancaba uno de sus relatos cargados de mala leche y sátira de herencia berlanguiana con la frase: «*Siendo rey Inútil VI en el reino de Cretinia...*». La monarquía española, y en especial Juan Carlos I, eran dianas habituales en el discurso crítico de La Polla Records («*Quiero ejercer de gorrón, ir vestido de general, ver desfilar la juventud y hablar a la nación*»), en unos años en los que la criminalización de la protesta y los delitos por injurias, enaltecimientos o apologías se mantenían normalmente fuera del terreno de la expresión artística. Sonadas excepciones son el largo proceso judicial (1993-2001) a Negu Gorriak por su canción «*Ustelkeria*», en la que acusaban de narcotráfico al entonces teniente coronel de la Guardia Civil Enrique Rodríguez Galindo (condenado a 71 años de cárcel por asesinatos relacionados con los GAL); o el juicio en 2006 a Soziedad Alkohólika por enaltecimiento del terrorismo en canciones como «*Síndrome del Norte*».

En 2018, una canción con título explícito («*Los Borbones son unos ladrones*») y letra afilada («*A la cárcel van los pobres, no la infanta Cristina, pero medio país le desea guillotina*»), reunía al grito de «*Rapear no es delito*» a un nutrido grupo de artistas (Elphomega, Machete en Boca, Frank T, La Raíz, IRA, Los Chikos del Maíz, Tribade, Def Con Dos, ZOO, Rapsusklei o Sara Hebe, entre muchos otros) en un acto de protesta y «*autoinculpación musical colectiva*» por la condena a tres años y medio de cárcel al rapero Valtonyc, por delitos de enaltecimiento del terrorismo e injurias a la corona, debido al contenido de algunas de sus letras; un proceso que desembocó en la huida del mallorquín a Bélgica, donde permanece fugado desde entonces.

Históricamente, el Rap español, pese a construirse en parte sobre una base de carácter reivindicativo, no se ha caracterizado por sus contenidos políticos. La vertiente de crítica social inherente a la cultura Hip Hop no se ha articulado tradicionalmente en España en forma de posicionamientos ideológicos explícitos, pero el proceso judicial contra Valtonyc colocaba al Rap como banda sonora de una situación inédita en la España contemporánea, en la que Twitter se convertía en un campo de batalla, y letras de canciones constituían pruebas de delitos. De repente, ver a raperos lidiando con la Audiencia Nacional y el Tribunal Supremo se convierte en una imagen preocupantemente habitual. La coincidencia en un corto espacio de tiempo de numerosos casos similares, enmarcados en torno a la polémica *Ley Mordaza* y a la llamada *Operación Araña* (una operación de la Guardia Civil lanzada por el entonces ministro del interior Jorge Fernández Díaz, con el objetivo de «*Limpiar las Redes de indeseables*») es entendida por una parte importante de la ciudadanía como una ofensiva de los poderes del estado contra la libertad de expresión: la tuitera Cassandra fue condenada en 2016 a un año de prisión y siete de inhabilitación por una serie de tuits alusivos a Luis Carrero Blanco, expresidente del gobierno durante la dictadura franquista asesinado por ETA; también en 2016, los raperos Ayax y Prok fueron imputados por delitos de injurias y calumnias contra organismos policiales; el cantante de Def Con Dos, César Strawberry, fue condenado en 2017 a un año de cárcel y a seis años y medio de inhabilitación por enaltecimiento del terrorismo y humillación de las víctimas por una serie de tuits publicados en 2013 y 2014; y doce miembros del colectivo de Hip Hop La Insurgencia fueron condenados en 2017 a dos años de prisión por ensalzar «*de forma sistemática*» a los GRAPO en las letras de canciones publicadas en Youtube. De todos estos casos, quizás el de mayor repercusión mediática (la noticia dio la vuelta al mundo y desató debates sociales y políticos de toda índole, así como una oleada de protestas y disturbios en numerosas ciudades españolas) es el del encarcelamiento del rapero de Lérida Pablo Hasél. En una entrevista concedida a El Confidencial en 2014, Hasél declaraba: «*El Rap nació como música no controlada por el sistema, otra cosa es que la industria supiera de su poder e invirtiera millones en hacerla esclava suya.(...) Aunque no hayan leído a Lenin, los raperos pueden ver lo que pasa en las calles*». Tras ser juzgado por enaltecimiento del terrorismo e injurias a la corona por menciones continuas a ETA, Terra Lliure o los GRAPO en canciones y Redes Sociales; así como por referirse a un alcalde en estos términos: «*Àngel malparit, et mereixes un tret, t'apunyalaré*" («*Ángel malparido, te mereces un tiro, te apuñalaré*»); y después de las imputaciones en 2016 por agresión a un periodista, y en 2017 por agresión a un testigo de un juicio; el Tribunal Superior ratificó en 2020 la condena y el ingreso en prisión de Pablo Hasél. Entre las pruebas mostradas en el juicio, la canción «*Juan Carlos el Bobón*» («*Apuntaba maneras cuando mató a su hermano Alfonsito*»), y 64 mensajes de Twitter publicados entre 2014 y 2016.

En un momento como el actual en España; con el endurecimiento de leyes concernientes a la libertad de expresión de los últimos años, la legitimidad de muchas instituciones del Estado puesta en entredicho por una parte importante de la población, y continuos y flagrantes casos de corrupción política acaparando la actualidad informativa (algunos de los más sonados, relacionados precisamente con la Casa Real); resulta inevitable especular qué ocurriría con Kase O y el resto de Doble V si decidiesen publicar hoy en día «Trae ese ron», con su mítico arranque al grito de «*Vengo del mejor grupo que parió una puta llamada España. Puta España, ¿Okey? Me cago en el Rey*».

## 15 artistas fundamentales de Rap en español

### CPV

***«Contra el Rap de las flores, te presento el Hip Hop de las hostias»***

Tenían la estética, tenían el conocimiento, dominaban los códigos y tenían actitud y talento de sobra. Lo de CPV (El Club de los Poetas Violentos) era Hip Hop de verdad, y lo que resultaba realmente sorprendente y rompedor a principios de los noventa; era Hip Hop inequívocamente español. La mezcla inaudita de Hardcore Rap, scratches, chulería madrileña, bases Funk y rimas como puñetazos de CPV sacudió el panorama musical español en unos años en los que nadie en este país estaba preparado. *Madrid Zona Bruta* (Yo Gano, 1994), la ópera prima de CPV, es una de las obras fundacionales más importantes y decisivas en la historia del Hip Hop en español, y uno de los discos más influyentes que ha producido jamás el Rap hispanoparlante. El Meswy, Kamikaze, Mr. Rango, Paco King, Supernafamacho, Frank T y Jota Mayúscula no sólo dieron forma con *Madrid Zona Bruta* a una obra referencial que afianzaba el Rap hecho en España como una realidad seria, sino que además establecieron un canon respecto a qué era y cómo sonaba el Hip Hop español. Con Frank T fuera de la formación para centrarse en su carrera individual, el maxi *¡Y ahora ke, eh!* (Zona Bruta, 1996) funcionó como preludio al segundo puñetazo sobre la mesa de CPV; el arrollador *La saga continua 24/7* (Zona Bruta, 1997). La continuación de *Madrid Zona Bruta* contenía todas las virtudes de éste, y suponía una mejora de sonido y producción exponencial; las bases de Jota Mayúscula y Supernafamacho sonaban mucho más elaboradas y profundas, y el salvajismo grupal característico de CPV brillaba con una seguridad y una contundencia irresistibles en canciones como «9:30 PM», «14 hostias» o la mítica «La saga continua». El buen estado de forma que atravesaban CPV tras su segundo disco quedó confirmado con la publicación de los maxis *Guannais/A Muerte* (Zona Bruta, 1998) y

*9:30 El Remix* (Zona Bruta, 1998), que incluía «De cacería» («*Esto no es la guerra, es simplemente caza*»), uno de los pesos pesados en el cancionero de CPV.

*Grandes Planes* (Zona Bruta, 1998); supondría el primer punto y final en la carrera de CPV. Tras la publicación de su tercer disco, en el que bajaban revoluciones y suavizaban ligeramente el contenido Hardcore en busca de un sonido más pulido y lleno de matices, El Club de los Poetas Violentos anunciaban un parón que se rompería, casi quince años después, con la publicación del excelente *Siempre* (BOA, 2012). Al margen de su actividad con CPV, la sombra de cada uno de los *poetas violentos* en solitario sobrevuela gran parte del Hip Hop producido en España en los años en los que el Rap se convierte en un género con niveles de popularidad gigantescos. Repasar la lista de colaboraciones de Kamikaze es resumir básicamente el Rap español en sus años de mayor apogeo; de igual forma que el trabajo de Supernafamacho (en solitario o como media mitad, junto a Jota Mayúscula, del equipo de producción Más Graves) se puede rastrear en la discografía de Doble V, Hablando en Plata, Duo Kie o SFDK. Tras arrancar una carrera en solitario con *Tesis Doctoral* (Zona Bruta, 1997), El Meswy ha desarrollado una trayectoria sólida y constante desde Estados Unidos, donde reside desde hace años (y que le llevó a colaborar con Dead Prez en 2002). Aunque Paco King (exmiembro de Jungle Kings) es el único miembro de CPV sin discos en solitario publicados, se le puede encontrar en trabajos de El Chojín, Jota Mayúscula o El Meswy; mientras que Mr. Rango atesora una larga trayectoria en el universo del Raggamuffin. Frank T y Jota Mayúscula se convirtieron en figuras capitales del desarrollo de la cultura Hip Hop en España al frente de *El Rimadero*, el programa de radio dedicado al Hip Hop de mayor repercusión e influencia cultural en el país. Frank T, en paralelo a discos tan personales y aplaudidos como *Konfusional* (Yo Gano, 1996) o *Los pájaros no pueden vivir en el agua porque no son peces* (Zona Bruta, 1998), y a producciones para Arianna Puello, La Excepción o El Chojín, es también presentador del programa de radio La cuarta parte. Jota Mayúscula, por su parte, se convirtió en una de las figuras más queridas y respetadas del Rap nacional gracias a su trabajo en *El Rimadero* y en Más Graves; y por discos como *Hombre negro soltero busca* (Zona Bruta, 2000) o *Una vida xtra* (Zona Bruta, 2004); hasta que la noticia de su muerte por infarto en 2020 sacudió a la comunidad Hip Hop hispanoparlante, que con su pérdida quedaba huérfana de una de sus figuras fundamentales.

### 7 Notas 7 Colores
### *«Y no hay más perro que ladre»*

Desde el extrarradio barcelonés, 7 Notas 7 Colores irrumpieron en la escena musical española de mediados de los noventa con una fuerza y una frescura que pillaron por sorpresa a todo el mundo. Lo suyo era Rap callejero estricto y crudo, heredero directo del sonido East Coast de la Era Dorada del Rap norteamericano; pero la unión entre el joven MC que respondía al nombre de Mucho Muchacho y el productor Dive Dibosso estaba dotada de una magia y una personalidad que situaban a 7 Notas 7 Colores en un espacio propio, a otro nivel respecto a sus compañeros generacionales. Lo que convierte en relevantes de verdad a 7 Notas 7 Colores es esa capacidad (reservada a unos pocos elegidos) que tienen sus discos para; de igual manera que representan un momento histórico irrepetible y definen el sonido de una era concreta; escapar del presentismo y traspasar las barreras del tiempo para seguir vivos décadas después. El minimalismo rudo y elegante de Dive Dibosso en discos como *Hecho, es simple* o *77* sigue sonando misteriosamente efectivo e hipnotizante hoy en día, manteniendo la esencia Boom Bap purista que le hizo destacar durante los noventa y sonando, a su vez, inexplicablemente moderno. Por su lado, pocos MCs en la historia del Hip Hop en español han logrado alcanzar los niveles de creatividad, ingenio, desparpajo, chulería, seguridad, contundencia, personalidad y talento de Mucho Muchacho; no hay debate ahí, Mucho Muchacho es uno de los grandes personajes que nos ha regalado el Rap en el cambio de siglo, y su nombre está grabado en mayúsculas en la memoria de la cultura Hip Hop por derecho propio.

Después de apoderarse de la escena *underground* de Barcelona con las maquetas *La comunidad del guisante* (1993) y *Floriver Neas* (1994); y de poner a la ciudad entera a bailar con el maxi *Con esos ojitos* (Yo Gano, 1997) y su inolvidable «*Luzco una mirada del palo Qué hijo de puta soy cuando clavo un truco nuevo; doblo esquinas con mi pelo afro y mis Pumas sucias, derribo los edificios...»*; 7 Notas 7 Colores cambiaron la historia de la música hispanoparlante con su debut *Hecho, es simple* (Yo Gano, 1997); una de las obras más populares, influyentes, rupturistas e imprescindibles del Hip Hop en español. Con canciones que el tiempo ha convertido en himnos («Puercos», «Les gano a todos», «Misión: partir la madre»), *Hecho es simple* coronaba a Mucho Muchacho como uno de los MCs más intratables, inventivos y originales del momento; y Dive Dibosso (junto a Griffi, de Sólo los Solo) colocaba a Barcelona en el mapa gracias a un sonido que convertía a la capital catalana en una escuela propia de Hip Hop, con sus producciones rompedoras y evolucionadas con bajadas de tempo, muestras cortas secuenciadas con groove, ambientes densos y relajados, manejo de texturas, aires sofisticados y una elegancia que contrastaba con el imperante sonido Hardcore que reinaba en la escena española en esos años; una concepción del sonido y la composición que 7 Notas 7 Colores sublimarían con su segundo trabajo *77* (La Madre, 1999), en el que ampliaban su paleta de influencias hacia sonoridades latinas (como en «Hacer dinero», con Amparanoia) y se hacían acompañar de cómplices habituales como Supernafamacho, Sólo los Solo o Kamikaze; así como de las leyendas del *underground* neoyorquino Company Flow. *La Mami Internacional* (La Mami, 2000) cerraría la trilogía histórica de discos oficiales de 7 Notas 7 Colores. Con su último trabajo (grabado a medio camino entre Barcelona y Los Ángeles) 7 Notas 7 Colores obtendrían una nominación a los premios Grammy, despidiéndose por todo lo alto antes de disolverse en 2002.

El ambicioso y excelente *Chulería* (C.R.E.A.M, 2003), construido junto a un plantel estelar de colaboradores (DJ Vadim, Pachecos, Griffi, Tony Touch, Zemo, Professor Angel Dust); y la unión con el equipo de productores valencianos Cookin' Soul para dar forma al explosivo *Cookin' Bananas* (Autoeditado, 2003), que incluía los hits «Aquí te pillo, aquí temazo» («*No llegué lejos por hacerme el simpático*») o «Llueve en el infierno» («*Te rompo la rodilla en un partido amistoso*»); son los últimos trabajos oficiales de Mucho Muchacho (instalado en Ibiza hace años como DJ y organizador de fiestas de Hip Hop); mientras que a Dive Dibosso se le puede rastrear en una fructífera y prestigiosa carrera como productor (Mala Rodríguez, VKR, Falsalarma, ToteKing, Dorian), así como en el proyecto León Dramaz, junto a Eddy La Sombra.

## Vico C
### *El filósofo*

Algo cambió en la cabeza de Luis Armando Lozada Cruz cuando escuchó por primera vez «Rapper's Delight» por la radio y se abrió ante sus ojos el universo colorido de Sugarhill Records, el breakdance, los grafitis y la naciente cultura Hip Hop. Lozada, nacido en Brooklyn de padres puertorriqueños y criado en Puerto Rico desde los cinco años; conocido como Vico C y apodado *el filósofo*; se convertiría en uno de los grandes pioneros del Hip Hop latinoamericano, y su longeva y fructífera carrera es uno de los pilares sobre los que se edifica gran parte del Rap hecho en América Latina; así como da nacimiento al fenómeno que se apoderaría del panorama urbano latino a partir de los dosmiles, el Reguetón.

Los primeros pasos de Vico C junto a DJ Negro (otro nombre imprescindible en los orígenes del Rap latino) en la segunda mitad de los ochenta, son también las primeras muestras de Hip Hop producido en Puerto Rico, asentando una escena *underground* de la que Vico C rápidamente destacaría como principal abanderado con la publicación de los EPs *La Recta Final* (Prime, 1989) y *Misión: la cima* (Prime, 1990) y, sobretodo, con su debut oficial *Hispanic Soul* (Prime, 1991). *Xplosión* (BMG, 1993), su siguiente trabajo, contenía los singles «Saboréalo» (con un *sample* de Dr. Dre) y «María» (con *samples* de James Brown), que catapultaron a Vico C desde el *underground* a la primera línea del *mainstream* latino. Un accidente de tráfico y sus cada vez más serios problemas con las drogas marcan los siguientes (y exitosos) discos de Vico C. *Con Poder* (Sony, 1996), un trabajo en el que sumaba al contenido social y confesional de sus letras un fuerte componente cristiano; y el crudo y tremendamente popular e influyente *Aquel que había muerto* (EMI, 1998), que se alzó con el premio Billboard a mejor disco de Rap; son obras profundas y multifacéticas que ayudaron a cimentar el estatus de estrella de Vico C.

El nuevo milenio arranca con Vico C publicando *Emboscada* (EMI, 2002), un trabajo que logró numerosas nominaciones internacionales (incluidos los Grammy) y cuyo single «Emboscada» fue incluido en la banda sonora de *A Contrarreloj*, película de 2003 protagonizada por Denzel Washington. Tras ser detenido en Miami por posesión de cocaína, y envuelto en una tortuosa situación personal debido a sus adicciones, la consagración definitiva de Vico C llegará con *En honor a la verdad* (EMI, 2003), un completísimo trabajo de Rap, Reguetón y pura esencia latina que contaba con colaboraciones de Tego Calderón, Tony Touch y Eddie Dee, y que se alzó con el Grammy a mejor álbum de música urbana. Le siguió el no menos exitoso *Desahogo* (EMI, 2005); un trabajo maduro en el que Vico C incidía en la crítica social, abría sus influencias hacia la música jamaicana, y se hacía acompañar de Ivy Queen, Mala Rodríguez, Giovanni Hidalgo o Gilberto Santa Rosa. *Desahogo* se convirtió en disco platino, y supuso el último gran éxito comercial de Vico C, cuya producción discográfica se desvanece tras el desapercibido *Babilla* (EMI, 2009); el último trabajo del *filósofo* antes de alejarse de la vida pública e interrumpir su carrera en un hiato que dura ya más de una década.

### Kase O
### *«No he nacido para ser un segundón»*

La carrera de Javier Ibarra, más conocido y reverenciado como Kase O, es uno de los ejemplos más sobresalientes en la música española reciente de la capacidad de un artista para mantener sus niveles de prestigio, credibilidad y relevancia incólumes después de casi tres décadas siendo uno de los estandartes principales del Hip Hop en español. Casi treinta años después de sus inicios en el universo de las rimas y el *bombo clap*; Kase O no ha hecho más que afianzar su incorruptible manera de entender la música, ganando a pulso su estatus legendario como uno de los más importantes MCs de la historia del Rap en español; y uno de los más queridos y respetados, además, por una masa de público fiel que abarca varias generaciones y toda la geografía hispanoparlante.

Hermano pequeño de Brutal, de los seminales Gangsta Squad, Kase O acaparó la atención de la incipiente escena Hip Hop de Zaragoza, que nacía con el arranque de la década de los noventa, con sus primeras maquetas *Rompecabezas* y *Dos Rombos* (la primera lanzada con tan sólo trece años), en las que ya demostraba una personalidad y un manejo del flow únicos. A raíz de diversas colaboraciones en grabaciones de Gangsta Squad y Bufank (otro nombre fundamental del Rap en Zaragoza), en

1994 Kase O une fuerzas con los MCs Lírico y SHO-HAI y con el DJ y productor R de Rumba para dar forma a una de las bandas más grandes de la historia del Rap en español: Doble V (inicialmente Violadores del Verso). Tras un debut arrollador en forma de EP con *Violadores del Verso* (Avoid, 1998) y su continuación *Violadores del Verso presenta a Kase O en: Mierda* (Avoid, 1998); el panorama del Hip Hop español dio un vuelco con la publicación del debut oficial de los maños, el histórico *Genios* (Avoid, 1999). A partir de ese momento, la popularidad de Doble V crece exponencialmente con cada nuevo paso en una discografía tan breve (completada por diversos maxis y discos en directo) como decisiva; *Genios* (Avoid, 1999), *Vicios y virtudes* (Rap Solo, 2001) y *Vivir para contarlo* (Rap Solo, 2006) conforman una trilogía histórica en el Rap español que convirtió a Doble V en leyendas y coronó a Kase O como un MC dinámico y versátil; que derrochaba estilo, inteligencia, recursos técnicos, seriedad, profundidad de contenido, puntería lírica y un aura de honestidad y sabiduría canalla inigualables. La discografía de Doble V forma uno de los corpus creativos más populares e influyentes de la época dorada del Rap español, y suyos son algunos de los momentos más memorables («Mierda», «No esperaban menos», «Vicios y virtudes», «Trae ese ron», «Vivir para contarlo», «Filosofía y letras», «Pura droga sin cortar»...) del género en el periodo de esplendor y expansión internacional que marca el cambio de siglo.

Tras anunciar en 2009 un parón en la actividad de Doble V para centrarse en sus respectivas carreras individuales, Kase O arranca la década de 2010 siendo un referente del Hip Hop en español con carácter casi de icono. La mezcla de socarronería, sensibilidad empática, conciencia social y fraseo Hardcore del zaragozano se convierte en un estilo en sí mismo, que influencia de manera profunda a las nuevas generaciones de raperos de habla hispana y le convierten en figura omnipresente en colaboraciones con lo más granado del Rap español (SFDK, Jota Mayúscula, Mala Rodríguez, La Puta Opepé, ToteKing, Hablando en Plata, Nach, Falsalarma, Elphomega, Foyone, Los Chikos del maíz...) y figuras tan alejadas del Hip Hop como Albert Pla, Coque Malla o Ara Malikian. La capacidad de reinvención y adaptación a los tiempos de Kase O, así como su impulso inagotable como creador en continua evolución quedarían mostrados con *Jazz Magnetism* (Rap Solo, 2011); un giro de madurez y seriedad a base de Jazz Rap orgánico y elegante que expandió los horizontes de Kase O más allá de los cánones y las sonoridades de los discos de Doble V. Ese camino expansivo hacia nuevas sonoridades y formulaciones continuaría con *Previo* (Rap Solo, 2015), un trabajo de ocho canciones que anticipaba el mayor éxito comercial de la carrera de Kase O, el apabullante e indiscutible *El Círculo* (Rap Solo, 2016); uno de los discos de Rap más completos de la última década, que ha vuelto a colocar a Kase O en lo más alto de la industria musical actual, aunando el aplauso de la crítica con una reacción eufórica por parte de un público cada vez más amplio y heterogéneo.

### Mala Rodríguez
### *«Sin tacto, a jierro»*

«*Las nuevas raperas son como las hijas que no he tenido*», declaraba Mala Rodríguez en 2019 al respecto de la generación actual de mujeres en el Hip Hop y en las diferentes representaciones de música urbana. Más allá de lo grandilocuente del comentario, se entendía perfectamente la idea: la gaditana de nacimiento y sevillana de adopción puede ser considerada por derecho propio la reina del Rap en español; como mínimo, es la mujer que mayor popularidad ha alcanzado en la historia del género, y su influencia sobre generaciones de mujeres (y hombres) que han venido después la convierten en una de las figuras más relevantes que ha producido jamás la cultura Hip Hop hispanoparlante. El viaje fascinante de éxito comercial y credibilidad artística de *La Mala María*, que arranca en las calles de Sevilla y culmina en la cima del panorama *mainstream* de la música latina en el nuevo milenio, queda resumido en una frase publicada en la revista Mondosonoro en 2020: «*La carrera de Mala Rodríguez es una de las más interesantes a analizar en nuestro país como ejemplo sobresaliente de adaptación al medio sin perder el origen*».

Nacida Ana María Rodríguez Garrido, en Jerez de la Frontera, Mala Rodríguez se crió desde los dos años en el barrio de La Macarena (Sevi-

lla), donde empezó a rapear. Tras varias (y aplaudidas) apariciones en canciones de pesos pesados del Rap andaluz como *La Gota que Colma* («No hay rebaja», 1998), *La Alta Escuela* («Espectáculo en la cancha», 1999) o *SFDK* («Una de piratas», 1999); Mala Rodríguez se estrenó en solitario con dos maxis que anticipaban el terremoto que estaba a punto de sacudir los cimientos de la industria musical española: *Toma la traca* (Zona Bruta, 1999) y *Yo marco el minuto* (Yo Gano, 1999). Con la llegada del nuevo milenio, llegó también el debut oficial de la joven MC, un trabajo que rompía las reglas y que quedaría grabado a fuego en la historia de la música en español; *Lujo Ibérico* (Yo Gano, 2000). El debut en largo de Mala Rodríguez (su primer disco de Oro) era un artefacto perfecto de Rap estricto e inmisericorde, dotado de una frescura y una magia única que superó las fronteras del género y se adueñó del *mainstream* gracias a canciones indiscutibles como «Tengo un trato» o «Yo marco el minuto» (que aumentaría aún más la popularidad de Mala Rodríguez al ser incluida en la banda sonora de la exitosa película *Lucía y el sexo* (2001), de Julio Médem). *Alevosía* (Universal, 2003); continuación natural de Lujo Ibérico, y disco de Oro también, estaba grabado a medio camino entre Madrid y Nueva York y contaba con la colaboración de Raimundo Amador. *Alevosía* Resultó otro éxito comercial, con canciones convertidas en himnos como «La niña» («*Conseguir respeto a base de coraje y cojones; ella lo tenía, ella lo sabía, ella se lo merecía: valía pa eso y pa más*») o «Jugadoras, Jugadores» («Hay quien paga por consumar violaciones»), que aparecía en la banda sonora de *Yo Puta* (2004), de María Lidón. Tras su participación en la banda sonora de *Yo soy la Juani* (2006), de Bigas Luna, con la canción «Por la noche» (de la que se publicó un maxi con colaboraciones de Arianna Puello, ToteKing, Meko, Juaninacka y Capaz); *Malamarismo* (Universal, 2007), con colaboraciones de Tego Calderón y Julieta Venegas, supuso una expansión internacional de Mala Rodríguez hacia un público cada vez más grande y heterogéneo. Las colaboraciones con Calle 13, Vico C o Nelly Furtado precedieron a la publicación de *Dirty Bailarina* (Universal, 2010). Producido por el estadounidense Focus (Christina Aguilera, Eminem, Jennifer López...), *Dirty Bailarina* le supuso a la jerezana el Grammy latino a Mejor Canción Urbana por «No pidas perdón». Expandiendo el espectro de sonoridades e influencias, y abriendo su música aún más hacia el Pop melódico, la música urbana y los ritmos latinos; en la segunda década del milenio Mala Rodríguez entrega los sólidos y eclécticos *Bruja* (Universal, 2013); disco que, de la misma manera que recuperaba la rudeza de sus inicios (como en la imbatible «33» y su «*¿Dónde está la paz? Que me la como*»), también contenía algunos de los momentos más melódicos y sensibles de su carrrera («Lluvia», «Miedo a volar»); y *MALA* (Universal, 2020); un trabajo redondo de nuevo Pop urbano, trufado de reguetón, aires jamaicanos, UK Garage, baladas y electrónica de regusto Trap.

Firmemente asentada como una de las grandes mujeres de la música española reciente, en 2021 se espera la publicación del libro autobiográfico de Mala Rodríguez.

## Cartel de Santa
### *Los jefes*

Eduardo Dávalos De Luna (Babo) y Román Rodríguez (Rowan Rabia), o lo que es lo mismo; Cartel de Santa; conforman una de las uniones más longevas, populares y polémicas del Hip Hop en México, y con los años su nombre ha llegado a colocarse al frente de la vertiente más cruda y confrontacional de una escena que nace como la interpretación mexicana del Gangsta Rap primerizo y violento de la Costa Oeste en los tiempos antes del G-Funk. Cartel de Santa honraban el Hardcore Rap agresivo y políticamente incorrecto de Ice T y NWA; recogían la tendencia hedonista y socarrona de los angelinos Cypress Hill o Delinquent Habits; y rearticulaban el imaginario chicano de Mr. Capone-E o Juan Gotti desde la realidad de las calles de Nuevo León; creando una cosmogonía de bandas callejeras, cultura narco, marginalidad, estética *lowrider* y elementos culturales tradicionales mexicanos (de la Santa Muerte a los corridos).

En el arranque del milenio Cartel de Santa publican tres discos que los convierten en los dueños y señores de la escena Rap mexicana más dura y callejera: *Cartel de Santa Vol. 1* (Sony, 2002), una coctelera de Rap Gangsta producida por Jason Roberts (Cypress Hill, Ice Cube, House of Pain); *Vol.II* (Sony, 2004), con colaboraciones de Tego Calderón, Arianna

Puello y Julieta Venegas; y *Volumen Prohibido* (Sony 2006), que se convirtió en disco de oro y supuso el primer éxito comercial de Cartel de Santa. La clave del éxito de estos discos es la rudeza. El encanto de Cartel de Santa, y uno de los principales motivos de su enorme popularidad, es la honestidad que destilan unos discos que huyen de la sofisticación y la elegancia para dar rienda suelta a un imaginario amenazante de salvajismo y crónica social sin eufemismos ni filtros edulcorantes. Lo del Cartel es Rap de músculos y armas; de malotes tatuados con motivos de sobra para estar enfadados; de historias de barrio y relatos de miseria, triunfo, orgullo y violencia; de testosterona, competitividad y enfrentamiento; de sexo y drogas; de ostentación y autoafirmación; de sonido básico y directo, sin florituras ni distracciones; y de letras crudas, duras y a menudo controvertidas que huyen de la sutileza y se aferran al realismo más prosaico para centrarse en los aspectos más cruentos de la vida en la calle, con la violencia como fondo común y la delincuencia como vía de escape y anhelo aspiracional. Cartel de Santa eran Rap Gangsta de verdad, y su credibilidad ganada en las calles les colocó en lo más alto del Hip Hop mexicano.

En 2007 Babo es encarcelado por homicidio después de un confuso episodio que resultó en la muerte (por una bala perdida, disparada por el MC) de un amigo y colaborador de Cartel de Santa. El siguiente disco del Cartel, escrito por Babo durante su estancia en la cárcel, fue el oscuro *Vol.IV* (Sony, 2008). Con la nueva década, da comienzo la etapa de mayor éxito comercial de Cartel de Santa, establecidos como veteranos del Rap Gangsta latinoamericano, con una sucesión de discos que alzan al Cartel hasta la primera linea del *mainstream* mexicano. *Síncopa* (Sony, 2010) se posicionó entre los cinco álbumes más vendidos de México a las pocas semanas de su lanzamiento; mientras que *Golpe avisa* (Sony, 2012) alcanzó el doble platino, convirtiéndose en el disco más vendido de la historia de Cartel de Santa.

Tras una incursión en el mundo del cine con *Los Jefes* (2015); una comedia negra de bajo presupuesto con trama criminal ambientada en el universo del narcotráfico, dirigida por Jesús Rodríguez y protagonizada por Cartel de Santa, y sobre la que la Dirección General de Radio, Televisión y Cinematografía de México advertía por sus «*escenas de violencia cruel, asesinatos, consumo constante de drogas y uso continuo de lenguaje altisonante y de connotación sexual*»; el disco *Viejo Marihuano* (Sony, 2016) supuso el regreso por todo lo alto de una banda que, manteniéndose fiel a una manera de entender el Rap que no acepta refinamientos, maquillajes ni influencias ajenas a la cultura de la que nace, ha sabido perdurar en el tiempo, reinando en un estilo en el que no tienen rivales en toda América Latina.

### Sólo los Solo

***«Al grupo de tu barrio le pedimos que nos lleve el bocadillo, y se les cae»***

Una anomalía, o un feliz accidente; irrepetible, brillante y de resonancias eternas. Sólo los Solo son una de las formaciones más personales, sorprendentes y visionarias en la historia del Rap en español, y su legado artístico conforma una de las cimas creativas del género, tanto en España como en América latina. Sólo los Solo duraron poco, hicieron música de otro planeta que no se había escuchado antes y no se ha vuelto a escuchar después, y marcaron la historia del Hip Hop a fuego; convirtiéndose en leyendas reverenciadas por generaciones de amantes de la cultura Hip Hop que han crecido con sus discos y su particular visión del mundo y la creación artística.

El contexto: el extrarradio de la Barcelona posolímpica. El entorno: el colectivo Funkcomuna, del que también formaban parte El Payo Malo, Quiroga y Tremendo. Los protagonistas: un MC superdotado que respondía al nombre de Juan Solo, y un productor con un talento extraterrestre conocido como Griffi. Miembros activos de la escena Rap *underground* desde finales de la década de los ochenta, ambos dieron forma a finales de los noventa a Sólo los Solo; máximos exponentes (junto a 7 Notas 7 Colores) del Rap barcelonés en los años de expansión del Hip Hop nacional, y creadores de un universo sonoro, lírico y estético que los situaba en una galaxia aparte, regida por sus propias leyes. *Retorno al principio*

(Avoid, 1998), el debut oficial de Sólo los Solo (precedido por el maxi *Pues cómo no / Vete con tu puto spot*), suponía una muestra de talento y clase impropia de una opera prima. En el momento de esplendor del Rap Hardcore anclado a la mística de los cuatro elementos que hizo del Hip Hop español un estilo en sí mismo, canciones como «Somos Sólo los Solo» o «Nunca fuimos de los suyos» colocaban a Sólo los Solo en un terreno propio en el que los catalanes iban por libre. Con *Retorno al principio*, Juan Solo y Griffi se convertían en uno de los equipos más creativos e inspirados que ha ofrecido el Hip Hop español; en el que Juan Solo brillaba como MC inalcanzable encarnando a un canalla encantador e inteligente: un vividor bienintencionado sobrado de sabiduría callejera y dotado de un *flow* único e irresistible; mezcla de desparpajo calmado, socarronería festiva, sentido del humor y una inimitable maestría para desplegar chulería sin caer nunca en la agresividad ni la zafiedad gratuita. Por su parte, Griffi encarnaba una visión de la producción y un enfoque del sonido que rompía con todas las reglas. Las producciones de Griffi sonaban cálidas, misteriosas e irremediablemente adictivas, tan experimentales como elegantes; cargadas de bases graves y tempos relajados herencia Costa Oeste; atmósferas densas y patrones rítmicos fracturados e irregulares; ambientaciones latinas, jamaicanas o flamencas; y una inexplicable luminosidad que lo diferenciaba de cualquier otro productor de la época.

Tras el estreno en solitario de Griffi con *Akay Lama en el funkarreo del 2015* (Avoid, 2000), que contaba con colaboraciones del propio Juan Solo, Mucho Muchacho, Tremendo o El Payo Malo; y el maxi *S'taway / Supra B-boy* (Avoid, 2001); Solo los Solo sacudieron de nuevo la escena Hip Hop con el rompedor, esquivo, misterioso y fascinante *Quimera* (Del Palo, 2001); un trabajo maduro y profundo en el que daban un giro de tuerca a su vertiente más experimental y añadían capas de densidad tecnológica y oscuridad al universo sonoro alucinatorio marca de la casa. *Quimera* era un disco difícil y escurridizo que mostraba la parte más inquieta del talento de Sólo los Solo, y pasados los años sigue manteniendo un halo de culto como una obra compleja y relevante gracias a canciones como «A la puta carrera» o «Bugasistema».

El maxi *El chico del 9* (Del Palo, 2005) serviría como adelanto de lo que supondría el punto final a la carrera de Sólo los Solo, y una de las obras más completas del Hip Hop en español; *Todo el mundo lo sabe* (Del Palo, 2005), un trabajo en el que daban rienda suelta a su espíritu más festivo y hedonista. *Todo el mundo lo sabe* está plagado de energía explosiva, vacile fumeta, irreverencia, producciones futuristas y arriesgadas (con *samples* de Los Chichos y Fania All Stars); y Hip Hop de alto voltaje descargado por una banda irrepetible que decidió despedirse de su público en un estado de gracia creativa fascinante. Tras el experimental e instrumental *Strictly Jabugo Series Vol.1* (Del Palo, 2009), Griffi se centró en su vertiente más Funk y bailable dando forma a Chacho Brodas, y colaborando en producciones para Mucho Muchacho, DJ Vadim o Mala Rodríguez; mientras que Juan Solo se retiró de la vida pública tras la separación de Sólo los Solo, reapareciendo puntualmente en colaboraciones con Erik Urano, Cookin Soul o Bejo.

**Tego Calderón**
***Veteranía y prestigio***

Rapero, productor, actor, y una de las grandes estrellas de la música latina del siglo XXI; Tego Calderón representa, junto a Calle 13, el punto exacto en el que el Rap latino se imbuye de influencias tradicionales, dando forma al Reguetón como formulación especifica del Hip Hop puertorriqueño, antes de convertirse en un género en sí mismo. Tego Calderón es considerado uno de los artistas más importantes de Reguetón, y es una de las figuras fundamentales en la expansión internacional del género, pero es injusto encasillar al boricua en un estilo que no es más que uno de los muchos terrenos en los Tego Calderón ha brillado a lo largo de los años; manteniendo siempre como uno de sus rasgos diferenciales un espíritu anclado a la cultura Hip Hop.

Nacido en Puerto Rico, Tego Calderón pasó su infancia y juventud en Miami, donde fue batería de una banda de Rock. Al volver a Puerto Rico entra en contacto con la incipiente escena Hip Hop de la isla en los años en los que Ivy Queen y Vico C empiezan a destacar, convirtiéndose en colaborador habitual en numerosos singles de artistas de la nueva ola de música urbana puertorriqueña (Eddie Dee, Yandel, Yaga & Mackie...), y apareciendo con canciones propias en varios recopilatorios de Reguetón (junto a Héctor y Tito, Ivy Queen, Nicky Jam o Daddy Yankee). Ya desde sus primeras grabaciones, Tego Calderón muestra una personalidad y un estilo único e inimitable que le hacen destacar inmediatamente. Con su característico flow arrastrado, luminoso y bonachón, de espíritu tan próximo a Willie Colón y Celia Cruz como a Eric B. & Rakim o Snoop Dogg, Tego Calderón se convierte en una estrella con su disco debut *El Abayarde* (White Lion, 2003); un éxito comercial que dispara la popularidad del puertorriqueño con su mezcla inédita del sonido saturado de graves y tempos lentos Costa Oeste de las producciones de Dr. Dre y una coctelera de sonoridades y ritmos afrolatinos a base de Reguetón, herencias caribeñas y Salsa. El éxito internacional de *El Abayarde*, y la frescura y originalidad de Tego Calderón como artista polivalente capaz de transitar entre diferentes estilos, le convierte en colaborador y productor estrella en el nuevo milenio; tanto de compañeros generacionales de la música urbana boricua (Vico C, Don Omar, Johnny Prez); figuras de la Salsa como Óscar D'León; grandes del Rap chicano como Cartel de Santa o los californianos Cypress Hill; o pesos pesados del Rap estadounidense como DJ Premier o Lil Kim.

*The Underdog/El Subestimado* (Atlantic Records, 2006), el segundo trabajo de Calderón, se centraba más en los parámetros del Rap para dejar un poco de lado el Reguetón, y recibió una nominación a los Grammy. Tras su segundo disco, Tego Calderón queda coronado oficialmente como una súper estrella de la música latina: sus letras a medio camino entre la crítica social, el pacifismo y la conciencia de clase; sumadas a un espíritu canalla y juerguista irresistible; le hermanan con Calle 13 en ese equilibrio entre cachondeo, baile, reflexión social, fiesta y compromiso político que caracteriza a una parte importante del Rap latino de los dosmiles. Tras debutar como actor en la película *Illegal Tender* (2007), y después de viajar a Sierra Leona (junto a Raekwon y Paul Wall) para la filmación del documental de VH1 *Bling: A Planet Rock* (sobre la extracción de diamantes y el papel del Hip Hop en el comercio de los diamantes de sangre), Tego Calderón desbarató el panorama musical latino de nuevo con la publicación del expansivo *El Abayarde* contra-ataca (Jiggiry Records, 2007); un disco de Rap luminoso y concienciado que sonaba a Salsa, Vallenato, Bachata, Cumbia, Reggae, Reguetón, Merengue o Dancehall; sin dejar nunca de sonar a Hip Hop, de una forma misteriosa y adictiva.

Los siguientes años verán una crecida exponencial de la popularidad de Tego Calderón, vía colaboraciones constantes con figuras gigantes de la música urbana (Wisin y Yandel, Mala Rodríguez, Calle 13), y con su participación en la exitosa serie de películas *Fast & Furious*. La *mixtape The Original Gallo del País* (Jiggiry Records, 2012), así como sus apariciones en canciones de Romeo Santos o Carlinhos Brown precedieron al lanzamiento de *El que sabe, sabe* (Jiggiry Records, 2015); el último trabajo oficial publicado por Tego Calderón de momento, que se alzó con el Grammy al mejor disco de música urbana del año.

### ToteKing
### *Sevilla, baloncesto y Hardcore Rap*

Dice Enrique Vila-Matas en el prólogo de *Búnker: Memorias de encierro, rimas y tiburones blancos* (Blackie Books, 2020); el exitoso estreno literario de una de las principales figuras de la cultura Hip Hop en España, el sevillano ToteKing; «*Lo que no es Tote es precisamente un músico analfabeto, sino un lector de la mejor literatura contemporánea*». *Búnker* resultó uno de los libros más vendidos del año, y una auténtica revelación literaria publicada casi por sorpresa durante el confinamiento. El improbable y extrañamente coherente apadrinamiento de Vila-Matas, uno de los escritores españoles más importantes de la historia reciente, tenía un tamiz de justicia poética a modo de consagración como creador de un rapero que lleva ya más de dos décadas en la cima del Hip Hop español. Hacer un repaso al listado de colaboraciones de ToteKing nos permite calibrar el peso y prestigio alcanzado por el sevillano en el panorama musical español de los últimos tiempos: todos los pesos pesados de la escuela andaluza (de SFDK a Mala Rodríguez, pasando por Triple XXX, Shotta, Elphomega o Capaz); los principales artífices de la escena de Zaragoza (Zhellazz, Hazhe, SHO-HAI, R de Rumba, Rapsusklei...); los madrileños Frank T, Duo Kie o Iván Nieto; la escudería catalana vía Sólo los Solo, Falsalarma o Chacho Brodas; o figuras del *mainstream* alejadas del Rap como Antonio Orozco, Ojos de Brujo, El canijo de Jerez, Rozalén, O'Funk'Illo, Def Con Dos o Fundación Tony Manero.

Natural del barrio de La Macarena, en Sevilla, los inicios de ToteKing en el Hip Hop, allá por los lejanos noventa, al frente de La Alta Escuela (junto a Juaninacka, Juanma y DJ Randy; todos ellos antiguos coristas de SFDK), marcan a su vez los cimientos del Rap en Andalucía; una ramificación propia dentro del Hip Hop español de la que ToteKing sobresaldría como uno de sus principales y más populares representantes. La Alta Escuela, junto a los citados SFDK o La Gota que Colma, son nombres pioneros del Rap sevillano, y responsables principales del sonido Hardcore que caracterizará al Rap andaluz en su época de explosión y máxima popularidad. Tras *En pie de vuelo* (Flow Records, 1999), única referencia de La Alta Escuela, la banda se separa y ToteKing une fuerzas con su hermano Shotta (otro nombre capital en la historia del Rap español) para dar forma a *Tu madre es una foca* (Yo Gano, 2002); un trabajo de Hardcore Rap estricto y peleón que cosechó una respuesta entusiasta (ambos hermanos repetirían el experimento del disco conjunto diez años después con el también celebrado *Héroe* (Sony, 2012)). Tras los maxis *Duermen* (Yo Gano, 2001), y *Matemáticas* (Yo Gano, 2003); y establecido como uno de los más firmes valores del Rap nacional, la carrera en solitario de ToteKing arranca con tres discos que le coronan definitivamente como uno de los más grandes: *Música para enfermos* (Superego, 2003), *Un tipo cualquiera* (BOA, 2006) y *T.O.T.E* (BOA, 2008) son tres obras mayúsculas de Hardcore Rap con *sampleos* Funk, scratches, *Bombo Clap* y un gusto por el Rock clásico marca de la casa. Con sus tres primeros discos en solitario, ToteKing pasa al frente del Hip Hop nacional en sus años de esplendor, convirtiéndose en uno de los principales portavoces de una escena de Rap que pasaría del *underground* a gozar de unos niveles de popularidad enormes. A lo largo de los dosmiles, ToteKing pasa a sublimar la imagen del rapero clásico; curtido en parques y plazas; vestido con camisetas de baloncesto, gorras, pantalones anchos y zapatillas deportivas enormes; heredero del sonido de la Era Dorada norteamericana; y dotado de un talento especial para desarrollar relatos cargados de ironía y descontento con dicción andaluza e ingenio verbal, actitud ganadora, referencias literarias elevadas, un tipo de vacile inequívocamente sevillano, las dosis obligadas de ego y chulería, y una mirada aguda plagada de humor ácido, crítica social, inteligencia y sarcasmo.

Con el cambio de década, el discurso de ToteKing adquiere un mayor tono reflexivo y hasta oscuro; mostrando una madurez en cuanto a contenido y una bajada de agresividad en pos de nuevas formulaciones expresivas que desarrolla con los notables y cada vez más eclécticos (incorporando influencias latinas, Trap y flamenco; sin perder su personalidad y su estilo anclados en el Rap Hardcore clásico) *El lado oscuro de Gandhi* (Sony, 2010), *78* (Sony, 2015) y *Lebron* (Sony, 2018).

## Calle 13
### *Orgullo boricua*

Pocos nombres conjugan en las últimas décadas éxito comercial, relevancia, influencia artística y respeto por la profundidad de mensaje como los puertorriqueños Calle 13. La incombustible e incorruptible unión de los hermanastros René «Residente» Pérez y Eduardo «Visitante» Cabra (a los que se uniría Ileana «PG13» Cabra a partir de su segundo disco) dio como fruto a lo largo de los dosmiles una de las trayectorias más apasionantes e influyentes que ha ofrecido la música latina en los últimos tiempos, coronando a los boricuas como una de las formaciones imprescindibles para entender el desarrollo del Hip Hop en español, superando con creces los límites de cualquier etiqueta para reinar en solitario dentro de un ecléctico mundo que abarca Reguetón, Rap, activismo político, Fusión, «músicas del mundo» o «músicas urbanas». El equilibrio perfecto entre Hip Hop concienciado y politizado, Reguetón festivo y las más diversas influencias del folclore latinoamericano y músicas tradicionales caribeñas convierten a Calle 13 en una formación única e irrepetible que acumuló decenas de premios Grammy y se situó en lo más alto del mercado musical antes de anunciar un parón en 2015 para profundizar en los proyectos en solitario de cada uno de los hermanos.

Las dos canciones con las que Calle 13 se presentaron oficialmente al mundo en 2005 marcaban de alguna manera la doble faceta que caracterizaría la personalidad del corpus creativo de Calle 13 a lo largo de los años posteriores: «Se vale to-to» era un infeccioso reguetón que incitaba al baile y al vacile sano, mientras que «Querido FBI» (publicada horas después del asesinato por parte del FBI del líder revolucionario puertorriqueño Filiberto Ojeda Ríos) era un puñetazo de reivindicación política. Ese equilibrio entre el contenido socialmente comprometido y los mensajes festivos cargados de sátira, buen humor y sarcasmo se convertiría en marca de la casa con la publicación de *Calle 13* (White Lion, 2005); un trabajo que consiguió tres premios Grammy y que le valió a Residente la calificación de «*Primer intelectual del Reguetón que alcanza el estrellato*» por parte del *New York Times*. *Residente o Visitante* (Sony, 2007), su exitoso segundo disco, dejaba claro que el Reguetón era solamente uno de los muchos estilos que los puertorriqueños dominaban; abriendo su sonido a influencias de Rock, Merengue o Cumbia, y manteniendo siempre un pulso Hip Hop que los hacía únicos. Las colaboraciones de Vicentico, Mala Rodríguez, Orishas o Tego Calderón añadían colorido a un disco excepcional que volvió a cosechar varios Grammy. Esta expansión de su sonido y el cada vez más ecléctico enfoque de la composición (así como una progresiva voluntad de seriedad en las letras, en pos de un mensaje empático, combativo y luminoso) se verían confirmados con la publicación de *Los de atrás vienen conmigo* (Sony, 2008); un trabajo profundo y experimental, atravesado por las más diversas influencias del folclore de latinoamérica, que confirmaba una vez más a Calle 13 como una de las bandas más gigantes y populares de la música latina de la década. Las colaboraciones con Café Tacuba («No hay nadie como tú») y el mismísimo Rubén Blades («La Perla») se convirtieron rápidamente en dos de las piezas imprescindibles de la discografía de Calle 13.

Tras el estreno del documental *Sin Mapa* en 2009 (un viaje a través de latinoamérica en el que los boricuas se sumergían en las raíces culturales y políticas del continente), la consagración definitiva de Calle 13 como la banda más importante de la música latinoamericana del siglo XXI llegó con el imprescindible e indiscutible *Entren los que quieran* (Sony, 2010): un trabajo perfecto e inabarcable en el que Rap, Rock, Cumbia, Ska, política, diversión y compromiso social se sumaban en un caleidoscopio luminoso y explosivo que recibió diez nominaciones a los Grammy (ganando nueve), y que contaba con la presencia de Mars Volta y Seun Kuti. Canciones como «Calma Pueblo», «Vamo' a portarnos mal» o, sobretodo, «Latinoamérica» (con María Rita, Toto la Momposina y Susana Baca) se convirtieron automáticamente en himnos, convirtiendo a *Entren los que quieran* en uno de los discos más completos y apasionantes de la década. El polifacético y combativo *Mutiviral* (El Abismo, 2014); que contaba con la presencia de Tom Morello (Rage Against The Machine), Julian Assange o Silvio Rodríguez; sería la última entrega de Calle 13 antes de anunciar un parón indefinido para dedicarse a los (exitosos) proyectos en solitario de cada uno de los hermanos, y supondría el de momento punto final a una carrera tan popular e influyente como añorada.

**Erik Urano**
***«No vendo humo, regalo niebla»***

Con pulso de artesano y actitud de corredor de fondo que cuida hasta el más mínimo detalle para dotar a sus obras de una profundidad y relevancia únicas, el vallisoletano Erik Urano ha ido construyendo con los años un corpus creativo que, alejado de lógicas comerciales y caminos transitados, le ha convertido en una de las voces más personales e interesantes del panorama musical español de los últimos tiempos. Miembro fundador de los imprescindibles Urano Players a principios de los dosmiles, su personal visión del Hip Hop ha contribuido a la renovación del género en la última década, colocando al de Valladolid en un espacio propio en el que no compite con nadie; Erik Urano (y Flat Erik, su alter ego enmascarado tras un pasamontañas) representa una visión inédita del Rap en España, con la mirada puesta en los vértices más fríos y oscuros de la electrónica fronteriza con el Grime y, sobretodo, con una habilidad fascinante en el manejo del lenguaje que le convierte en uno de los letristas más personales de la historia del Hip Hop en Español.

Desde sus inicios bajo el paraguas de Urano Players con *Ácido y oxígeno* (Autoeditado, 2008), el universo lírico de Erik Urano (plagado de códigos ocultos, simbología misteriosa, imágenes espaciales, cripticismo, referencias al mundo del cine y la literatura de ciencia ficción, relatos de calle y alienación, ambientaciones distópicas y reflexiones filosóficas profundas sobre la tecnología, la incomunicación y la deshumanización en la era digital) le otorgó inmediatamente la consideración de creador único y rupturista, que jugaba según sus propias reglas y que, respetuoso con el pasado, venía para lanzar al Hip Hop español hacia el futuro. *Energía Libre* (Autoeditado, 2011), construido junto al también Urano Player Zar1 (uno de los arquitectos de sonido más interesantes del panorama actual de la electrónica oscura y el Hip Hop abstracto), suponía una muestra deslumbrante de Rap oscuro y futurista de paisajes industriales y canciones crudas y obsesivas («Estado mental invierno», «Pura magia negra»); un estilo propio que se vería sublimado con la publicación del enorme *Cosmonautica* (Gamberros Pro, 2014): una de las mejores obras de Hip

Hop de la última década. Las referencias cosmológicas, las analogías crípticas y el equilibrio perfecto entre lenguaje callejero y brillantez literaria característico de la prosa de Erik Urano alcanzaban con *Cosmonautica* un nivel de seriedad y madurez que deslumbraba, sobre el trabajo de un Zar1 denso y asfixiante como nunca en canciones como «Gorriones» o «Vostok 1». Tras la colaboración con Juan Solo en *Dosis* (Gamberros Pro, 2015); los eps *Matrix* (Breaking Bass, 2017) y *Flex* (03) (Gamberros Pro, 2018) anunciaban el progresivo interés de Erik Urano por el Grime y los ritmos fracturados de herencia UK Garage, una nueva dirección que expandía sus horizontes creativos y que se materializaba en las indiscutibles cinco canciones de *Balaclava* (Flat Bits, 2018).

Asentado como uno de los principales valores del Rap actual más inconformista y experimental; habiendo convertido su nombre en sinónimo de modernidad y calidad; tras colaborar con figuras tan dispares como Skyhook, Lost Twin, Novedades Carminha, ColdChain o Triángulo de amor bizarro; profundizando en los laberintos del Grime y la electrónica contemporánea; abriendo su sonido a terrenos de baile; y añadiendo más y más capas de profundidad a una narrativa alucinatoria que utiliza el imaginario cósmico y la desolación distópica como vehículos de interrogación sobre la naturaleza humana; la última muestra de talento de Erik Urano, el sombrío y adictivo *Neovalladolor* (Sonido Muchacho, 2020), supone la confirmación del envidiable estado de gracia creativo que el vallisoletano atraviesa en la actualidad; disparando las expectativas ante lo que puede depararnos en el futuro una de las mentes más lúcidas y creativas del Hip Hop actual.

### Gata Cattana
### *«Mujer en toda regla, poetisa con mayúsculas»*

En 2016, una rapera y poeta cordobesa dedicaba con estas palabras un poemario autoeditado, de título *La escala de Mohs*: «*A mi familia. A mi pueblo. A las personas justas que aún quedan*». Las páginas de aquel poemario mostraban a una creadora tan inusual como fascinante, que respondía al nombre de Gata Cattana y decía cosas como

«*Yo nunca fui ese tipo de princesa que espera sentada escuchando odas a su hermosura. Porque yo era más la Satine, la Agripina; la Teodora de Bizancio que administraba y quebraba imperios con una palabra*». Aupada como referente por su lírica cargada de poesía, referencias mitológicas, jerga andaluza, cultura clásica, conciencia de clase, filosofía y un incorruptible espíritu revolucionario feminista; coronada como figura fundamental del Rap en español hecho por mujeres en la última década; y dotada de un talento inabarcable que fusionaba con inteligencia y puntería el compromiso político con la altura literaria; la triste noticia del fallecimiento por choque anafiláctico de Gata Cattana el 2 de marzo de 2017 ponía un abrupto punto final a una carrera tan caracterizada por su brevedad como por unos niveles de relevancia, profundidad e influencia inauditos en el Rap español.

Gata Cattana no fue una rapera habitual. Se conjugaba en ella una improbable y explosiva suma de factores que la convertían en una rara avis dentro del universo del Hip Hop en España. Marcada de igual forma por la literatura clásica, el flamenco, la teoría política, la poesía y el pensamiento feminista; los primeros pasos de Gata Cattana en el mundo del Rap, desde la niñez, van de la mano de su trabajo literario. Los recitales de poesía fueron escenarios tan naturales como las grabaciones de Rap para la cordobesa desde sus primeras muestras de talento en trabajos *underground* que le harían ganar un seguimiento devocional y un respeto automático por una nueva generación de público harto de los lugares comunes de sonido y los clichés de contenido del panorama de la música urbana actual. *Los siete contra Tebas* (2012) y, especialmente, *Anclas* (2015) eran trabajos eclécticos y transgresores que mostraban a una MC capaz de mostrarse combativa, vulnerable, callejera, culta y armada con un mensaje urgente y emancipador; y de moverse con la misma soltura por los terrenos del Rap estricto herencia de Mala Rodríguez como por las más diversas tendencias de electrónica bailable. Tras una recopilación de material inédito publicada en 2016; Gata Cattana unía fuerzas con el siempre impecable David Unison para dar forma a *Banzai* (2017); un disco crudo y confesional con el que la cordobesa ampliaba sus horizontes musicales hacia terrenos experimentales, y cuyas rimas complejas, referenciales y afiladas se desplegaban en un derroche de técnica y agudeza que bebía de igual forma del Rap ortodoxo, las sonoridades actuales de la música urbana, un deje flamenco, la electrónica elegante o la suavidad melosa del R&B.

*Banzai* fue la obra póstuma (en 2020 la editorial Aguilar publicó *No vine a ser carne*, una recopilación de textos y poemas inéditos) de una artista irrepetible que logró convertirse en referente para una generación; cuyo recuerdo e influencia; así como el peso de sus palabras y el ejemplo de su actitud han convertido en una figura de culto. Ella misma se encargó de dejarlo bien claro: «*Es una como yo cada dos siglos, ¿Sabes?*».

### C. Tangana

***«No tenéis malos porcentajes, pero yo soy el cien»***

El más listo de la clase. Hablar de Antón Álvarez, o sus numerosas encarnaciones como Crema, Pucho, C. Tangana o El Madrileño, es hablar de uno de los ejemplos más fascinantes en la historia española reciente de un nuevo tipo de estrella; que recoge y encarna los vientos de cambio del nuevo milenio y se alza imbatible como uno de los grandes talentos de una generación de artistas que han cambiado las reglas del juego en la era del *streaming* y las Redes Sociales. Haciéndose un hueco en el panorama del Hip Hop *underground* madrileño en la segunda mitad de los dosmiles, C. Tangana (Crema, por aquel entonces) pertenece a una generación de Rap español mucho más conectada con el universo de Gamberros Pro o el eclecticismo de Elphomega que con vacas sagradas como Doble V o ToteKing. Manteniendo el deje callejero y peleón del Rap clásico, con sus narrativas de barrio y sus dosis obligadas de vacile y autoafirmación, la escena de la que surge C. Tangana bebe más de Drake, Mac Miller o Future; que del Hip Hop de los cuatro elementos.

Agorazein (título de la última maqueta de Crema) se convertirá en el nombre de un colectivo decisivo en la historia del Hip Hop español contemporáneo, en el cual C. Tangana jugará un papel fundamental. Los madrileños, en trabajos como *Kind of Red* (Autoeditado, 2011) o, sobretodo, el celebrado *Siempre* (Autoeditado, 2016); ofrecían una pátina de modernidad, frescura y elegancia inédita en el Hip Hop español hasta ese momento. La marca Agorazein representaba una nueva manera de concebir el Rap en los tiempos modernos, y ejemplificaban el cambio de paradigma de la industria musical en el momento en el que las plataformas de *streaming*, las Redes Sociales y Youtube se convierten en el nuevo terreno de juego. La propuesta de Agorazein abrazaba influencias *Chillwave* y *Ambient*, exploraba sin tapujos los terrenos más sofisticados de la indietronica y la cultura de club, rompía con los cánones clásicos del Rap español, integraba a un público indie y seguidor de tendencias, anticipaba el advenimiento del Trap y la nueva escuela de música urbana, y lideraba una renovación generacional con la vista puesta en el futuro y los oídos clavados al presente. Bautizado definitivamente como C. Tangana, los años de expansión de Agorazein como colectivo son los años también de consolidación del madrileño como una de las figuras más personales e interesantes de la nueva ola de Hip Hop contemporáneo español con la publicación de los excelentes *Agorazein presenta...C. Tangana* (Autoeditado, 2011) y *LOVE'S* (Autoeditado, 2012); dos discos referenciales para entender la evolución del Hip Hop en español en el cambio de década. Los siguientes años se caracterizan por una actividad frenética de C. Tangana mediante lanzamientos digitales tan populares y polémicos como «Alligators», canción que dio paso a un *beef* entre C. Tangana y Los Chikos del Maíz, que el madrileño zanjó con la oscura y brillante *mixtape* *10/15* (Autoeditada, 2015). A partir de ahí, se desata la locura.

2016 será recordado en la historia de la música española, entre otras cosas, como el año en el que un joven MC madrileño surgido del *underground* conquista la cima de la industria musical. Alejándose cada vez más del estereotipo del rapero clásico, y estableciéndose como un artista polifacético capaz de recoger las tendencias actuales de la música urbana; en la que caben de igual forma el Rap ortodoxo, el Trap, el Reguetón, la electrónica de baile, las influencias latinas o el Pop *mainstream* más edulcorado; C. Tangana revienta el mercado a lo largo de 2016 con una sucesión de singles que se convierten en hits globales: «Lo hace conmigo», «Los Chikos de Madriz» y, sobretodo, el dueto con Rosalía «Antes de morirme».

Las *mixtapes Ídolo* (Sony, 2017), con los exitosos singles «Mala mujer» y «Pop Ur Pussy»; y *Avida Dollars* (Sony, 2018), con los no menos exitosos «Llorando en la limo» y «Still Rapping»; mantendrán a C. Tangana en el centro de atención mediático y aumentarán aún más su enorme popularidad, antes de que haga saltar por los aires el tablero de juego una vez más, reinventándose con el ambicioso, rompedor e inclasificable *El madrileño* (Sony, 2021); una obra brillante (alejada completamente del Rap), que dinamita las fronteras entre estilos, en la que C. Tangana se acompaña de una lista imposible de colaboradores (de Andrés Calamaro a Jorge Drexler, pasando por Kiko Veneno, Toquinho, La Húngara, José Feliciano, Elíades Ochoa o Gipsy Kings, entre otros) para redefinir la música en español del siglo XXI.

## Ana Tijoux
### *Tradición, modernidad y conciencia*

Según la redacción estadounidense de *Rolling Stone*, «*La mejor rapera en español*» de los últimos tiempos es Ana Tijoux. Para Newsweek, Tijoux es «*La rapera latinoamericana más conocida de la escena internacional*», y el New York Times no dudó en calificarla como «*La respuesta latinoamericana a Lauryn Hill*». Dejando de lado la intención lapidaria de titulares así de llamativos, la opinión que medios internacionales tan masivos tienen de la francochilena sirve para calibrar la importancia de Ana Tijoux en el panorama de la música en español del siglo XXI; como la mujer más popular y relevante del Hip Hop hispanoparlante de la última década, y como artista profunda y multifacética, capaz de combinar un espíritu creativo inquieto y en continua evolución, con una inamovible voluntad de compromiso social y protesta política. En Ana Tijoux coinciden tradición Hip Hop, activismo político, eclecticismo desprejuiciado, reivindicación cultural anticolonial, feminismo militante, aperturismo Pop, acercamientos al Jazz y al Soul, actitud imbatible y una misteriosa magia que le permite salir ganadora en cualquiera de sus facetas.

Nacida en Lille, Francia, de padres chilenos exiliados de la dictadura de Pinochet, Ana Tijoux fue criada en París, interesándose por el Hip Hop desde la adolescencia. A principios de los noventa, con la llegada de la transición democrática chilena, Tijoux se instala en Santiago de Chile y entra en contacto con la escena Rap local, integrándose en Makiza, una de las formaciones más populares del Hip Hop chileno. Con su Rap elegante heredero de Fugees o Gang Starr, y sus letras cargadas de crítica social y conciencia de clase, Makiza publicaron tres discos (especialmente popular fue *Aerolíneas Makiza* (Sony, 1999), con las canciones «La rosa de los vientos» y «En paro», que hablaban de los exiliados y de figuras públicas del Chile del momento partidarias de Pinochet o relacionadas con la junta militar). Tras la disolución de Makiza, Ana Tijoux participa en un tributo a Violeta Parra versionando «Santiago penando estás», y colabora en las canciones de Julieta Venegas «Lo que tú me das» (2003) y «Eres para mí» (2006); antes de debutar oficialmente en solitario con *Kaos* (Oveja negra, 2007); un colorido trabajo de Rap de herencia East Coast plagado de Funk y Soul con el que Tijoux despierta un interés y unas expectativas que se verán sobradamente confirmadas con su segundo disco *1977* (Oveja negra, 2009). *1977* cosechó un éxito comercial rotundo, supuso la expansión internacional de Ana Tijoux (a lo que ayudó la inclusión de «1977» en la banda sonora de la serie Breaking Bad), y acabó recibiendo una nominación a los Grammy. En su segundo disco Ana Tijoux se confirmaba como una MC sobrada de ingenio técnico y estilo propio, y con una habilidad narrativa poco habitual para desarrollar relatos confesionales cargados de discurso reflexivo, profundo, crítico, feminista y empático. Tras el ecléctico *La bala* (Oveja negra, 2011), y de colaborar con figuras como Jorge Drexler, Morcheeba o Control Machete; la consagración definitiva de Ana Tijoux como una de las figuras más interesantes de la música en español de los últimos tiempos, así como la mujer más importante del universo del Hip Hop de lengua hispana desde que Mala Rodríguez rompió la baraja a finales de los noventa; llegó con el expansivo y completísimo *Vengo* (Nacional, 2014). Con su cuarto disco Ana Tijoux le daba una vuelta de tuerca al concepto del mestizaje y ofrecía una obra rotunda y compleja que aunaba Rap purista, sonoridades latinas de todo tipo, imaginanería andina, herencia de Lauryn Hill, influencias jamaicanas, cultura mapuche y un acierto comercial irresistible. Canciones como «Antipatriarca» o «Somos Sur» (junto a la rapera palestina Shadia Mansour) se convirtieron en himnos, y *Vengo* recibió una respuesta entusiasta de crítica y público, confirmando el estatus de Ana Tijoux como nombre imprescindible en el universo de la música urbana latinoamericana del nuevo milenio.

La tradicional «Calaveritas» (2016), con Celso Piña; las colaboraciones con Los Chikos del Maíz, Asian Dub Foundation o Tom Morello; o la ristra de puñetazos de Rap combativo en apoyo a los movimientos sociales chilenos «Cacerolazo» (2019); «Rebelión de octubre» (2920), con la rapera mapuche MC Millaray; y «Antifa dance» (2020); son algunas de las muestras de talento que Ana Tijoux nos ha regalado en los últimos años, a la espera de la publicación de su siguiente (y esperadísimo) nuevo disco.

**Ayax y Prok**
***«Quiero ver mundo pero morir en mi barrio»***

Videoclips con millones de reproducciones, una base de fans gigante cultivada en Redes Sociales, conciertos multitudinarios en estadios, y una reputación y unos niveles de credibilidad y popularidad que; desde la independencia y llevando por bandera una actitud confrontacional, disidente y díscola; les ha convertido en una de las bandas más grandes de la España actual: los gemelos granadinos Ayax y Prok, naturales del barrio del Albayzín, se han alzado en pocos años, a base de constancia y talento, a lo más alto del Hip Hop contemporáneo; manteniendo viva una forma de hacer y entender el Rap que apela a los componentes esenciales de una cultura en continua evolución que, mientras se imbuye de influencias externas y es permeable al influjo de las tendencias y los cambios de los tiempos, mantiene los pies firmemente cimentados en la tradición.

En los tiempos del Trap y el Reguetón, los videoclips hipersexualizados, la vacuidad de la apología del lujo, la electrónica uniforme, la supremacía de la imagen y la publicidad sobre los contenidos artísticos, y la uniformidad de sonido de gran parte de la nueva música urbana; la propuesta de Ayax y Prok supone una reivindicación de la rudeza clásica del Rap de la Era Dorada norteamericana, en una especie de revival de la década de los noventa que recupera los códigos y la actitud del Hip Hop tradicional, y los adapta al momento presente. Más que un ejercicio de nostalgia, Ayax y Prok encarnan (junto a compañeros generacionales igual de populares, como los madrileños Natos y Waor) la formulación actual de una escuela de Rap purista respetuosa con la tradición que, paradójicamente, goza de un predicamento enorme entre el público más joven.

En Ayax y Prok coinciden el Boom Bap ortodoxo con la crudeza del Horrorcore (con sus voces de lija y bases como puñetazos); un hedonismo fumeta irresistible en la onda de Cypress Hill; la puntería crítica y social de Dead Prez (que les llevó a ser imputados por injurias y calumnias contra la autoridad policial, dentro de la llamada *Ley Mordaza*, por «Polizzia», que incluía versos como «*¿De qué sirven los maderos si no es para hacer fuego?*»); una actitud callejera chulesca heredera de Mucho Muchacho; y una falta de prejuicios fascinante que les lleva a *samplear* con el mismo acierto a *Camarón de la isla* («Deos Sucios»), *Mobb Deep* («Mi barrio huele a Widow»), Ray Pérez y su orquesta («Reproches») o Wu-Tang Clan («Hou Hou Hou»; con una reinterpretación del *sampleo* de Wendy René que los de Long Island hicieron en su mítico «Tearz»).

La sucesión constante e imparable de lanzamientos digitales desde sus inicios, la producción continua de videoclips publicados en Youtube, y los indiscutibles estrenos oficiales *Cara y Cruz* (Albayzín Records, 2018), firmado por Ayax; y *Rojo y Negro* (Albayzín Records, 2018), firmado por Prok (dos de los discos con mayor repercusión y mejor recibimiento de crítica y público en España en los últimos años) han convertido a Ayax y Prok en una de las formaciones más populares en el Hip Hop español actual; dueños de un universo propio que se nutre de la cultura popular, la tradición del Hip Hop, la herencia del flamenco y la cultura gitana, las calles de los barrios marginales, el trapicheo, la delincuencia, la precariedad de las condiciones materiales de vida de las clases populares, y las referencias constantes a la actualidad; que les permite elaborar relatos crudos cargados de crítica social («Desahucio», «El puchero la abuela»), elevar las referencias («*Dame weed, soy Bob Marley; dame whisky, soy Bukowski*»; «Bukowski») o mencionar en una sola canción («Zinedine») al Club de los Poetas Violentos, *Juego de tronos*, Birdman, el futbolista del Real Madrid Raúl González, *Taxi Driver*, *El señor de los anillos*, *South Park* o el Satisfyer.

## 25 discos imprescindibles de Rap en español

**El Club de los Poetas Violentos - *Madrid Zona Bruta***
(Yo Gano, 1994)
El disco que marca la mayoría de edad del Hip Hop en español. A partir de *Madrid Zona Bruta*, se puede empezar a hablar del Rap en español como algo serio de verdad; y el impacto de su publicación y la alargada sombra de su influencia (que se puede rastrear hasta nuestros días) marcan uno de los hitos fundacionales de la cultura Hip Hop en España. Con su debut oficial, el colectivo madrileño de raperos encapuchados sentaba un canon en cuanto a forma y contenido que serviría de base sobre la que se edificaría gran parte del Rap hecho en España en las décadas siguientes: Hardcore Rap callejero, rudo y enfadado; de herencia Costa Este y latido Boom Bap; cargado de conciencia de clase, historias de barrio e ingenio narrativo; que sonaba con unos niveles de mala leche y seguridad inéditos hasta ese momento (y pocas veces alcanzados después). Con un imaginario propio que retrataba el Madrid de los noventa en forma de crónica urbana de orgullo lumpen y actitud peleona; himnos *underground* como «Sánchez», «El funeral» o «La Fundación de la Rima» han quedado grabados para siempre con letras mayúsculas en la historia del Rap en español. A partir de aquí, nada volvió ser igual.

**7 Notas 7 Colores - *Hecho, es simple*** (La Madre, 1997)
Una de las grandes joyas de la historia del Hip Hop en España. Los barceloneses sublimaban con su primer disco oficial la personalísima fusión de Boom Bap callejero y chulería de altos vuelos con la que ya habían brillado en sus primeras maquetas, y se colocaban automáticamente al frente del Rap más purista y ortodoxo con auténticos puñetazos en forma de canción que hoy siguen resonando en la comunidad Hip Hop; como «Con esos ojitos», «Les gano a todos» o «Buah!». La química alcanzada entre Mucho Muchacho y Dive Dibosso a lo largo de *Hecho, es simple* da como resultado una de las uniones creativas más explosivas e irrepetibles del género en España. *Hecho, es simple* es calle, realismo sucio, inteligencia, vacile imparable y sentido del humor; y el halo irresistible de honestidad y sabiduría de extrarradio que envuelve a este disco de principio a fin colocaba a 7 Notas 7 Colores en un terreno en el que jugaban solos. Pocas veces en la historia del género un MC ha brillado con los niveles de inventiva y magia como Mucho Muchacho en esta obra imprescindible; y no hay más perro que ladre.

**Vico C** - ***Aquel que había muerto*** (EMI, 1998)
Rap Hardcore, Boom Bap, canción latinoamericana, raíces puertorriqueñas y *protoreguetón*: el regreso de Vico C tras una temporada alejado de la vida pública por problemas con las drogas suponía un trabajo crudo y honesto; plagado de relatos de calle, adicciones, violencia y miseria; de producción austera y espíritu *underground*; en el que Vico C recuperaba algunas de sus composiciones primerizas, de pulso Costa Este y actitud combativa («Tony presidio», «La recta final»); y ampliaba la paleta de colores de su música con bombazos de Reguetón concienciado y pacifista como «Explosión» (con el percusionista Giovanni Hidalgo) o «Calla», y acercamientos a la canción melódica como «Donde comienzan las guerras». *Aquel que había muerto* supuso el primer Grammy latino para Vico C, y a pesar de que discos posteriores terminaron por encumbrarlo en lo más alto del panorama urbano latinoamericano, sigue manteniendo un aura de disco seminal que abrió muchas puertas para que una nueva generación de artistas puertorriqueños tomaran las riendas del Hip Hop a partir de los dosmiles. Es difícil explicar la explosión de Tego Calderón o Calle 13 sin tener en cuenta a Vico C y *Aquel que había muerto*.

**Ivy Queen** - ***The Original Rude Girl*** (Sony, 1998)
El segundo trabajo de la puertorriqueña, considerada la *Reina del Reguetón* por derecho propio tanto por su papel como pionera del estilo como por la diversidad temática de sus letras (saliéndose de los clichés de sexo y violencia tan extendidos en el género), suponía una subida de nivel importante respecto a su debut *En mi imperio*. Para dar forma a *The Original Rude Girl*, Ivy Queen unía fuerzas de nuevo con DJ Negro para construir un trabajo infeccioso de Rap combativo con pulso reguetón y vocación de baile imbuido de sonoridades latinas y ritmos tradicionales, que sonaba fresco, futurista e imbatible. Recogiendo influencias de Missy Elliott, y reformulándolas a través de su personal filtro de tradición musical puertorriqueña, con *The Original Rude Girl* Ivy Queen confirmaba su estatus como una de las voces más interesantes del panorama Hip Hop/Reguetón del momento. La colaboración de Wyclef Jean (Fugees) en el éxito «In The Zone» añadía un punto de colorido a un disco en el que Ivy Queen se mostraba peleona, inmisericorde, segura de sí misma y sabedora de no tener rivales enfrente. *The Original Rude Girl* sigue sonando urgente, provocativo y adictivo dos décadas después de su publicación, y sigue siendo una de las obras más originales e inventivas de la historia del reguetón.

**Mala Rodríguez** - ***Lujo Ibérico*** (Yo Gano, 2000)
Un puñetazo sobre la mesa, un éxito comercial absoluto, y la confirmación de una joven gaditana como uno de los valores más personales y talentosos del Rap en España (e hispanoamérica). *Lujo Ibérico* es un artefacto perfecto de Rap estricto con una puntería comercial indiscutible, que encumbró a la *Mala María* en la cima del *mainstream* más absoluto. «Tengo un trato», «Yo marco el minuto» o «A jierro» mostraban a una MC dotada de un talento indescifrable e irresistible; que desarrollaba con un despliegue apabullante de actitud y recursos técnicos un imaginario propio de chulería de herencia Gangsta y actitud confrontacional y empoderada con dicción andaluza, que recogía la tradición del Hip Hop estadounidense de la Era Dorada y conseguía reformularla para sonar inequívocamente española. Aires flamencos, filtros sureños, producción cristalina y una artista dotada de un duende único en un momento en el que se sabía invencible; *Lujo Ibérico* no es solamente el arranque oficial de una de las carreras más exitosas del Rap en español; es también un trabajo que rompió moldes y pavimentó el camino para un montón de mujeres que se abrirían paso en el universo a menudo hipermasculinizado del Rap en los años siguientes.

**Doble V** - ***Vicios y Virtudes*** (Rap Solo, 2001)
«*No puedes competir con los que inventaron tu estilo*». Una de las bandas imprescindibles para entender el Hip Hop hecho en España; en un momento irrepetible de genio creativo, compenetración perfecta, vacile, chulería, sentido del humor y unos niveles de seguridad imbatibles. El cuarteto maño se plantaba en el nuevo milenio con una muestra apabullante de Rap Hardcore, tan clásico y ortodoxo como indiscutiblemente personal; en el que R de Rumba desplegaba un paisaje de Boom Bap rudo y Rap Costa Este sofisticado; sobre el que la elegancia de Lírico y la irreverencia de SHO-HAI brillaban como nunca. Y Kase O, claro; a lo largo de *Vicios y Virtudes* Javier Ibarra se mostraba intratable, en un ejercicio de autoridad que le coronaba como uno de los más completos MCs de la historia del Hip Hop español (estatus que, veinte años después, sigue manteniendo). «Trae ese ron», «Ninguna chavala tiene dueño», «Marrones, Morenas, Coronas» o «Vicios y Virtudes» son auténticos clásicos de la historia del Rap en español; y piezas fundamentales en la trayectoria de una de las bandas más respetadas, influyentes y queridas que ha producido el género en España.

**Cartel de Santa** - ***Cartel de Santa Vol.I*** (Sony, 2003)
El arranque de una de las carreras más populares del Rap mexicano. Los de Nueva León se ponían con su disco debut en manos de Jason Roberts (Cypress Hill, Ice Cube, House of Pain, Control Machete...) para dar forma a un compendio de Gangsta Rap sucio y agresivo, herencia del Hip Hop chicano californiano de estética Lowrider y actitud pandillera; que recogía el imaginario de violencia y cultura narco de la frontera entre México y Estados Unidos y que sonaba crudo, irreverente, confrontacional, políticamente incorrecto, violento y, a la vez, irresistible en canciones como «Perros», «La pelotona» o «Chinga a los racistas». Si bien el Cartel alcanzaría niveles de popularidad gigantes en discos posteriores, su disco debut sigue siendo considerado una pieza clave y seminal en el desarrollo del Hardcore Rap mexicano más enraizado en la cultura gangsta West Coast. Si existiese una fusión imposible entre Ice T y los narcocorridos, seguramente sonaría bastante parecido a este disco.

**Tego Calderón** - ***El Abayarde*** (RCA, 2003)
Con su indiscutible debut, Tego Calderón tomaba por asalto el mercado para demostrar que el reguetón era solamente uno más de los palos dentro de la amplísima baraja de estilos con los que el puertorriqueño asentaba firmemente su liderato al frente de la nueva escena de música urbana caribeña que Vico C o Ivy Queen habían afianzado antes, y que Calle 13 convertirían en global poco después. *El Abayarde* es un caleidoscopio explosivo y apasionante construido a base de Rap vacilón de herencia Costa Oeste; ritmos tradicionales afrocubanos; texturas latinas que beben de la salsa o el merengue; reguetón primerizo; y un MC dotado de un *flow* inconfundible, armado con un discurso bienintencionado y luminoso en el que la crítica social y la credibilidad callejera van de la mano de un ingenio lírico y un sentido de la diversión que resultan irresistibles. Parece extraño juntar a Tupac Shakur, Willie Colón, Biggie Smalls o Rubén Blades en la descripción de un mismo disco; y sin embargo todos esos ejemplos sirven perfectamente para retratar lo que Tego Calderón logró con su ópera prima: uno de los discos más completos, sorprendentes, brillantes e influyentes del Hip Hop latino.

**Chirie Vegas** - ***Vintage*** (Gamberros Pro, 2004)
Una nueva forma de hacer Rap en España, y un soplo de aire fresco en un momento en el que el grueso del Hip Hop español empezaba a adolecer de una excesiva uniformidad de fondo y forma. El madrileño Chirie Vegas (uno de los buques insignia del universo Gamberros Pro) ofrecía en su indiscutible debut una propuesta de Rap moderno y sofisticado, alejado del sonido Hardcore habitual en el Rap español del momento, que

recogía de forma respetuosa la tradición del Hip Hop clásico de la Costa Este y lo envolvía en un paisaje de ambientes cinemáticos, sintetizadores y chulería callejera con poso intelectual que lo convertía en un trabajo tan fresco y original como rompedor en ese momento. Historias de bloques y calles, de Madrid, de precariedad y esperanza; actitud y jerga; estética elegante e ingenio lírico; gorras planas y ropa cara; pianos, cuerdas y producción pulida y sobria; vacile de aires Gangsta y referencias culturales elevadas: *Vintage* era un trabajo arriesgado, con altas pretensiones artísticas y que destilaba una seguridad y una determinación rupturista que lo convertían en una obra tan especial como influyente.

**Sólo Los Solo** - ***Todo el mundo lo sabe*** (Del Palo, 2005)
La consagración definitiva de Juan Solo y Griffi como una de las uniones creativas más personales, brillantes e imprescindibles de la historia del Rap en España. Desgraciadamente, *Todo el mundo lo sabe* supuso también el punto y final a una carrera (tres discos oficiales nada más) que ha quedado grabada a fuego en la memoria de la comunidad Hip Hop hispanoparlante. Pocas veces en el Rap en español se ha alcanzado un equilibrio tan perfecto a base de ingenio lírico, profundidad de sonido, diversión, brillantez instrumental, luminosidad, cachondeo, vacile sano, sabiduría callejera, guiños a Los Chichos y a Fania All Stars, rimas para la historia y una seguridad y una chulería de altos vuelos que, casi dos décadas después, sigue resultando imbatible. *Todo el mundo lo sabe* te hace reír, pensar y bailar por igual; este disco sigue destilando inteligencia y clase hoy como en el momento de su publicación, y su infecciosa frescura y originalidad se mantienen intactas con el paso de los años, convirtiéndolo en una de las grandes obras maestras del Hip Hop cantado en español. Solo los solo fueron únicos e irrepetibles, y siguen siendo una de las bandas más queridas, añoradas y respetadas de la historia del Rap en España y en toda Latinoamérica (y todo el mundo lo sabe).

**Hermanos Herméticos** - ***Leyendas Legales*** (Gamberros Pro, 2005)
Un mosaico cromático sorprendente y un trabajo tan ecléctico y esquivo como misteriosamente cohesivo. «*Esto no es moda, es historia*», declamaban orgullosos Hermanos Herméticos en su debut en largo bajo el paraguas de Gamberros Pro; un trabajo de Rap estricto que sonaba a pasado y futuro, y que colocaba al dúo madrileño en un terreno único, inexplorado en el Rap nacional. Cada canción de *Leyendas Legales* es un universo sonoro en sí mismo; el disco es un caleidoscopio de estilos, texturas y sonoridades que suena sorprendente y explosivo y que ofrece quiebros constantes a base de un inteligentísimo manejo del sonido y los patrones rítmicos.

Boom Bap ortodoxo, *samples* de Isaac Hayes, texturas de Jazz, scratches y ambientaciones oníricas, ritmos fracturados, discurso callejero sucio y rudo... *Leyendas Legales* es un disco que ofrece infinitas capas y niveles de lectura, y el paso de los años no ha hecho más que agrandar su condición de joya *underground* cuya influencia se extiende hasta nuestros días.

**ToteKing** - ***Un tipo cualquiera*** (BOA, 2006)
*Samples* de Ronnie James Dio y Cream, una colaboración semi oculta de Vast Aire (Cannibal Ox), bases gruesas y descarga tras descarga de Hardcore Rap inmisericorde. ToteKing ya contaba con galones de sobra como figura imprescindible del Rap ortodoxo de la escuela andaluza cuando publicó su segundo disco; uno de los trabajos más sólidos y contundentes dentro de una carrera que brilla por derecho propio en la historia del Hip Hop español. *Un tipo cualquiera* es Rap clásico, de pulso Boom Bap y texturas Rock, plagado de scratches y bases monolíticas y contundentes; atravesado por una energía tan peleona como luminosa por momentos. ToteKing logra en canciones como «Mentiras», «Progres», «Ni de ellos ni de ellas» o «Nosotros mismos» un equilibrio perfecto entre vacile y ego; diversión y sentido del humor; ironía fina y sarcasmo grueso; profundidad de mensaje y lírica reflexiva; realismo costumbrista y crítica social; que suponía una muestra de veteranía y un puñetazo sobre la mesa simplemente indiscutible.

**Arianna Puello** - ***13 razones*** (Zona Bruta, 2008)
Una de las mujeres más importantes del Hip Hop en español. La dominica criada en Gerona es, junto a Mala Rodríguez, una pieza capital en el Rap hecho por mujeres en España, y su cuarto disco *13 razones* es la obra en la que mejor se plasman las dos dimensiones que hacen de Arianna Puello un personaje tan personal como imprescindible; el espírituo Boom Bap rudo y callejero (característico de sus anteriores, y excelentes, trabajos *Gancho Perfecto*, *La fecha* y *Así lo siento*) y el filtro de influencias caribeñas de su República Dominicana natal. Dejando la producción de 13 razones en manos de Echo (Tego Calderón, Don Omar...), Arianna Puello desplegaba a lo largo de su trabajo más maduro y completo un despliegue de R&B, Soul y Reggae en la onda de la mejor Lauryn Hill; que se veía enriquecido por sonoridades latinas a base de congas, güiras, vientos de reminiscencias salseras, Dancehall, Merengue e incluso apuntes de Reguetón. «Juana Kalamidad», «Lo más grande» o «Somos lo ke somos» son algunas de las canciones más profundas y populares de una MC referencial que, tendiendo puentes entre el Rap español más peleón y las más diversas influencias latinoamericanas, brilla por derecho propio en lo más alto del Hip Hop hispanoparlante.

**Calle 13** - ***Entren los que quieran*** (Sony, 2010)
Una de las cimas creativas dentro de una de las carreras más apasionantes, influyentes, explosivas, populares y relevantes de la música latina de las últimas décadas. Con su cuarto disco, Calle 13 reafirmaban su liderato absoluto en la escena de las músicas urbanas en español y se situaban (como ocurrió con cada uno de sus discos) a años luz de sus compañeros generacionales y de las hordas de imitadores que han convertido con los años al dúo boricua en poco menos que leyendas. *Entren los que quieran* (ganador de nueve Grammy Latinos) es un caleidoscopio perfecto de Hip Hop, Cumbia, Funk, Rock, Reggae, Merengue, baile, orgullo, sentido del humor, fiesta, enfado, tradición, diversión, conciencia social y discurso político; en el que el talento de Visitante como compositor y productor brilla como nunca para ofrecer un paisaje ecléctico y explosivo sobre el que Residente deja claro por qué es una de las figuras más importantes de la música latina (más allá de estilos y etiquetas) en los últimos tiempos. El cachondeo festivo de «Baile de los pobres» o «Vamo' a portarnos mal»; los puñetazos de Rap politizado de «Digo lo que pienso» o «La bala»; la sensibilidad casi Pop de «La vuelta al mundo»; las aportaciones de Omar Rodriguez (Mars Volta), Sean Kuti, Maria Rita, Susana Baca o Totó la Momposina; ese himno eterno que lleva por título «Latinoamérica»...Todo encaja a la perfección en uno de los discos en español más importantes de lo que llevamos de siglo XXI.

**Elphomega** - ***Phantom Pop*** (BOA Music, 2011)
«*Tú crees en Dios, yo creo en Batman*». Un disco icónico, un MC indefinible e irrepetible en un momento de genio creativo, y una de las obras más personales y redondas del Hip Hop en español. Elphomega es uno de los letristas más brillantes que ha ofrecido nunca el Rap español, y es también una rara avis que ha sabido labrarse una discografía impecable e imprescindible, huyendo siempre de lugares comunes y situándose al margen de estereotipos. *Phantom Pop* es una fiesta de luminosidad y buenas intenciones que sonaba inédita, única y sorprendente en su momento y sigue manteniendo una energía misteriosamente adictiva hoy en día. Melodías pegadizas y desprejuiciadas; electrónica bailable y ambientaciones oníricas con filtro *chillwave*; cultura Pop y lírica de altura; electro y sintetizadores; y un MC pletórico que siempre ha ido por libre y que desplegaba en joyas como «Stardust», «Sol de sábado, lluvia de domingo», «Primos raros» o «Azul místico» un universo de estampas cotidianas narradas con *flow* amable, energía positiva, infinidad de recursos técnicos, producción pulcra y elegante, brillantez literaria e inteligencia a raudales.

**C. Tangana** - ***LOVE'S*** (Autoeditado, 2012)
Antes de convertirse en un fenómeno global y dominar el panorama de la música urbana en español, C.Tangana ya tenía ganadas de sobras las credenciales en el Hip Hop; primero bajo el alias Crema, y como miembro de la imprescindible familia Agorazein después. *LOVE'S* muestra al madrileño en un momento crucial en su carrera, en el que decide dar un salto adelante (o al lado, según se mire) respecto a su trayectoria anterior y expandir sus horizontes creativos hacia terrenos alejados del Rap estricto. Manteniendo su marchamo de credibilidad callejera y una personalidad inconfundible como MC dotado de un genio único, C. Tangana abrazaba en *LOVE'S* influencias *chillwave* y *ambient* que bebían tanto de la indietronica como de la elegancia y sofisticación de Toro & Moi; produciendo un trabajo elegante, moderno y arriesgado; en el que la vocación comercial y el enfoque casi Pop de la composición y el sonido no interferían con un espíritu inequívocamente Hip Hop. Con este trabajo C. Tangana se despedía del Rap enconsertado y, manteniendo todas las señas de identidad que ya le habían hecho ganar un puesto entre los nombres fundamentales del Hip Hop de nuevo cuño en España, despegaba en una carrera que a partir de ese momento se convertiría en una sucesión imparable de éxitos comerciales.

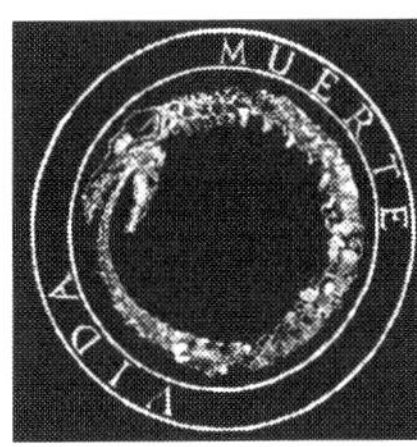


**Canserbero** - ***Muerte*** (VinilH, 2012)
El testamento musical de Canserbero; una de las figuras fundamentales del Hip Hop latinoamericano en la última década (fallecido en 2015); es un trabajo oscuro, duro, introspectivo y crudo; en el que el venezolano intenta exorcizar sus demonios mediante un discurso confesional atravesado por la tristeza y la amargura. «*El que no tenga algo por qué morir no debería vivir*» exclama el caraqueño a modo de resumen de un relato marcado por el desamor, la muerte, la violencia y la vida en las calles; y ese aura fatalista y ese espíritu agorero atraviesan de principio a fin un disco tan profundo, misterioso y desolador como popular. *Muerte* no es un disco fácil ni accesible; es un trabajo esquivo que huye de fórmulas comerciales y que confirmaba al malogrado Canserbero como una de las voces más personales y recordadas del Hip Hop de raíces en español.

**Ana Tijoux** - ***Vengo*** (Nacional Records, 2014)
«*Descolonicemos lo que nos enseñaron; con nuestro pelo negro, con pómulos marcados*» declama la MC chilena en la canción que da título a su cuarto, y más completo, disco. Todos las virtudes de los anteriores trabajos de Ana Tijoux (ingenio lírico, feminismo, conciencia social, eclecticismo musical...)

se subliman en *Vengo* creando un equilibrio perfecto en el que el Hip Hop de raíces se ve atravesado de vientos latinos, charangos, violines, sonoridades andinas, reggae, cultura mapuche, Rock festivo y mestizaje sonoro expansivo que remite por igual a Calle 13 que a Lauryn Hill. Tijoux desgrana a lo largo de *Vengo* un discurso afilado y crítico, cargado de lírica reivindicativa feminista y protesta social anticolonial; «Antipatriarca», «Vengo» o la imbatible «Somos Sur» (a dueto con la palestina Shadia Mansour) son joyas de Rap mestizo y comprometido, que llaman tanto al activismo como a la empatía; y que sirven como ejemplo del porqué del estatus de Ana Tijoux como una de las mujeres imprescindibles en el Hip Hop contemporáneo. *Vengo* es un disco cargado de rabia y, a la vez, prendado de una positividad y una luminosidad que lo hacen único.

**Erik Urano** - ***Cosmonautica*** (Gamberros Pro, 2014)
Uno de los discos más brillantes, personales y complejos que ha producido jamás el Rap en español. En *Cosmonautica*, Erik Urano se unía de nuevo al imprescindible Zar1 para sublimar todas las virtudes expuestas en *Energía Libre*, su trabajo anterior, en un despliegue apabullante de Rap denso, simbología ocultista, narrativa elevada y herencia Definitive Jux; que situaba al de Valladolid a años luz de sus compañeros de generación para colocarle en una galaxia en la que jugaba el solo. «Vostok 1», «Over» (con Juan Solo) o «Gorriones» son joyas de Hip Hop tecnológico sobre neblinas de electrónica obsesiva y asfixiante; con el frio como metáfora de la anomia; los paisajes industriales y la tecnología como alegoría de un presente gregario; y el imaginario espacial como válvula de escape. Cada palabra escogida por Erik Urano, con precisión de cirujano y puntería de francotirador, cumple su función a lo largo de *Cosmonautica* para construir un relato críptico, oscuro, imbuido de literatura distópica, plagado de simbolismos y extrañamente unitario sobre la alienación y la deshumanización en la era digital; y es ese dominio de la palabra y esa habilidad para crear un discurso tan profundo como misterioso lo que convierte a *Cosmonautica* en una maravillosa anomalía dentro del universo musical español de la última década.

**Kase O** - ***El Círculo*** (Rap Solo, 2016)
No es habitual que, tras varias décadas de actividad ininterrumpida, un artista entregue una obra que no sólo mantiene el nivel de calidad de los trabajos que de joven le encumbraron en lo más alto del Hip Hop español, sino que además resulte relevante, actual, urgente y conectada con el presente de la forma en que Javier Ibarra lo hace con *El círculo*. Todas las grandes virtudes que hacen de Kase O un

pilar del Rap cantado en español están presentes a lo largo de este trabajo, y muy pocos de sus vicios. *El círculo* nos muestra a un artista complejo y profundo, en un estado de gracia envidiable después de un periodo de crisis creativa, que aúna lo mejor del Rap Hardcore de los difuntos y añorados Doble V con las texturas del experimento Jazz Magnetism; y lo hace con habilidad de veterano y pulso de maestro incombustible con muchas cosas que contar y recursos de sobra para hacerlo. Una respuesta unánime y entusiasta de crítica y público demostraron (una vez más) que la consideración de leyenda viva de la que Kase O disfruta en la actualidad sigue estando sobradamente justificada gracias a un apabullante e indiscutible trabajo de Rap orgánico, expansivo, luminoso y reflexivo que se convirtió en disco de Oro y confirmó el buen estado de salud del Hip Hop de raíces en los tiempos del Trap y ese cajón desastre en el que se ha convertido la cada vez más obsoleta etiqueta de música urbana.

**Gata Cattana** - ***Banzai*** (Autoeditado, 2017)
Poesía, política, conciencia de clase, filosofía, mitología, perspectiva feminista, altura literaria y un talento tan inusual como irrepetible. Resulta imposible enfrentarse a *Banzai* sin verse atravesado por la tristeza y la amargura de tener que aceptar que se trata de la despedida de una de las artistas más profundas, serias y originales que ha producido la cultura Hip Hop en España. El disco póstumo de la cordobesa es un artefacto incendiario y emocional que derrocha inteligencia y profundidad de contenido como pocas veces se ha visto en el Rap cantado en español. Las referencias literarias clásicas, el Rap callejero y confrontacional, la impecable producción de David Unison, la abstracción poética, la solidez academicista del análisis político crítico, y un incorruptible posicionamiento feminista; todo funciona a lo largo de *Banzai* para construir un discurso urgente, necesario, inaudito en el Rap español hasta ese momento, y tan brillante como, esperemos, influyente.

**Natos y Waor** - ***Cicatrices*** (Autoeditado, 2018)
La culminación de una carrera de fondo construida desde la más estricta independencia, que ha llevado a los madrileños desde el *underground* a la cima del panorama del Hip Hop español hoy en día. Lo de Natos y Waor es Rap puro, anclado en los códigos clásicos del género, y prendado de una extraña habilidad para sonar actual y fresco. «Bicho raro», «Piratas» o «Bestsellers» son ejemplos perfectos del equilibrio entre Rap sucio, estribillos ganadores, relatos confesionales atravesados por la amargura y la épica de barrio, atmósferas emotivas y hits rompepistas que han convertido a Natos y Waor en una de las bandas más populares del Rap actual. A lo largo de *Cicatrices*,

Natos y Waor se muestran vulnerables, vacilones, sensibles, inteligentes, honestos, oscuros, sobrados de sabiduria callejera y tan emotivos como macarras; y el resultado final es uno de los discos de mayor repercusión en el Rap de nuevo cuño en España en los últimos años.

**Rebeca Lane** - ***Obsidiana*** (Flowfish, 2018)
Rebeca Lane es un nombre mayúsculo en el Hip Hop latinoamericano reciente. Junto a Ana Tijoux, la guatemalteca es una voz imprescindible en el universo del Rap hecho por mujeres en la última década, y su concepción del Hip Hop (como plataforma de denuncia y vehículo para la protesta y el cambio social) experimenta un salto de madurez y profundidad en su cuarto disco *Obsidiana*. «*Sanando yo, sanas tú: yo soy tú*», exclama la veterana MC en un trabajo que se aleja conscientemente del sonido de sus anteriores discos (más anclados al Rap tradicional) para abrazar de forma definitiva las texturas y sonoridades de su centroamérica natal. El equilibrio entre poesía, conciencia de clase, crítica feminista y discurso revolucionario que caracteriza la obra de Rebeca Lane se mantiene de forma brillante a lo largo de *Obsidiana*; envuelto en esta ocasión en un paisaje sonoro orgánico y de tono calmado, en el que la Cumbia, las marimbas, la música Wayra y las texturas andinas toman las riendas para dar forma a un excelente disco de Rap mestizo, con espíritu luminoso y mensaje urgente.

**Ayax** - ***Cara y cruz*** (Albayzín Records, 2018)
El estreno en solitario del 50% de Ayax y Prok es una muestra tan contundente de talento que se alzó por derecho propio en los primeros puestos de las listas de mejores discos del año, y confirmó a los gemelos granadinos (*Rojo y negro*, el debut de Prok publicado el mismo año, es otro disco excelente) como una de las formaciones imprescindibles en el universo del Rap español contemporáneo. *Cara y cruz* es un disco crudo, amargo, lleno de rabia y tan oscuro como emotivo; a lo largo del cual Ayax se muestra expansivo, indiscutible, cargado de mala leche y armado con rimas incisivas y cortantes sobre un universo sonoro que bebe de la austeridad y la elegancia de los años dorados del Boom Bap neoyorquino. Hay poca luz en *Cara y cruz*; canciones como «Spirit», «Desahucio» o «A veces se me pasa, a veces paso» son golazos de Hardcore Rap oscuro e infeccioso que suenan anclados al presente mientras remiten al Mucho Muchacho más callejero y a los Wu-Tang Clan más oscuros.

**Miguel Grimaldo** - ***Trip Ass*** (Autoeditado, 2019)
Frialdad electrónica, ambientes saturados, bases rítmicas crudas y fracturadas, sintetizadores, suciedad y rimas cargadas de conciencia de clase. Miguel Grimaldo va por libre; como un corredor de fondo, ajeno a tendencias y modas pasajeras, el vallisoletano se mantiene fiel a una forma de hacer y entender la música que, con cada nuevo trabajo, le confirma como una de las figuras más interesantes y personales del Hip Hop español. Compuesto, grabado, producido y mezclado por el propio Grimaldo, y autoeditado desde la más estricta independencia, *Trip Ass* recoge todas las señas de identidad que definen el personalísimo estilo punk y descarnado del Urano Player en una vuelta de tuerca que profundiza en la oscuridad conceptual y la densidad tecnológica. Rap callejero de verdad. Miguel Grimaldo no se permite cinismos ni frivolidades; su propuesta va en serio y quien se acerque a *Trip Ass* con ligereza saldrá magullado.

# DISCOGRAFÍA ESENCIAL

Run-D.M.C. - *Raising Hell* (Profile, 1986)
Eric B. & Rakim - *Paid in full* (4th & Broadway, 1987)
Jungle Brothers - *Straight out the jungle* (Warlock, 1988)
Public Enemy - *It takes a nation of millions to hold us back* (Def Jam, 1988)
N.W.A. - *Straight outta Compton* (Priority Records, 1989)
De La Soul - *3 feet high and rising* (Tommy Boy, 1989)
Beastie Boys - *Paul's boutique* (Capitol, 1989)
Salt-n-Pepa - *Black's Magic* (Next Plateau, 1990)
Ice Cube - *AmeriKKKa's most wanted* (Priority, 1990)
A tribe called Quest - *The low end theory* (Jive, 1991)
Ice T - *Original gangster* (Sire, 1991)
Cypress Hill - *Cypress Hill* (Ruffhouse, 1991)
The Pharcyde - *Bizarre ride II The Pharcyde* (Delicious Vinyl, 1992)
Gang Starr - *Daily operation* (Chrysalis, 1992)
Dr. Dre - *The Chronic* (Death Row, 1992)
Arrested Development - *3 years, 5 months & 2 days in the life of...* (Chrysalis, 1992)
Queen Latifah - *Black Reign* (Motown, 1993)
Guru - *Jazzmatazz Vol.1* (Chrysalis, 1993)
Souls of Mischief - *93 'till infinity* (Jive, 1993)
Wu-Tang Clan - *Enter the Wu-Tang (36 chambers)* (RCA, 1993)
Snopp Dogg - *Doggystyle* (Death Row, 1993)
The notorious BIG - *Ready to die* (Bad Boy, 1994)
Digable Planets - *Blowout comb* (Pendulum, 1994)
Nas - *Illmatic* (Columbia, 1994)
CPV - *Madrid Zona Bruta* (BOA, 1994)
2Pac - *Me against the world* (Jive, 1995)
Fugees - *The Score* (Ruffhouse, 1996)
DJ Shadow - *Endtroducing...* (FFRR, 1996)
Foxy Brown - *Ill Na Na* (Def Jam, 1996)
Bahamadia - *Kollapse* (Chrysalis, 1996)
7 notas 7 colores - *Hecho, es simple* (Yo Gano, 1997)
Ivy Queen - *The Original Rude Girl* (Sony, 1998)
Black Star - *Black Star* (Rawkus, 1998)
Lauryn Hill - *The miseducation of Lauryn Hill* (Ruffhouse, 1998)
Vico C - *Aquel que había muerto* (EMI, 1998)
Outkast - *Stankonia* (La Face, 2000)
Dead Prez - *Let's get free* (Relativity, 2000)
Lil' Kim - *The Notorious K.I.M.* (Atlantic, 2000)
Eminem - *The Marshall matters LP* (Interscope, 2000)
Mala Rodríguez - *Lujo ibérico* (Yo Gano, 2000)
Jay-Z - *The Blueprint* (Roc-A-Fella, 2001)
Cannibal Ox - *The Cold Vein* (Definitive Jux, 2001)
Doble V - *Vicios y virtudes* (Rap Solo, 2001)
Blackalicious - *Blazing Arrow* (Quannum Projects, 2002)
Missy Elliott - *Under Construction* (Elektra, 2002)
Jurassic 5 - *Power in numbers* (Interscope, 2002)
The Streets - *Original Pirate Material* (Atlantic, 2002)
The Roots - *Phrenology* (MCA, 2002)

Cartel de Santa - *Cartel de Santa* (SONY, 2003)
Ludacris - *Chicken and Beer* (Def Jam South, 2003)
Tego Calderón - *El Abayarde* (RCA, 2003)
50 Cent - *Get Rich or Die Trying* (Interscope, 2003)
Chirie Vegas - *Vintage* (Gamberros Pro, 2004)
Madvillain - *Madvillainy* (Stones Throw, 2004)
Sólo los Solo - *Todo el mundo lo sabe* (Del Palo, 2005)
Hermanos Herméticos - *Leyendas Legales* (Gamberros Pro, 2005)
J Dilla - *Donuts* (Stones Throw, 2006)
Tote King - *Un tipo cualquiera* (BOA, 2006)
MC Solaar - *Chapitre 7* (Warner, 2007)
El-P - *I'll Sleep When You're Dead* (Definitive Jux, 2007)
Lil Wayne - *Tha Carter III* (Cash Money, 2008)
Arianna Puello - *13 razones* (Zona Bruta, 2008)
Kanye West - *My beautiful dark twisted fantasy* (Roc-A-Fella, 2010)
Calle 13 - *Entren los que quieran* (SONY, 2010)
Drake - *Take Care* (Cash Money, 2011)
Nicki Minaj - *Pink Friday* (Cash Money, 2011)
ElPhomega - *Phantom Pop* (BOA, 2011)
Death Grips - *The Money Store* (Epic, 2012)
C. Tangana - *LOVE'S* (Autoeditado, 2012)
Canserbero - *Muerte* (VinilH, 2012)
Danny Brown - *Old* (Fool's Gold, 2013)
A$ap Rocky - *Long.Live.A$AP* (RCA, 2013)
Ana Tijoux - *Vengo* (Nacional Records, 2014)
Run The Jewels - *Run The Jewels 2* (Mass Appeal, 2014)
Shabazz Palaces - *Lese majesty* (Sub Pop, 2014)
Erik Urano - *Cosmonautica* (Gamberros Pro, 2014)
Future - *DS2* (Epic, 2015)
BadBadNotGood & Ghostface Killah - *Sour Soul* (Lex, 2015)
Kendrick Lamar - *To Pimp A Butterfly* (Aftermath, 2015)
Chance The Rapper - *Coloring Book* (Autoeditado, 2016)
Schoolboy Q - *Blank Face* (Interscope, 2016)
Mac Miller - *The Divine Feminine* (Warner, 2016)
Kase O - *El círculo* (Rap Solo, 2016)
Tyler, The Creator - *Flower Boy* (Columbia, 2017)
Ho99o9 - *United States Of Horror* (999 Deathkult, 2017)
Gata Cattana - *Banzai* (Autoeditado, 2017)
Cardi B - *Invasion Of Privacy* (Atlantic, 2018)
Natos y Waor - *Cicatrices* (Autoeditado, 2018)
Rebeca Lane - *Obsidiana* (Flowfish, 2018)
August Greene - *August Greene* (August Greene, 2018)
Travis Scott - *Astroworld* (Epic, 2018)
Ayax - *Cara y Cruz* (Albayzín Records, 2018)
Little Simz - *Grey Area* (Age 101, 2019)
Kate Tempest - *The Book Of Traps And Lessons* (American Recordings, 2019)
Rapsody - *Eve* (Jamla, 2019)
JPEGMAFIA - *All My Heroes Are Cornballs* (Caroline, 2019)
Miguel Grimaldo - *Trip Ass* (Autoeditado, 2019)
Slowthai - *Nothing Great About Britain* (Method Records, 2019)
Clipping - *Visions Of Bodies Being Burned* (Sub Pop, 2020)
Common - *A Beautiful Revolution Vol.1* (Loma Vista, 2020)

# BIBLIOGRAFÍA


Abdurraqib, Hanif: *Go ahead in the rain (notas para A tribe called Quest)*, Alpha Decay, 2020.

Ashton, Will: *Música de cámara: sobre el Wu-Tang Clan*, Libros del Kultrum, 2020.

Cámara, Enrique; Filardo, Laura: *Cuarenta años de trova urbana*, Universidad Valladolid, 2014.

Casals, Xavier: *Neonazis en España*, Grijalbo, 1995.

Chinen, Nate: *Playing Changes, Jazz para el nuevo siglo*, Alpha Decay, 2019.

Diamond, Michael; Horovitz, Adam: *Beastie Boys. El Libro*, Reservoir Books, 2019.

El Bloque (Coordinado por): *Making Flu$*, Penguin Random House, 2021.

Gil, Pablo: *El Pop después del fin del Pop*, Biblioteca Rockdelux, 2004.

Irvin, Jim; McLear, Colin: *The Mojo collection*, MOJO Books, 2000.

Juste, Rubén: *IBEX 35. Una historia herética del poder en España*, Capitán Swing, 2017.

LeRoy, Dan: *Paul's Boutique*, Bloomsbury, 2006.

Madani, Karim: *Jewish Gangsta*, Alpha Decay, 2018.

Nelson, George: *Hip Hop America*, Penguin Books, 1999.

RZA: *The Wu-Tang Manual*, Riverhead Books, 2004.

Skinner, Mike: *The story of The Streets*, Corgi, 2013.

Tanz, Jason: *Other people's property*, Bloomsbury, 2007.

El Bloque (Coordinado por): *Making Flu$*, Penguin Random House, 2021.

Wilder, Eliot: *Endtroducing*, Bloomsbury, 2005.

Zona de Obras (Coordinado por): *Diccionario de Hip Hop y Rap afrolatinos*, SGAE, 2002.

# MIXTAPE

Rapper's Delight - The Sugarhill gang
The Breaks - Kurtis Blow
Yes We Can-Can - The Treacherous Three
That's The Joint - Funky 4+1
Planet Rock - Afrika Bambaataa
The Message - Grandmaster Flash
Rockin' It - The Fearless Four
Magic's Wand - Whodini
Fresh, Wild, Fly & Bold - Cold Crush Brothers
Roxanne's revenge - Roxanne Shante
Walk This Way - Run-D.M.C.
I Ain't No Joke - Eric B. & Rakim
Straight Out The Jungle - Jungle Brothers
Bring The Noise - Public Enemy
Fuck Tha Police - N.W.A.
Me Myself And I - De La Soul
Looking Down The Barrel Of A Gun - Beastie Boys
Let's Talk About Sex - Salt-N-Pepa
AmeriKKKa's Most Wanted - Ice Cube
Jazz (We've Got) - A Tribe Called Quest
New Jack Hustler - Ice T
How I Could Just Kill A Man - Cypress Hill
Passin' Me By - The Pharcyde
Ex-Girl To Next Girl - Gang Starr
Nuthin' But A "G" Thang - Dr. Dre
Mr. Wendal - Arrested Development
U.N.I.T.Y. - Queen Latifah
Transit Ride - Guru
93 'Till Infinity - Souls Of Mischief
Da Mystery Of Chessboxin' - Wu-Tang Clan
Who Am I (What's My Name)? - Snoop Dogg
Juicy - The Notorious B.I.G.
Black Ego - Digable Planets
NY State Of Mind - Nas
El Funeral - CPV
Dear Mama - 2Pac
Fu-Gee-La - Fugees
Building Steam With A Grain Of Salt - DJ Shadow
Foxy's Bells - Foxy Brown
Uknowhowwedu - Bahamadia
Les gano a todos - 7 notas 7 colores
In The Zone - Ivy Queen
Respiration - Black Star
Doo Woop (That Thing) - Lauryn Hill
Aquel que había muerto - Vico C
Ms. Jackson - Outkast
Hip-Hop - Dead Prez
How Many Licks? - Lil' Kim

The Real Slim Shady - Eminem
Tengo un trato - Mala Rodríguez
Izzo (H.O.V.A.) - Jay-Z
Ridiculoid - Cannibal Ox
Trae ese ron - Doble V
First In Flight - Blackalicious
Work It - Missy Elliott
Freedom - Jurassic 5
Turn The Page - The Streets
The Seed (2.0) - The Roots
Perros - Cartel de Santa
Stand Up - Ludacris
Pa' que retozen - Tego Calderón
P.I.M.P. - 50 Cent
Jungla - Chirie Vegas
Figaro - Madvillain
No cabe nadie - Sólo los Solo
Nadie que me quiera - Hermanos Herméticos
Anti-American Graffiti - J Dilla
Mentiras - Tote King
Ben Oui! - MC Solaar
Up All Night - El-P
Dr. Carter - Lil Wayne
Juana Kalamidad - Arianna Puello
Monster - Kanye West
Latinoamérica - Calle 13
Roman's Revenge - Nicki Minaj
Stardust - Elphomega
Look What You've Done - Drake
Hustle Bones - Death Grips
Alligators C. Tangana
Es épico - Canserbero
Lonely - Danny Brown
F**kin' Problems - A$ap Rocky
Somos Sur - Ana Tijoux
Blockbuster Night Pt.1 - Run The Jewels
Forerunner Foray - Shabazz Palaces
Gorriones - Erik Urano
Stick Talk - Future
Food - Ghostface Killah & BadBadNotGood
I - Kendrick Lamar
FinishLine/Drown - Chance The Rapper
Groovy Tony/Eddie Kane - Schoolboy Q
Dang! - Mac Miller
Viejos ciegos - Kase O
Pothole - Tyler, The Creator
Street Power - Ho99o9
Limonero - Gata Cattana
I Like It - Cardi B
Piratas - Natos y Waor
Siempre viva - Rebeca Lane
Black Kennedy - August Greene

SICKO MODE - Travis Scott
A veces se me pasa, a veces paso - Ayax y Prok
Offence - Little Simz
People's Faces - Kate Tempest
Hatshepsut - Rapsody
Beta Male Strategies - JPEGMAFIA
TRIP ASS - Miguel Grimaldo
Nothing Great About Britain - Slowthai
Nothing Is Safe - Clipping
Say Peace - Common

Para finalizar, comparto el enlace de una playlist que he creado en Spotify con las canciones que considero fundamentales del género. Para verla también puedes escanear el código que hay más abajo:

https://open.spotify.com/playlist/5g3nuUZ2xskGrb5kN0gCJ8?si=2fd99fcab8c14188

MA
NON
TROPPO

MA NON TROPPO